はじめての
西洋ジェンダー史

家族史からグローバル・ヒストリーまで

弓削尚子 *Yuge Naoko*

山川出版社

はじめに

歴史とは「現在と過去とのあいだの尽きることを知らぬ対話である」という名言があります。二十世紀のイギリスの歴史家、E・H・カー（一八九二〜一九八二）の言葉です。過去における無数の「事実」が「歴史」として立ちあらわれるのは、「現在」を生きる歴史家の個人的な関心に大きくかかっています。カーは、このことをおもしろい比喩を用いてあらわしています。

「歴史的」事実は、決して魚屋の店先にある魚のようなものではありません。むしろ、事実は、広大な、時には近よることも出来ぬ海の中を泳ぎ廻っている魚のようなもので、歴史家が何を捕えるかは、偶然によりますけれども、多くは彼が海のどの辺で釣りをするか、どんな釣道具を使うか——もちろん、この二つの要素は彼が捕えようとする魚の種類によって決定されますが——によるのです。全体として、歴史家は、自分の好む事実を手に入れようとするものです。（カー『歴史とは何か』二九頁）

カーは歴史家を釣り人にたとえています。

ところで、この釣り人の性別は？

「釣り人」と聞いて女性を思い浮かべる人はあまりいないかもしれません。カーも当然のように男性と捉えています。「彼」は、一人、小舟で釣り糸を垂らし思索にふける男性なのか、それとも大きな魚を捕ろうと荒ぶる海に乗り出す、たくましい男性なのか。「歴史家」という言葉は、特定の性をもっていないように聞こえますが、カーの時代まではもっぱら男性でした。

カーの『歴史とは何か』は一九六一年（邦訳一九六二年）に出版されました。それから約一〇年後、アメリカ合衆国で始まったウーマン・リブの波を受けて、歴史の大海原に網を下ろし、女性の姿をすくいとろうとする女性の歴史家が目を引くようになります。彼女たちは女性もまた歴史家になりうるし、女性の歴史が書かれなければならないと訴えました。男性が独占していた歴史学は、ウーマン・リブという「外部」からの圧力を受けて、次第に女性史研究に扉を開くようになりました。

もっとも、それ以前から、歴史学界の内部では、伝統的な歴史の捉え方について疑問が呈され、歴史の対象の広がりや歴史の書き方を刷新しようとする動きがありました。

その源泉の一つが一九二〇年代末のフランスで始まった「アナール学派」です。十九世紀に近代歴史学の父、レオポルト・フォン・ランケ（一七九五〜一八八六）によって確立された伝統的な歴史学は、公文書を史料とし、国家を基盤とした公的領域を対象とするものでした。しかし、女性や子どもなど、公文書に記述されていない人びと、国家の歴史（ナショナル・ヒストリー）の枠組みでは捉えられない人びともまた、歴史を形づくってきたはずです。「アナール学派」の創始者リュシアン・フェーヴル（一八七八〜一九五六）は、伝統的な歴史学には「生きた人間」への視点が欠けていると批判しました。政治や外交、戦争といった公的領域の事件や諸制度に対象を閉じるのではなく、人間活動のすべてに関心を払うような歴史研究が追求されました。

こうした考えに共鳴し、触発された歴史家たちは、やがて国境を越えて、「新しい歴史学」を豊かに実らせてきました。そこでは、「普通の人びと」の家族や日常生活、身体といった、伝統的な歴史学が置き去りにしてきたテーマが多様な史料を駆使して論じられるようになりました。歴史学界も、大学にポストをもつ知的エリート男性からなるモノカルチャーではなくなりました。在野の歴史家も含め、性別も国籍も宗教もさまざまな歴史家たちが、それぞれのポジショナリティ（立場性）を意識し、歴史を書いているのです。

本書は、歴史学のこうした変化をたどりながら、西洋の歴史をジェンダーの視点から考えていこうというものです。歴史教科書のように、古代から現代までの通史として西洋ジェンダー史を論じていくものではありません。歴史における家族、女性性や男性性の変容、男女二元論のプロセス、身体的性差の認識の変化といったジェンダー・イシューに、歴史学がどのような問題意識をもってアプローチし、解き明かしてきたかを、史学史的に回顧しながら捉えていくものです。「史学史」とは、「歴史学の歴史」という意味です。いうまでもなく、歴史学にも歴史はあります。

第一章では、「家族の歴史」を取り上げます。「アナール学派」は、近代特有の学問の専門分化の弊害を捉え、歴史研究が隣接諸科学を援用し、学際的であることを求めました。歴史学と人口学との協働に端を発した家族史研究はその好例です。一九五〇年代から本格化した歴史人口学によって、女・子どもの問題が論じられるようになります。

現代社会において、核家族化や少子化、事実婚や子連れ婚、さらには同性カップルの結婚や子育てと、家族をめぐる話題はつきませんが、その背景には「古き良き大家族」という漠然とした過去の家族の残影があるように思われます。第二次世界大戦後の人口問題などを契機に、歴史学は「家族」の変遷について多くを明らかにし、「古き良き大家族」が幻想にすぎないことを示してきました。近代以前の民衆の家族を捉え、歴史人口学が開発した「家族復元法」にも触れながら、夫婦の関係や母子関係、女性の妊娠や出産というテーマに踏み込んでいきます。

第二章では、ウーマン・リブに鼓舞され、大々的に論じられるようになった「女性の歴史」について考えます。家族の歴史は女性を考察の射程に入れましたが、家族の枠組みの外にも女性の歴史はあります。（男性）歴史家によって顧みられてこなかった刊行物はもとより、日記や手紙などの「エゴ・ドキュメント」や生活空間にあるモノ史料などから、歴史家たちは、有名・無名の女性たちの経験や心性に迫ることができました。また、「人権宣言」やルソー、カントなどの「偉大な思想家」による著作など、「正典（カノン）」とされてきたテキストを女性の視点から批判的に読み直すことで、歴史の多義的解釈を深めてきました。近代社会への移行を画する啓蒙《けいもう》主義を例にとり、女性史研究の意義を提示したいと思います。

第三章で、ようやく「ジェンダー」という概念を正面から論じます。この概念は、長らく「常識」とされてきた男女の身体的、精神的、社会的二元論を根底から問い直すもので、一九八〇年代頃から歴史家たちも着目するようになりました。ここでは、歴史研究がジェンダー概念を用いる意義をまとめ、歴史家によるジェンダー理論に触れます。具体的なテーマとして、近代以前にみられた異性装という「伝統」や、共和国建設のために「兄弟たち」が連帯したフランス革命をジェンダーの視点から分析することで、西洋近代社会の「ジェンダー秩序」のからくりを押さえます。

「ジェンダー秩序」という考え方は、男女の身体的性差を絶対的なもの、「自然の摂理」とみなし、医学や解剖学といった近代科学によって根拠づけられていきました。鍵となるのは「身体」です。

第四章では、「身体の歴史」に目を向け、男女の性別がどのように捉えられ、人びとが自分の身体をどのように認識してきたのか、その歴史性を考えます。「両性具有者」の身体や男女の性欲をめぐる言説、女性の身体にそそがれる男性医師のまなざしなどがテーマにあがります。身体を論じる医学や解剖学のテキストだけではなく、図像史料を積極的に取り入れて分析することで、文字史料からでは読み取ることができない人びとの身体観に迫ります。

本書はその後、「男らしさ」や男性規範の歴史性を考察する「男性史」(第五章)、戦争や軍隊のジェンダー分析を図る「新しい軍事史」(第六章)へと進みます。

いうまでもなく、「ジェンダー」とは、「女性」のことをさすのではなく、「女性差別」と同義でもありません。根深い家父長制の歴史において、女性は従属的地位におかれたため、「ジェンダー」は女性差別の諸側面と結びつくことが多いのは確かです。ですが、「ジェンダー」という概念が問いかけるのは、そうした女性の従属的地位を構造的に必要とした(今もなお必要としている)男らしさや男性のあり方でもあるのです。

第五章では、メンズ・リブや男のジェンダーの「発見」を捉え、男性史という分野の成立をたどります。そのうえで近世のカトリック教会や宮廷に欠かすことのできなかった男性去勢歌手と絶対的な権力との関係、「近代の男らしさ」を支えた徴兵制、「男らしさ」の名誉をかけた決闘文化、ジェンダー秩序社会における男性同性愛をテーマに、男のジェンダーについての歴史的考察をおこないます。

第六章では、「戦う男の男らしさ」に焦点を絞り、「男らしさの学校」としての軍隊について問います。現在、女性の国防大臣は珍しい存在ではなくなり、軍隊の男女共同参画が話題となっていますが、軍隊と男性性の結びつきというものは、はたしてどれほど普遍的なものなのでしょうか。前近代の軍隊に生きた女性たちを掘り起こし、さらに、近代の国民軍における兵役拒否者など模範的な男性像から弾かれた人びとにも注目します。

第六章までの考察をとおして、「ジェンダー」とは、「女らしさ」や「男らしさ」、あるいは「女であること」、「男であること」の意味が普遍的でも不変的でもなく、ある時代、ある社会、ある文化によって構築されたものであることがわかると思います。そして、それらがもつ規範性や拘束力、ひいてはこの規範から「逸脱した者」に対する権力のあり方を明らかにし、ときにその暴力性について注意を向けることになります。

研究領域の概念を整理すれば、「ジェンダー史」とは、「女性史」と同義ではなく、それを包摂するカテゴリーです。男性のジェンダーを分析しようとする「男性史」もまた、同じように「ジェンダー史」です。男／女という二元論の歴史性を問い、男女二元論に抑圧された人びと、性別を越境する人びとを歴史のなかに可視化することもまた、ジェンダー史の研究です。

さて、本書が対象とする地域は、現在のフランス、イギリス、オランダ、ドイツなどを中心としたヨーロッパ諸国となりますが、今日では、近代化をいち早く成し遂げ、世界の歴史を牽引したとされる「西洋」について、非西洋の観点から問い直す潮流が強まっています。本書の最終章となる第七章では、グローバル・ヒストリーを取り上げ、世界の連関性のなかで西洋のジェンダーについて考えます。

「西洋」の近代化は、「西洋」が世界各地に植民地をもち、軍事的、経済的、政治的、社会的支配を行使していたからこそ可能となりました。一九九〇年代には、ポストコロニアル（植民地以後）研究が勢いを増し、歴史学にも影響を与えました。「西洋」による植民地支配と、植民地終焉《しゅうえん》後も続く被支配者側の困難や抑圧、抵抗といった状況を捉える批判的視座が、西洋近代をモデルとする歴史観に疑義を呈したのです。ジェンダーの問題も例外ではありません。西洋近代の「女らしさ」や「男らしさ」を語るときもまた、彼女ら／彼らが属していた「西洋」を超えた、よりグローバルな次元に目を向けることが必要となっています。宗主国と植民地の関係にジェンダー的な権力構造を捉え、帝国の「理性的で進歩的な男性」や「愛情に満ちたやさしい女性」の植民地体験を取り上げます。そして、西洋のジェンダー規範が覆い隠してきた非西洋地域への抑圧や排除を明らかにし、「人種」、民族、階級、ジェンダー、セクシュアリティが複合的に交錯する視点から、西洋の歴史を問い直すことの意義を示します。

本書は、家族史からグローバル・ヒストリーまでの各分野を切り拓いてきた多くの歴史家たちの研究成果に基づく入門書です。全体を通じて、読者はジェンダーの歴史的構築性というものを実感し、理解することができると思います。すなわち、「女らしさ」や「男らしさ」、そして男女を分ける認識の仕方もまた、時代によってもつくられているのです。ジェンダーの脱構築が求められている現代だからこそ、こうしたジェンダー史の視点が広く必要とされています。そして何よりも、歴史のおもしろさに浸り、歴史という大海に生きる多様で色鮮やかな人間の生の姿を捉えることができたらと思うのです。

参考文献

カー、E・H（清水幾太郎訳）『歴史とは何か』（岩波新書）岩波書店、二〇一四（初版は一九六二）
バーク、ピーター編（谷川稔ほか訳）『ニュー・ヒストリーの現在――歴史叙述の新しい展望』人文書院、一九九六
フェーヴル、リュシアン（長谷川輝夫訳）『歴史のための闘い』平凡社、一九九五（初版は創文社、一九七七）
フランドロワ、イザベル編（尾河直哉訳）『「アナール」とは何か――進化しつづける「アナール」の一〇〇年』藤原書店、二〇〇三
歴史学研究会編『歴史学における方法的転回――現代歴史学の成果と課題　一九八〇〜二〇〇〇年』青木書店、二〇〇二
歴史学研究会編『第四次現代歴史学の成果と課題一――新自由主義時代の歴史学』績文堂出版、二〇一七

目次

第一章　「古き良き大家族」は幻想――家族史

伝統的な家族への固執

二〇一三年五月のフランスで、何十万人もの人びとが立ち上がるデモが起きました。青・白・赤のトリコロールのフランス国旗とともに、家族のシルエットを描いた旗を振り、「パパとママと息子と娘」という「正当な家族」のあり方がアピールされました。デモの参加者が抗議しているのは、同性カップルの結婚を法的に認め、彼らの養子縁組を可能とする「すべての人のための結婚法案」が国民議会で可決され、憲法院でも有効と認められたことに対してでした。

この法律によって、「同性親家族 famille homoparentale」、つまり「パパ二人とその子ども」とか「ママ二人とその子ども」といった家族が成立することになりました。

フランスでは、ほかのヨーロッパ諸国と同様、一九七〇年代から異性カップルの事実婚が増加し、現在は、生まれる子どもの半数が「婚外子」といわれています。法的にも、嫡出子と非嫡出子の区別はありません。

図１　「すべての人のための結婚」に反対する人びと

同性のカップルに異性婚の夫婦と同様の法的保障を認める動きは、一九八〇年代末のデンマークを皮切りに各国で進められました。フランスでも、一九九九年にパックス〈PACS〈Pacte Civil de Solidarité〉．民事連帯契約〉という結婚に近い地位を保障するパートナー法が施行され、異性、同性を問わず、多様なカップルの共同生活が法的に保護されています。そのような国で、伝統的な家族への回帰を求める人びとが立ち上がったのです。結婚制度はもはや風前のともしびのように思われていましたが、こと「家族」となると、保守的な傾向はかなり根強いようです。

「正当な家族」への疑問

ところで、「家族」とは何でしょうか。現在、DNA鑑定により、血縁関係を高い精度で証明できるようになりました。しかし、家族とはどの時代、どの社会にあっても血縁的な絆で結ばれた共同体とみなされたのでしょうか。デモ参加者が考えるように、父母とその実子からなる家族は、伝統的で「正当な家族」なのでしょうか。

西洋ジェンダー史を論じるのに、家族史から始めるには理由があります。歴史家が家族を歴史学の対象にするようになったのは、一九七〇年代のウーマン・リブより前のことでした。「歴史学にも女性の視点を！」とフェミニストたちの声が響き渡る前から、歴史学の内部で、従来の歴史研究の限界を直視し、刷新が図られてきました。

「天下国家」にかかわる外交や戦争だけが「歴史」なのか。名もなき民衆は忘れられていい存在なのか。彼らにアプローチする史料はないのか。公文書館に収められている史料だけが絶対的なのか。こうした問いかけが、歴史学の地平を拓き、新たな分野を登場させたのです。のちに「新しい歴史学」と呼ばれるようになったこのような動きから歴史人口学が生まれ、家族史研究が始まります。

本章では、すでに日本でも多くの研究書が翻訳され、紹介されてきた家族史研究の成立について触れ、そこで蓄積された研究成果をもとに、歴史における家族のあり方について考えたいと思います。

歴史人口学の始まり

歴史人口学という分野は、人口学者と歴史家との共同作業によって開拓されたものです。フランスの国立人口問題研究所（一九四六年設立）とイギリスの「人口史、社会構造史に関するケンブリッジ・グループ」（一九六四年設立）という二つの組織が中心となりました。設立された時期は異なるものの、過去における人口動態への関心が高まった背景には、いくつかの共通点があります。

第二次世界大戦後、おびただしい数の男性の戦病死によって男女の人口バランスが崩れたこと、一九六〇年代頃から離婚の増加が問題視され、「家族の危機」や「家族の崩壊」が社会的に話題となったことなどです。こうした現代社会の「家族をめぐる憂うべき状況」から、「古き良き大家族」へのノスタルジーもみられました。

しかし、はたして「古き良き大家族」は本当に存在したのでしょうか。

家族の歴史性が問われることになりました。

十九世紀以降の近代国家は、センサス(国勢調査)を実施して国民の動向を把握するのに熱心でした。イギリスなどは一八〇一年の開始以来、一〇年ごとに調査をおこなっています。それ以前の社会においては、人びとが何歳で結婚し、何人の子どもをもったのか、平均寿命はどのくらいだったか、その国に暮らす全住民を把握する包括的な人口統計はほとんど存在していません。貴族や歴史に名を残す偉人に関する記録はあるものの、広く民衆についてアプローチすることは困難です。例えば、フランス王ルイ十五世(在位一七一五~七四)は、十五歳で結婚し、王妃とのあいだに一一人、愛妾とのあいだに一三人の子どもを授かりましたが、同時代のフランス民衆の男性が十代で結婚し、子どもの数は非嫡出子も含めて二〇人以上とはとうてい考えられません。

センサスのない十八世紀以前の家族にどうアプローチすることができるか。歴史人口学者たちは、それぞれの地域の教会に残されている「教区簿」に注目しました。

ヨーロッパ・キリスト教社会では、小さな村は一つの教区をなし、大きな町になると、いくつかの教会が存在して複数の教区を構成しています。教区ごとに、教会が教区民の洗礼、結婚、葬儀をそれぞれ記録しているものが教区簿です。これが人口動態を知る貴重な史料となります。

ただし、これらの記録は、日本の戸籍のように世帯や家族でまとめられているのではなく、個人単位でとられています。そこで歴史人口学者たちは、名もなき民衆の家族を再生する「家族復元法」というものを開発しました。

民衆の家族を復元する

まず、ある教区の結婚記録のなかにある一組の夫婦を起点にします。そして彼らの子どもたちの洗礼記録を、夫婦の結婚直後の年代にしぼって探し出します。洗礼は、子の誕生後、数日でおこなわれますから、その子どものおおよその誕生日とみなすことができます。洗礼記録には親の名前が記載されるため、何年分かにわたる洗礼記録を丹念に見ていけば、その夫婦と彼らの子どもの数、彼らの出生年や性別がわかり、家族構成を明らかにできます。夫婦が結婚した教区の葬儀記録を手にとれば、二人の死亡年齢の記録にたどりつくことも可能です。

もし、その夫婦が結婚後、遠くの町に移住していたら、彼らの子どもの洗礼や彼らの葬儀の記録を追うことは難しく、家族を復元することはできなくなります。移動の自由が限られている時代だからこそ、こうしたアプローチが可能なのです。前近代の社会においては、結婚相手を同郷か近隣地域で見つけ、生まれてから死ぬまで、同じ土地で生きていく人びとが大半でした。

家族復元法で明らかにされた民衆の家族を具体的にみていきましょう。

図2は、イギリス南西部に位置するデヴォンのコリトンという教区で暮らした靴職人の家族の詳細です。この家族はイギリスの歴史に名を残すことはありませんでしたが、歴史人口学や家族史研究の紹介には必ずといっていいほど登場します。近世ヨーロッパ史においてもっとも有名な民衆家族かもしれません。

一五七〇年一月二十一日の結婚に関するコリトンの教区簿に、ウィリアム・ホアと妻ジョエイン・バードの名前が確認されます。彼らの洗礼日も夫婦それぞれの洗礼記録で確認することができ、そこから算出して、夫は二十六歳、妻は二十二歳で結婚したことがわかります。二人の葬儀記録を探すと、一六〇一年四月二十七日に、妻ジョエインが五十三歳で亡くなり、五十七歳の夫ウィリアムは寡夫《かふ》になったことがわかります。彼らの結婚生活は妻の死まで三一年間続きました。ウィリアムの葬儀は、それから一〇年後の一六一一年でした。

彼らが結婚した一五七〇年以降のコリトンの洗礼記録を追っていくことで、二人には七人の女児と四人の男児が生まれたことも確認できます。妻ジョエインは二十二歳から四十三歳までに一一回の出産を経験しました。子どもたちのうち、五番目の男児は生後二八日で、八番目の女児は生後一一日で埋葬されています。当時は女性が多産であること、乳幼児死亡率が高いことが推定されます。また、第一子のカトレンの誕生に注目すると、両親の結婚から六カ月後に洗礼を受けていることから、ウィリアムとジョエインには婚前交渉があったことがわかります。さらに彼らの最期をみると、妻ジョエインの死後四カ月で、夫は

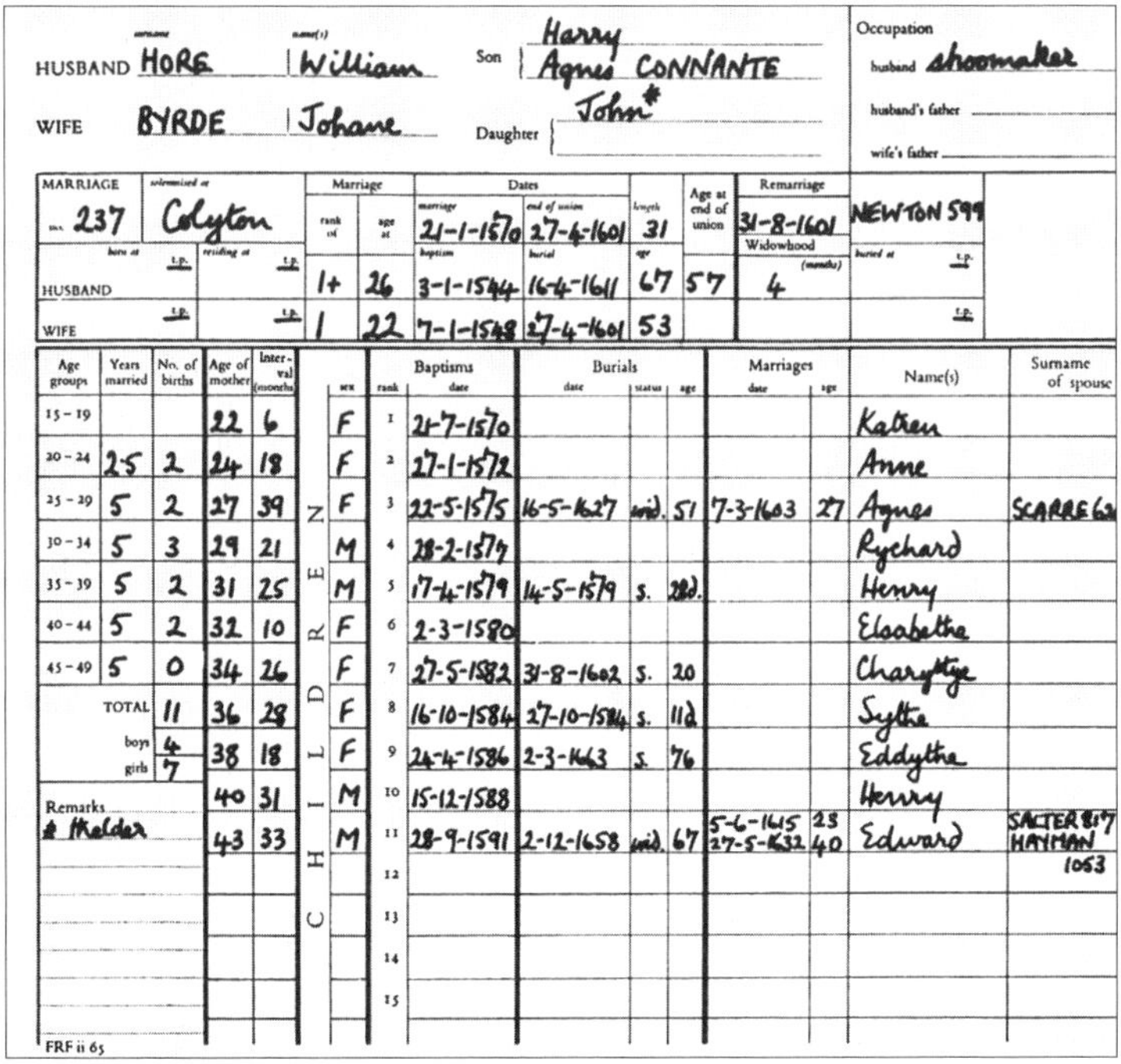

HUSBAND HORE | William

WIFE BYRDE | Johane

Son: Harry, Agnes CONNANTE

Daughter: John*

Occupation — husband: shoomaker; husband's father; wife's father

MARRIAGE no. 237 — solemnised at Colyton

	Marriage rank of	age at	Dates		length / age	Age at end of union	Remarriage / Widowhood (months)
			marriage 21-1-1570	end of union 27-4-1601	31		31-8-1601 NEWTON 599
HUSBAND	1+	26	baptism 3-1-1544	burial 16-4-1611	67	57	4
WIFE	1	22	7-1-1548	27-4-1601	53		

Age groups	Years married	No. of births	Age of mother	Interval (months)	sex	rank	Baptisms date	Burials date	status	age	Marriages date	age	Name(s)	Surname of spouse
15 - 19			22	6	F	1	21-7-1570						Katren	
20 - 24	2·5	2	24	18	F	2	27-1-1572						Anne	
25 - 29	5	2	27	39	F	3	22-5-1575	16-5-1627	wid.	51	7-3-1603	27	Agnes	SCARRE 62
30 - 34	5	3	29	21	M	4	28-2-1577						Rychard	
35 - 39	5	2	31	25	M	5	17-4-1579	14-5-1579	s.	28d.			Henry	
40 - 44	5	2	32	10	F	6	2-3-1580						Elsabethe	
45 - 49	5	0	34	26	F	7	27-5-1582	31-8-1602	s.	20			Charyttye	
TOTAL		11	36	28	F	8	16-10-1584	27-10-1584	s.	11d			Sythe	
boys		4	38	18	F	9	24-4-1586	2-3-1663	s.	76			Eddythe	
girls		7	40	31	M	10	15-12-1588						Henry	
			43	33	M	11	28-9-1591	2-12-1658	wid.	67	5-6-1615 27-5-1632	23 40	Edward	SALTER 817 HAYMAN 1053
						12								
						13								
						14								
						15								

CHILDREN

Remarks: * Helder

FRF ii 65

図2　家族復元法で用いられた記録　夫婦の結婚記録をもとに，子どもの洗礼年月日，配偶者を失った年齢と日付，再婚の日付，葬儀の日付などが書き込まれている。

再婚していいます。ウィリアムは、亡き妻を想って一人寂しく余生を送ったのではありません。

ケンブリッジ・グループは、イギリスで教区簿が導入された十六世紀半ばから三〇〇年以上という長いスパンにわたって、四〇〇以上の教区の一〇万件を超える家族のデータを復元しました。コリトンはそのなかでももっとも家族復元が成功した教区でした。

グループの中心的メンバーであった歴史家ピーター・ラスレットは、これらをもとに『われら失いし世界』(初版一九六五年、邦訳一九八六年)という著作のなかで、工業化以前のイギリスの民衆家族について特徴をあげています。

文学作品の描写や貴族に関する記録などから早婚だと考えられていましたが、民衆の平均初婚年齢は高かったということ。シェイクスピア(一五六四〜一六一六)の『ロミオとジュリエット』のジュリエットは十四歳の誕生日にロミオを夫にし、ジュリエットの母も十二か十三で結婚していますが、十七世紀前半の平均初婚年齢は、男性二十八・二歳、女性二十五・九歳、十八世紀前半で男性は二十七・八歳、女性は二十六・四歳でした。

三世代からなる大家族も少なかったようです。「一六〇〇年にひとつ屋根の下で一緒に眠ったのは、核家族を構成する人びとと必要な場合には使用人とだけ」であり、核家族的な世帯が十九世紀以降の工業化社会独自の特徴ではないとラスレットは述べています。

十九世紀以降に比べると、多産多死であることは確認できますが、生まれた子どもの三分の一が死んでしまうといった、それまで漠然と抱かれてきたイメージも修正すべきものでした。十六世紀から十八世紀にかけての乳児死亡率は一〇〇〇人当り二〇〇人に達することはありませんでした。

とはいえ、近世社会の人びとが、子どもや配偶者の死を経験する機会が多かったことは確かです。ラスレットはこれとの関係で、再婚が多かったことを特徴としてあげています。十七世紀のクレイワースという教区では、七二名の夫のうち、二回結婚した者は二一名、三回が三名、四回が三名、五回結婚した者も一名いたとのことで、再婚が身近な出来事であったことがわかります。別の教区でも、六回結婚した者、七回結婚した者の記録が確認されており、ウィリアム・ホアの再婚は、短い寡夫期間も含めて、特殊なケースではなかったといえます。

歴史人口学は、平均初婚年齢や出生数、平均寿命などの数量的な動向を明らかにしただけではありません。一人の女性がどれほどの間隔で妊娠、出産をしているのか。夫婦に婚前交渉はあったのか。夫婦の死別後、再婚を必要とする社会的要因とは何か。このような問いかけを歴史研究の俎上にあげました。前近代の社会における家族には、「古き良き大家族」というノスタルジーでは片づけることのできない、興味深いテーマが広がっていたのです。

「われらが祖先についての思い違い」を明らかにしたラスレットの著作は一九七〇年代に改訂版、一九八〇年代には三訂版が出され、長く読み継がれていきました。「家族史」という概念は広く認知され、多くの歴史家によって研究が重ねられていきます。そこで明らかにされたのは、相続制度の違いなど、地域や階層における家族の多様性であり、「これこそヨーロッパの家族である」といった単一のモデルはありませんでした。歴史家が注目する史料やアプローチもさまざまで、ときに論争も起こりました。

次項からはそれらを踏まえて、家族の歴史性について考えていきます。

まずは、ラスレットが「工業化以前」と呼んだ時代、すなわち「パパとママと子どもたち」という近代的な家族モデルが成立する以前の時代について、さまざまな社会階層の夫婦や子どものあり方をみていきます。

近世社会の家・夫婦・子ども

前近代、なかでも十六世紀以降の大航海時代による「新大陸の発見」や宗教改革によってカトリックの絶対的価値観が揺らぎ始めた「近世社会」に着目します。

「近世」という概念は、英語でEarly Modernと表現されるように、「近代」の萌芽期とみなされ、「中世」とは区別されます。その区別には、キリスト教や聖書の桎梏《しっこく》から人間を解き放ち、神ではなく、人間を中心に新しい文化を希求するルネサンスが大きな意味をもちました。おおよその年代でいえば、十六世紀から、産業革命やフランス革命が起こった十八世紀までを「近世」と捉えます。

とはいえ、「近世社会」も、中世ほどではないにしろ、キリスト教的道徳の支配下にあり、身分制社会であったことに変わりありません。その点では「前近代Pre-Modern」でもあるこの社会では、大多数の人びとが生まれながらの身分にとどまり、身分が社会の秩序原理として人びとの生き方や日常生活の細部までを規定しました。貴族や聖職者、都市民、農民はそれぞれ宮廷や教会、ギルド（同業組合）や農村共同体に属し、それぞれのコミュニティの価値観のなかで生きていました。

こうしたコミュニティを「社団」と呼ぶこともあります。人間一人ひとりにしかるべき地位と生業が定められ、誰もがそれを守りとおす生き方は、近代的な個人の自由や平等の思想とは対照的です。社団を超えた結婚や家族の形成は考えられず、夫婦のあり方や親子の関係についても、社会全体を貫くモデルがあったわけではありません。ひとつ屋根の下で暮らすのは、血縁関係で結ばれた構成員とも限りませんでした。

政治的・宗教的思惑での結婚

社会の上層に位置する貴族からみていきます。

貴族と一口でいっても、諸侯など高級貴族もいれば騎士などの下級貴族もおり、経済状況も、享受した特権の内容についてもさまざまです。ですが、概して貴族の結婚は、家門と家領の維持と拡大を第一義とし、早婚の傾向にありました。結婚は政略的におこなわれ、夫婦間の愛情が問われることはありません。親類同士の結婚、あるいはハプスブルク家に多くみられた叔姪婚《しゅくてつこん》は、その典型です。叔父と姪だけでなく、甥と叔母の結婚ということもありました。

ハプスブルク家出身で、スペインとポルトガルの王冠を戴き、大西洋の両岸に広大な領土を所有したフェリペ二世(在位一五五六〜九八)は、四回結婚しましたが、最初の妻はポルトガルのいとこ、四番目の妻は姪にあたります。

彼の結婚には、家門の維持・拡大というだけでなく、政治的・宗教的思惑も絡み合っていました。

フェリペ二世が皇太子時代に結婚した二番目の妻、イギリス女王メアリ一世(在位一五五三〜五八)は、この一一歳年下のスペイン王位継承者と結婚することで、イギリスのカトリック復権をうかがいました。当時、イギリスはメアリの父ヘンリ八世によってカトリックが否定され、イギリス国教会が樹立されていました。メアリ一世の母は、フェリペ二世の祖母と姉妹関係にあり、両者の結婚も親戚内でなされています。

フェリペとメアリの結婚後まもなく、夫は帰国して王位に就き、二年後にメアリ一世が亡くなることで、二人の結婚生活は終わります。現代の言葉でいうところの国際結婚も別居婚も、王侯貴族にとっては馴染みのものでした。

夫婦愛を前提としない夫婦

貴族の夫婦はそれぞれの交際関係をもち、婚外の性関係も容認されていました。彼らには夫婦愛は必ずしも必要とされませんでした。

これを端的に示すのが、宮廷における夫婦別の私室です。夫婦はそれぞれ自分の部屋をもち、完全に分離していました。部屋の大きさも数も、夫婦でそれほど違いがあるわけではありません。

ヨーロッパの宮廷のモデルとなったルイ十四世(在位一六四三〜一七一五)のヴェルサイユ宮殿では、国王と王妃の住居(アパルトマン)がそれぞれ用意され、庭園をはさんで向き合うように両翼に分かれていました。ルイ十四世の愛妾の一人であったマントノン夫人にも部屋が与えられ、彼女は王の庶子たちの教育係としてここに暮らしていました。

宮廷の住居構造のなかに貴族の結婚形態や家族形態を読み取った社会学者ノルベルト・エリアスは、『宮廷社会』(一九六九年、邦訳一九八一年)でつぎのような召使い同士の会話を紹介しています。

「奥様は御主人といかがお暮しですか」と新参の召使が奥方の侍女に質問した。

「ああ、現在のところ大変よろしくやっておられます。御主人は少しばかり小さいことにこだわられますが、でも野心のある方です。奥様はとても大勢の男友達をお持ちです。お二人は同じ集まりへは出入りされません。たまにしかお会いになりませんが、それでもとてもきちんと共同生活をしておられます」、というのがその答であった。(エリアス『宮廷社会』七三頁)

エリアスはつぎのように述べます。

つまり、宮廷貴族の結婚は、事実決して市民社会において通常「家庭生活」となづけられているものをめざしていたのではない。

家門の威信と名誉の保持が、夫婦二人が共同でおこなうべきことであり、「その他の点では二人が互いに愛していようがいまいが、互いに誠実であろうとなかろうと、二人の間にただ共通の対面保持の義務に必要な程度の僅かな夫婦関係しかなかろうが、どうでもよかったのである」(同、七四〜七五頁)。

ここでエリアスがいう「市民社会」の「家庭生活」とは、十八世紀末以降に成立したもので、経済や政治の領域で台頭した市民層の規範的な夫婦と親子の生活のことをさします。後述するように、「家庭」とは、「私的」で親密で閉鎖的な生活圏であり、夫婦愛や家族愛が前提とされます。

貴族の夫婦には、例えばマリア・テレジア(在位一七四〇〜八〇)とその夫、フランツ・シュテファン(神聖ローマ皇帝フランツ一世。在位一七四五～六五）のように、相思相愛のカップルもいたでしょうが、宮廷社会にとっては必ずしもそれは必要条件ではなかったのです。

家族史研究者たちも、社会の上層における結婚のあり方についてはエリアスの意見と一致しています。ウィーンの歴史家、ミヒャエル・ミッテラウアーとラインハルト・ジーダーは、『ヨーロッパ家族社会史』（一九七七年、邦訳一九九三年）において、上層階層の結婚と愛は分離していたとし、つぎのようにいささかユーモラスに述べています。

貴族は経済的な特権によって、結婚と同時に別の関係をもつことができた。婚外の愛情関係は、結婚の継続をほとんど傷つけなかった。基本的に、それはごく当然のこととされていた。愛人をもたない貴族の妻は魅力がないのであり、情婦をもたない貴族の男はインポテンツか破産しているかであった。

（ミッテラウアー／ジーダー『ヨーロッパ家族社会史』一三八頁）

貴族の結婚相手が国境を越えて広い地域から選ばれるということも、ほかの社会層とは異なる特徴です。新郎と新婦の母語が違うということもありました。貴族の結婚は国際的な次元でおこなわれ、国際語としてのフランス語の素養が貴族には必須でした。

都市民や農民の夫婦関係

では、近世社会の都市民や、人口の八割以上を占めた農民はどのような夫婦関係を築いたのでしょうか。そもそも誰もが自由に結婚できたわけではありません。十六世紀半ばから十八世紀初頭にかけて、五十歳人口の三割は一度も結婚しなかったというデータもあります。一定の財産がなければ、都市は住民の結婚を許可しませんし、農村地域では領主が人格的な支配権をもち、隷属農民の婚姻を制限していました。職人や農民の家には独身の奉公人が身を寄せ、未婚のまま生涯を終える者も少なくありませんでした。

もっとも、これは社会の上層部においても同じで、イギリスでは、十七世紀から十八世紀末にかけて、貴族層とジェントリー層の末の息子たちの生涯独身率が非常に高かったといわれています。彼らが手にする財産配分はわずかで、少額の生涯年金といくばくかの後援を受けるだけでは結婚は難しかったようです。貴族の娘たちもまた、嫁ぎ先がなければ修道院へ入ったり、宮廷の女官になったりということが広くみられました。

では、夫婦の契りを結んだ職人や農民はどのような夫婦関係をもっていたのでしょうか。彼らは貴族と違って結婚に愛情関係を求めたのでしょうか。

彼らが相手に求めたのは、何よりも労働上のパートナーの役割でした。職人や農民の「家」は、家計と経営が分離せず、「生活と経済の共同体」でした。それは、家父・家母・子・奉公人から構成される「全き家 das ganze Haus」(オットー・ブルンナー)と名づけられるような、消費と労働の共同体と言い換えることができます。父が外で賃労働をし、母は家にとどまり、料理、洗濯、育児をするというのではありません。妻も(そして後述するように子どもも)奉公人と同じく、家にとって不可欠な働き手でした。「家」の成員が全員働くこと、そうしなければ、彼らは日々のパンを得ることはできませんでした。

図3は、ビールの醸造に携わる女性を描いたものです。一七〇〇年頃の作品で、女性は職人として職能

組合（ツンフト）で認められることはほとんどありませんでしたが、生産活動や販売にかかわることは許されていました。繊維業や食料加工業などの分野では、女性の労働は不可欠でした。フランスでは、繊維業に従事する働き手の八割以上が女性であった地域もあり、女性の糸紡ぎは、農村家内工業を支えていました。都市に暮らす女性たちの経済活動も活気に満ち、ドイツのケルンやスイスのチューリヒには女性のツンフトがあり、オランダでも小売業ギルドに多くの女性が加入していたことがわかっています。

図4にあるのは、十八世紀前半の南ドイツ、シュヴェービッシュ・ハルという町の製塩場を描いたものです。古くから製塩業がさかんなこの町では、男性も女性も、体をはって労働していました。繊維業や食料加工業、小売業に加え、肉体労働の現場でも女性たちの働く姿が見て取れます。

図3　ビール醸造業で働く女性

図4　製塩場で働く男女

女性がいないと生産や経営が回らないということは事実でした。十六世紀後半以降、手工業の妻に対する経営への参加の禁止、あるいは制限令が頻繁に出されていますが、これは裏を返せば、手工業の経営に多くの妻の参加があったことの証左です。

十七世紀末のフランスで、ある聖職者がつぎのように書いています。

われわれはいたるところで女性を見かける。街頭で、場末で、路地裏で。小さな職人の店の奥では人を働かせている。女性はそこでは実際経営者なのだ。彼女は複式簿記を管理し、販売にたずさわり、商品を売りに出し、陳列品を指示し、金銭の勘定をし、保管し、その安全をはかる。女性はたいてい金庫の鍵を握っている。彼女はそれを他の鍵とともに革製のベルトまたは銀鎖に吊す。（バーバラ・ドゥーデン／クラウディア・フォン・ヴェールホーフ『家事労働と資本主義』一一頁）

ドイツのフェミニトで女性史家のバーバラ・ドゥーデンは、近世社会の都市や農家における女性の労働が、決して家の中に限定されていなかったと指摘しています。

刈り入れ作業のときは、女性は男性と同様ひんぱんに圃場《ほじょう》に現れた。庭仕事は女性の領分だった。たとえば、ジャガイモ、インゲン豆、エンドウ豆、アブラナ類の栽培、家畜の世話などがそうである。女性がいなければ、牛も牛乳もチーズも鶏も卵も手に入らない、と素朴に考えられていた。女性は脱穀し、その産物を地域市場に運んだ。女性の労働と協力は、農民経済の全領域において生産物の産出と再加工の際に欠くことのできないものであった。（同、八頁）

ドゥーデンは、十八世紀初頭のフランスで暮らした、あるブドウ農家の夫婦について興味深い話を紹介しています。

夫婦仲が悪くなって別居生活をしてみたが、自分たちにとっては「別れて暮らすよりは、いっしょに行動すること」が良いことがわかった。何よりもそれは「はるかに有利であり便利」だからと言います。商人にしろ、農民にしろ、夫婦は共同して労働することで、ようやく暮らしを立てることができたのです。夫婦のどちらかが亡くなると、その空きを埋めなくてはならず、寡夫、寡婦はすぐに再婚をして生業を維持しました。前述のイギリスの靴職人、ウィリアム・ホアの再婚の理由もこれでした。

先に工業化以前のイギリスにおける再婚の多さを紹介しましたが、これはイギリスにとどまりません。十八世紀初頭のフランスでは、教会の記録に残っている結婚のうち、少なくとも三割が、新郎、新婦のどちらかが再婚であったようです（ミシュリーヌ・ボーラン「粉々になった家族」二三六頁）。職人夫婦の場合、親方の未亡人と若い徒弟の結婚もあり、一〇歳以上年上の妻というのも稀ではありませんでした。イギリスの家内工業が盛んだった地域では、妻が年上の夫婦が比較的目立っていたようです。

歴史における子ども

ここまでは夫婦の関係についてみてきましたが、子どもについてはどうでしょうか。

子どもの歴史について、歴史学界に大変なインパクトを与えた研究書があります。一九六〇年に発表されたフィリップ・アリエスによる『アンシャン・レジーム期の子どもと家庭生活』です。日本では『〈子供〉の誕生』というタイトルで一九八〇年に翻訳され、注目をあびました。

アリエスは、文字史料だけでなく、絵画や服装、玩具といったモノ史料も取り入れ、人びとの子ども観を歴史的に捉えようとしました。すなわち、人びとの「子ども期」への態度および子どもの生と死に対する心性（メンタリティ）は歴史的に変化するもので、その大きな転換点を十七世紀から十八世紀の時代にみました。それ以前の子どもは「小さい大人」として扱われ、家族という枠を超えて大人の世界に参画していたとします。

子供はその生存の可能性が不確実な、この死亡率の高い時期を通過するとすぐに、大人と一緒にされていたのだった。（アリエス『〈子供〉の誕生』一二三頁）

こうしてアリエスは、「中世社会には子ども期という観念がなかった」とし、子どもを大人と区別する意識というものが存在しなかったと結論づけます。

十七、十八世紀以降、子どもには、大人になるまでの独自の発達段階があると「発見」され、近代社会は子どもを保護されるべき存在、教育を受ける対象とみなすようになります。子を守る愛情豊かな家族像が描かれ、学校教育制度も整備されていきます。

アリエスのこうした見解は、賛否両論、大変な物議をかもし、「アリエス論争」のていをなしました。

例えば、古代や中世におけるさまざまな「子ども期」を実証的に提示したり、十九世紀の労働者階級の子どもの実態に迫ることで中世社会と近代社会の「断絶」よりも「連続」をみるなど、アリエスの見解は修正され、支持される一方で、批判、反証されていきました。アリエスが分析の対象としたのは中流階級の家族であり、社会の下層に目を向けると、十九世紀に入っても、とうてい「子ども期」の発見がされたとはいえない。現在は、「子ども期の全般的普及」は十九世紀から二十世紀転換期と位置づける見方が主流のようです。

アリエスの研究により歴史学が子どもという対象を迎え入れ、「子ども史」という分野が成立することになったのは確かです。そのようななかで、ここでは近世社会に広くみられた二つの特徴を指摘したいと思います。

第一は、乳児期の世話は必ずしも生みの母親が担ったわけではないこと、第二は、乳児期を過ぎると、子どもは家門・家業の継承者や手工業・農業の働き手とみなされたということです。

乳母の存在

第一の点については、貴族や都市民といった社会の中・上層に広がっていた乳母制度が関係してきます。シェイクスピアの戯曲『お気に召すまま』では、宮廷貴族がこんなセリフを吐きます。

この世界すべてが一つの舞台、人はみな男も女も役者にすぎない。……年齢に応じて七幕に分かれているのだ。第一幕は赤ん坊、乳母の胸に抱かれてぐずったり、もどしたり。（松岡和子訳、八三〜八四頁）

幼な子を抱くのは母親ではなく、乳母というのです。貴族はもちろんですが、貴族出身以外の子どもはどうだったでしょう。

フランスの歴史家、フランソワ・ルブランは「農村では母乳で子どもを育てるのが習わしだったが、都市では乳母に頼るのが普通のことだった」（ルブラン『アンシアン・レジーム期の結婚生活』一六二頁）と述べています。都市民は乳児を農村の乳母に預けたり、あるいは豊かな貴族や市民であれば、家庭のなかに乳母を住まわせていました。

男女の日常生活を多く描いた十六〜十七世紀のフランドル絵画にも、それを認めることができます。図5は、十七世紀中葉のアムステルダム市長の一家の肖像です。右端に赤子を抱いた乳母が描かれています。前述したように、同じ屋根の下に非血縁者が住まうのは特別なことではありませんでした。図6は、

図5　上流市民層の家族の肖像（17世紀中葉）

図6　幼児を抱く乳母（17世紀前半）

一見、母子の姿が描かれているように見えますが、これは、ある法律家の二歳の娘とその乳母の肖像画です。乳母の服装は、図5の母親の服装とは異なり、市長家の乳母と同じで地味な黒です。こうした肖像画が描かれるということは、乳母の存在が社会的に認知されていた証だと考えられます。

都市の職人層もまた、子どもの世話を他人に任せていました。女性は貴重な労働力だったので、乳幼児を農村の乳母へと預けることが広くおこなわれていたのです。

そのため、近世社会には、都市の乳児を農村の乳母のもとへと連れていく「運び屋」という職業がありました。この運び屋が子どもを扱うさまはひどく、何人もの子どもを籠に入れて背負い、乳母のもとに到着する前に亡くなる子もいた、ということも少なくありませんでした。さらに、子を受け入れる側もまた、自分たちが食べることに必死で、養えもしない数の乳児を預かり、一人も生きて返さなかった農村女性の存在を歴史家は捉えています。こうした危険を冒してでも、都市民は乳児を預けていました。預けないことには、彼らの家の経済活動は回らなかったのです。

捨て子の多さ

乳母制度と並んで注目すべきは、捨て子の多さです。子殺しを防止する法令が整備されていく一方で、乳母にも預けず、子を遺棄する風潮がみられました。

捨て子を受け入れる施設が本格的に建てられたのは十五世紀のフランドルやイタリアの諸都市で、とくにフィレンツェのインノチェンティ捨て子養育院は、大規模で先駆的な施設として知られています。養育院は乳飲み子に乳母を手配しましたが、身を寄せるところのない貧しい妊婦や産婦を受け容れ、住込みの乳母として働かせるということもありました（高橋友子『捨児たちのルネッサンス』一五一〜一六二頁）。

パリでは一六四〇年に捨て子養育院が設けられました。前述のルブランによると、一六七〇年に収容された子どもの数は三一二人だったという記録が残っています。それが、一七〇〇年には一七三八人と、三〇年間で五倍以上へ膨れ上がり、一七〇〇人前後にしばらく落ち着くも、十八世紀末にかけて増加の一途をたどりました（『アンシアン・レジーム期の結婚生活』二〇〇〜二〇二頁）。そのなかには、地方からパリへ運ばれてくる子どももいました。養育院があるから、捨て子は増え、捨て子が増えるから養育院の拡充が求められるという悪循環だったようです。

一七一七年に生まれたフランスの啓蒙《けいもう》思想家ダランベールは、貴族の私生児であり、パリの教会の階段に捨てられ、保護された人物です。スイス・ジュネーヴの時計職人の子であるルソーは、一七四二年にパリに移って下宿の女中テレーズと五人の子をもうけますが、全員を養育院へ送っています。

養育院に収容された子どもの数は、その年に洗礼を受けた乳児の三分の一以上を占めることもありました。その背景には貧困があります。捨て子の数はパリの穀物市場における麦の価格の動きと連動していたとルブランは述べています。

ロンドンでも、貧困層の深刻な経済状況が、子どもを遺棄する慣行の背景にあったことが指摘されています。一七四一年に設立されたロンドン孤児院には、毎年三〇〇〇〜四〇〇〇人の乳幼児が運び屋によって連れてこられました。といっても、施設に収容されればそれで解決というわけではなく、四年間で収容された一万五〇〇〇人の子どものうち、三分の二の約一万人が亡くなっています（ローレンス・ストーン『家族・性・結婚の社会史』三三九〜三四〇頁）。施設でも世話をする手は足りず、幼な子の露の命がつぎつぎと消えていきました。施設から里親へ送られていくケースもありました。

こうして広がっていた乳母養育と子捨ての慣習から、伝統社会の母親たちは幼児の発達や幸福には無関心であったと断じるエドワード・ショーターのような歴史家もいます。他方、それは母性愛の欠如ではなく、自ら養育できないほど母親たちが厳しい経済状況にあったとみる歴史家もいます。加えて、乳母や捨て子養育院に預けるという行為は、母親の無関心ではなく、むしろ子の命を守るための母親の意思とも解釈できます。

実際、捨て子養育院の設立は、嬰児《えいじ》殺しを防ぐと同時に、「貧困層の子減らしという人口調節機能」という側面がありました。困窮している母親に代わって、社会が遺棄される子の命を救い、育てる。近代的な児童福祉政策へと連なっていきます。

フランスでは、国家が捨て子を救済し、養育する義務を負う方針がとられ、十九世紀初頭にはフランス各郡に少なくとも一つの養育院を設置する政令が出されました。子どもは六歳まで養育院で過ごしたのち、農民や職人のもとに預けられ、その後は軍隊に入隊する者もいました（岡部造史「統治権力としての児童保護」）。児童福祉政策の裏側には、社会的に有用な人材を育て、人口増加による国富という近代国家の思惑が働いていました。

図7　炭鉱労働をする少女（イギリス，1840年代）

「小さい大人」

近世社会に広くみられた二番目の特徴として、「小さい大人」と表現される子ども観があります。

貴族の初婚年齢が低く、婚約年齢が十歳にも満たないというのは、前述のように、子どもが家門の継承者あるいは勢力拡大の具とされていたからです。実際、若くして結婚しても、すぐに同衾《どうきん》というわけではありません。ルイ十三世（在位一六一〇～四三）とスペイン王家出身の妃アンヌ・ドートリッシュが婚約したのは二人が十一歳のとき、結婚は十四歳でした。王妃が皇太子（のちのルイ十四世）を出産したのは三十七歳のときです。女性が性的に成熟する年齢は十九世紀以降、低下したことがわかっており、それでも十四歳未満で出産することは困難でした。

他方、社会の中・下層においては、都市、農村を問わず、子どもは貴重な働き手でした。親と同じ家にいても、子どもが奉公人と同列に扱われることもあったようです。農村では、地域によって、長子相続、末子相続、分割相続と土地の相続のあり方は異なっており、子どもがみな農家の跡取りというわけではありません。それでも彼らは、幼い弟や妹の世話から薪集め、耕作の手伝いや作物の害虫取りなど、働き手としての役目を担っていました。

産業革命に先立って農村工業が進んでからも（プロト工業化）、繊維業などで十歳に満たない子どもが家計の支え手となりました。児童労働という観点からいえば、十九世紀の工業化社会こそ、彼らは「労働者」としての役目を担っていました。イギリス、フランス、ドイツなど、各国における労働者の最低年齢を定める動きがそれを裏づけています。十九世紀においても、彼らは「小さな大人」だったといえるかもしれません。

キリスト教徒にとっての結婚

ここで、西洋社会のモラルを支配していたキリスト教における結婚観について少し触れておきましょう。カトリック教徒にとって、聖職者の生涯独身制にあらわれているように、教会と結びついた非婚状態は、尊敬の対象ですらありました。しかし、宗教改革の立役者であるマルティン・ルター（一四八三〜一五四六）は、カトリック聖職者における性衝動の抑圧を不自然なものとみなし、結婚状態こそがむしろ自然な状態としました。ルター自身、四十歳を過ぎて結婚し、三男三女をもうけています。

男女が夫婦として契りを結ぶことは、カトリック、プロテスタントともに教会によって認められなければなりませんが、「秘密婚」と呼ばれるようなものも民衆のあいだにはみられました。秘密婚は、教会の承認を受けない民衆文化の産物でした。

法制史家の三成美保によると、秘密婚が頻繁におこなわれていたと推察されるのは、それに関する訴訟が数多く起こっているからです。秘密婚は、今でいうところの内縁関係ですから、教会婚姻裁判で正式の婚姻として確定の判決が下されるケースもあれば、男性に処女を犯したことに対する婚資相当の慰謝料の支払いや子どもの養育費の支払いを命ずる判決が出されることもありました。

婚姻が教会ではなく、世俗の国家権力によって承認されるようになるのは十九世紀になってからです。そして両者の合意だけで成立し、教会婚、民事婚という形をとらず、「事実婚」として社会もそれを承認するようになるのは、ヨーロッパ諸国においては二十世紀後半の女性解放運動の時代になってからです。キリスト教のタブーを超えて、同性愛カップルが婚姻という形で法的保障と社会的認知を獲得するのは、そこからさらに時間を要しました。

近代社会の家族モデル

少し横道にそれてしまいました。近世社会における階層別の結婚や親子のあり方を概観しましたので、ここからは十九世紀以降の近代社会における家族モデルについて考えていきます。

十八世紀後半にイギリスで起こった産業革命を原動力に、ヨーロッパ諸国では工業化が進み、資本主義経済の浸透が社会構造に変化をもたらしました。「生活と経済の共同体」としての家のあり方も徐々に変わっていきます。

十八世紀末のフランスで起こった市民革命は、自由・平等の思想のもとに、特権貴族を糾弾し、窮屈な身分制社会に風穴をあけました。社会上層の貴族でもなく人口の八割を占める農民層でもない、「市民層」が台頭し、力を蓄えるようになります。彼らの生活形態が一つのモデルを形成し、社会全体の規範として大きな影響力を及ぼすようになりました。

ここでいう市民層とは、中世以来の伝統的な「都市市民」とは異なります。一定の都市に身分を制約されることなく、地域を越えて経済活動を展開する企業家や工場経営者、貿易商などの経済市民や、近代国家において整備された官僚制や教育機関などで俸給を得て生活する官吏や大学教授、教師、法律家といった教養市民をさします。

イギリスでは、中流階級《ミドルクラス》という語がよく用いられます。奢侈《しゃし》によって権力を誇示し、労働・生産活動をおこなわない貴族に対し、中流階級は勤勉で「中庸な資産」をもち、信仰心も篤い。家庭を重視し、「家庭的な慎ましさ」を大切にする。イギリスの女性史・ジェンダー史家であるレオノア・ダヴィドフとキャサリン・ホールは、十八世紀の信仰復興運動を受けて形づくられた中流階級の宗教的アイデンティティに着目します。彼らの価値観の中枢にキリスト教信仰があるからこそ、彼らは貴族に対しては道徳的優越性を主張し、下層階級に対しては彼らの改善を導く能力を自負することができました。

市民層は、貴族のような特権もなく、農民や工場労働者のような人口数もありませんでしたが、社会の価値基準を創出する立場にありました。「近代市民社会」を牽引する存在です。彼らが体現する家庭生活は、道徳的な規範力をもち、「家族モデル」としてゆっくりと社会に浸透するようになります。

私的な領域としての「家庭」

前述のウィーンの歴史家、ミッテラウアーとジーダーは、近代市民社会に「家族モデル」が登場するにあたっての主要な四つの要因をあげています(『ヨーロッパ家族社会史』九頁)。

(1)職住が分離し、これに条件づけられる職業圏と私生活圏が分離する。農民の生活圏は除き、都市環境において浸透する。

(2)親子関係が深まる。とくに宗教改革と啓蒙思想の影響下で進行する。

(3)親族と非親族とのあいだの亀裂が深まり、奉公人が家のメンバーから切り離される。奉公人は自由な労働契約の関係におかれる。

(4)小作人の家族、労働者の家族、官吏の家族のように、家族のメンバーのみからなる世帯が多く成立し、一般的な形態となる。

こうした生活共同体の変化において、その特徴を一つのキーワードであらわすとしたら、「家庭」という言葉になります。

「家庭」とは、私的で親密な空間であり、安らぎと癒しの場です。そこでは生産活動はなされず、労働は外の世界でおこなわれ、俸給という形で家族へ還元されます。資本主義の競争論理のもと、緊張が強いられる外の世界に対して、家庭は公的な領域から区別されます。社会に対して「私生活の壁」が設けられ、家族のメンバーが互いに精神的絆で結ばれた、いわゆるスウィート・ホームが成立するのです。

こうした近代家族モデルでは、夫婦の関係は政略的でもなく、あるいは労働上のパートナーといったものでもありません。

もっとも、結婚相手に経済的要素を重視する傾向がなくなったわけではなく、「中庸な資産」の維持のためにも依然として重要でした。ダヴィドフとホールは、イギリス・エセックス州の二つの家族が共同経営関係を結び、財産の分散を防ぐために、二家族間での兄弟姉妹婚やいとこ婚をおこなっていたことをつぶさに論じています。

ただし、彼らと下層民の夫婦とが違うのは、妻が労働力ではなく、家庭の守り手であったことです。妻たちは経営にかかわることはありましたが、女性は扶養家族であるべきとの考えは強まっていきました。夫婦は基本的には愛情で結びつき、相手を理解し合おうとする精神的・感情的な関係であることが第一義とされました。

ヘーゲルが説く近代家族

近代ドイツの代表的な哲学者ヘーゲル(一七七〇～一八三一)は、家族を市民社会と国家と並べて、これら三つの共同体における人間の倫理的なあり方について、つぎのように述べています。

家族は、素朴な精神の共同体であって、愛という感情的な統一を基礎として成り立つ。(ヘーゲル『法哲学講義』三二九頁)

ヘーゲルが説く結婚生活には、労働共同体という機能はありません。

結婚における共同体の倫理とは、結婚による統一を共同の目的として意識することに、つまり、愛し、信頼し、個人生活をまるごと共有することにある。そうした心構えと現実のなかで、自然の衝動は、満たされればすぐにも消えてしまうような、自然の要素の一つにすぎないものとなり、共同体の倫理にふさわしい精神の絆が、気まぐれな情熱や一時の偏愛を超えた、それ自体が解消不可能な絆として浮かびあがってくる。（同、三三二頁）

夫婦は政略的な理由や経済的な理由で結ばれるものではなく、「本質的に人倫的な関係」であり、「二人の人格の自由な同意」に基づくものとされたのです。

一八二〇年代のドイツにおけるヘーゲルの議論には、市民的価値観から貴族的価値観があてこすられています。貴族の「堕落的で官能的な愛」、性的関係が夫婦に限定されることのない「性的放埒《ほうらつ》な愛」に対して、市民の夫婦は「自制的な徳のある愛」に基づき、互いに家庭の維持に努めるとされているのです。

近代家族モデルにおいて感情の絆が重視された点については、二十世紀後半の家族史研究者たちが注目しました。なかでも前述のショーターは、『近代家族の形成』（一九七五年、邦訳一九八七年）のなかで、「近代家族」の成立の背景にある「感情革命」というものを論じ、その大胆な発想で脚光をあびました。

ショーターは、伝統的な「家」から近代家族への変貌を捉えるにあたって、人びとの心性の変化を重視します。すなわち、男女関係におけるロマンティック・ラブの成立、母性愛の出現、家庭愛の誕生です。これらの変化は、市場資本主義が発達することで個人主義と自由が希求されるようになったことと関係しているとされています。

ショーターに対しては、アリエスと同様、取り上げる史料の偏りが指摘され、「ショーターのまことしやかな事例は、異なる地域や時代から手当たり次第に集めたデータによって支えられている」（マイケル・アンダーソン『家族の構造・機能・感情』七四頁）といった酷評も受けています。たしかに、感情の「ロマン主義革命」が十八世紀末の労働者のあいだで始まったという見解には反論の余地があるでしょう。

「ロマンティック」であるかどうかは別として、市民層が体現した近代家族モデルにおいては、夫婦関係や親子関係の愛情に重きがおかれたことは確かです。市民層の子どもはもはや「小さい大人」ではなく、両親の愛情豊かなまなざしに守られ、家族の中心的存在になっていきます。

子どもへの愛情または母乳育児

再びヘーゲルの言葉を引きましょう。

結婚という統一は、親密な心情、心構えとして存在します。財産はまったく外的な物にすぎず、それとは別に、親密さが独立の対象としてあらわれねばならず、親密さが独自の存在となったものが子どもです。両親は子どものうちに自分たちの統一を見、統一を直感し、自分たちの愛が子どもに体現されるのを愛し、自分たちの統一が子どものうちに存在するのを目の当たりにします。(『法哲学講義』三五〇〜三五一頁)

ヘーゲルは子どもが両親によって扶養され、教育を受ける権利があることにも言及しています。公教育の普及ともあいまって、子どもたちは家庭や学校という場に保護され、あるいは隔離され、乳児期と成人期のあいだにある「子ども期」「青年期」を過ごします。彼らのかたわらには乳母はおらず、生まれたときから常に優しく愛情にあふれた母が寄り添うものとされました。

ダヴィドフとホールによると、イギリスでも市民層においては、子どもを子守りや使用人の世話に任せる慣習は軽蔑されたといいます。福音主義の教義の影響も強く、母親は家庭の中心として位置づけられていきます。ショーターは、母性愛は近代の産物だと言い切りましたが、その理由を母乳育児の浸透と乳母制度の終焉《しゅうえん》にみています。

母乳の奨励は近代に始まったわけではなく、例えば十六世紀の人文主義者たちによっても推奨されました。十八世紀半ばになると、ルソーなどの影響もあり、親子関係の深まり、とりわけ母子関係の自然のあるべき姿として母乳育児が奨励されました。乳母制度は「自然に反した習慣」であり、母親は「その第一の義務を無視」していると批判されます。

ヘーゲルも母乳育児について触れています。

子どもは家族のなかで温かく迎えられて育てられる。母乳とともに家族の一体感を吸い込むから、母を失う方が父を失うよりも衝撃が大きい。父よりも母の方が緊密な愛の絆で結ばれているのですから。

（同、三三三頁）

生まれたばかりの子どもにとって、家族のイニシエーション（加入儀礼）は実母の母乳から、という解釈です。

近代家族モデルにおける女性像・男性像

近代家族モデルは、男女の性役割分業を明確にし、女性にふさわしい活動領域として家庭を委ねました。そこで想定された理想的な女性像とは、愛情に満ちた妻、優しい母、賢い主婦という三つ巴の役割で、これらはときに「女の定め」あるいは「女の使命」とも表現されました。

二十世紀後半のフランスのフェミニストで歴史家でもあるエリザベート・バダンテールの『母性という神話』（一九八〇年、邦訳一九九一年）や、イギリスの社会学者、アン・オークレーの『主婦の誕生』（一九七四年、邦訳一九八六年）といった著作は、近代家族モデル登場の歴史的文脈を踏まえ、女性モデルの理不尽さを訴えました。また、イタリアのフェミニスト、マリアローザ・ダラ・コスタらによって主導された家事労働に賃金を要求する運動のように、近代家族モデルは家事、育児の経済的対価という点からも批判されていきます。家庭には「労働」の要素がかき消され、女性が担う家事や育児は「愛情の発露」と理解されているのではないか、女性は資本主義の市場原理とは離れたところで、自ら選びとったものではないアンペイド・ワーク（無償労働）を強いられているのではないか、と訴えます。

他方、近代家族モデルにおいて自由な選択肢が与えられないという意味では、男性の役割も同じです。男性は外の世界で労働し、「教養と業績」で競争社会を闘い、彼の稼ぎのみで一家を養うもの（男性稼ぎ主モデル）とされました。「闘う性」であり「稼ぐ性」であることが「男の定め」でした。男性モデルにはらむ問題性についてもまた、女性モデルほどではないにしても、二十世紀末には認識されるようになります（第五章参照）。

近代家族モデルが基盤とする性役割分業は、心身ともに強く勇敢で理性的な男性性と、やさしく柔和で感情的な女性性という二元論に立てば、「合理的」といえるかもしれません。ですが、現実は、こうした二元論ではとうていくくることができないほど、人間の生／性というものは多様性に満ちています。男女の性規範に息苦しさを感じる人びとを生み出し、個人の自由な生き方を抑圧する負の側面があったことは確かです。家族モデルや性別二元論に基づく社会の抑圧構造に挑んだのが女性運動であり、二十世紀末以降は、女性ばかりではなく、男性やセクシュアル・マイノリティも同じく立ち上がったのでした。

二〇〇年ほどの歴史しかもたない家族モデル

ここであらためて近代の家族モデルについてまとめておきます。

夫が外で働き、妻は家事、育児に専念し、子どもは家族の中心として教育を受けるもの、そして夫婦・親子は深い愛情で結ばれるものといった家族観は、二〇〇年ほどの歴史しかもっていません。

そしてこれはあくまでモデル、理念であって、現実のヨーロッパの家族が、階層を問わず、すべてそうであったわけではありません。中流階級のなかですら経済的に厳しい家庭はあり、少しでもそのようなモデルに合うよう努めてきたのです。

より裕福な者は下層の人びとにモデルを提供し、下層の人びとはそうした規範をささやかな暮らし向きに合うよう修正していった。（ダヴィドフ／ホール『家族の命運』七頁）

家族モデルの実践は、中流階級のアイデンティティにかかわるものでした。

他方、農民家族や工場労働者家族にとって、「愛情に満ちた快適な家庭生活」は「実感の湧かない絵空事」でした。彼らは夫の労働だけでは生きていけず、妻も子どもも、家族総出で働き、家計を支えました。

イギリスの歴史家、ヒュー・カニンガムによると、十九世紀後半になっても、下層社会では「子どもを工場で働かせる以外の選択肢はほとんどの家庭になかった」という現実がありました。ベルギーでは、家計収入の二〜三割を子どもが担っていたという数値も出されています。子どもを労働力の一員や家族の収入を支える一員とみなすことをやめ、「学童」と捉える考え方が社会の下層にまで浸透するのは、義務教育が徹底される二十世紀を待たなければなりません。この時点でようやく、子どもは働き手ではなく、教育を受けるべき存在という認識が定着したとみなせるのです。

「家族」の多様性

二十一世紀の家族は、多様な形をとり、あるいは非婚者の増加から、「家族の無化」という表現も聞こえてきます。離婚が増え、子連れ再婚が増える一方で、子どもをもたない人びとの割合も高まっています。女性が生涯で産む子どもの数も、平均が二人を超えるヨーロッパ諸国はわずかです。

もっとも、「独身者」というカテゴリーが、他人との絆もなく、孤独に生活している人をさすわけではありません。前述したように、ヨーロッパでは一九七〇年代以降「事実婚」が認知され、結婚ではなく、パートナー関係の公的承認を選ぶ人びとがいます。家族を形成しなくても、血縁や結婚にこだわらず、親密な互助の関係を独自に築いて生活する人びともいます。「家族」ではなく、「親密圏」という概念が注目されるようになったのは、こうした時代の流れを反映しています。「家族は人間の集団生活のもっとも基本的な単位である」という、かつての歴史人口学者の定義は、「人は家族を形成すべきもの」という前提が背後にあり、家族中心的な考えとして今では疎まれるかもしれません。

「家族」とは何か。それは血縁が絶対的な絆ではなく、一緒に暮らしたいと思える人びとのことだという定義も現在では可能です。家族を従来のように「夫婦と子ども」ではなく、「異なる世代がお互いに責任を引き受ける共同体」とする考えもあります（姫岡とし子『ヨーロッパの家族史』八七頁）。

結婚制度が異性パートナー関係においては骨抜きにされていく一方で、二〇〇一年のオランダを皮切りにヨーロッパ諸国では同性婚が認められていきます。両親がゲイカップルやレズビアンカップルであったり、男性から女性へ、女性から男性へと性別を越境したママ、パパをもつ子どももいます（性の越境については第三・四・五章で論じます）。異性婚、同性婚に限らず、親の離婚や養子縁組、里子制度などによって、子どもたちがすべて実父と実母に育てられるわけではありません。かつて、乳児死亡率も成人の死亡率も高い時代には、夫婦は死別することが多く、子どももまた腹違いの兄弟姉妹と暮らす「複合家族」は珍しいものではありませんでした。今日では、離別はもとより、性の多様性をも反映した「複合家族」が増えているといえます。

西洋近代社会で規範化された家族モデルは、さまざまな偏見、差別を生み出しました。現在においても、過去においても、人びとの生き方や家族のあり方は多様です。こうした認識のもと、家族史研究がより実り豊かなものとなれば、現代社会においてもなおみられる近代家族モデルの呪縛を解き放つことができるのではないでしょうか。

参考文献

アリエス、フィリップ（杉山光信・杉山恵美子訳）『〈子供〉の誕生――アンシャン・レジューム期の子供と家族生活』みすず書房、一九八〇
アンダーソン、マイケル（北本正章訳）『家族の構造・機能・感情――家族史研究の新展開』海鳴社、二〇二〇
岩下誠「アリエス論争」金澤周作監修『論点・西洋史学』ミネルヴァ書房、二〇二〇
エリアス、ノルベルト（波田節夫・中埜芳之・吉田正勝訳）『宮廷社会』法政大学出版局、一九八一
岡部造史「統治権力としての児童保護――フランス近現代史の事例から」橋本伸也・沢山美果子編『保護と遺棄の子ども史』昭和堂、二〇一四
オークレー、アン（岡島茅花訳）『主婦の誕生』三省堂、一九八六
カニンガム、ヒュー（北本正章訳）『概説　子ども観の社会史――ヨーロッパとアメリカにみる教育・福祉・国家』新曜社、二〇一三
グーベル、ピエール（遅塚忠躬・藤田苑子訳）『歴史人口学序説――17・18世紀ボーヴェ地方の人口動態構造』岩波書店、一九九二
斉藤修編『家族と人口の歴史社会学――ケンブリッジ・グループの成果』リブロポート、一九八八
シェイクスピア（松岡和子訳）『お気に召すまま』（ちくま文庫）筑摩書房、二〇〇七
ショーター、エドワード（田中俊宏ほか訳）『近代家族の形成』昭和堂、一九八七
ストーン、ローレンス（北本正章訳）『家族・性・結婚の社会史――一五〇〇～一八〇〇年のイギリス』勁草書房、一九九一
セガレーヌ、マルチーヌ（片岡幸彦監訳）『妻と夫の社会史』新評論、一九八三
ダヴィドフ、レオノーア／ホール、キャサリン（山口みどり・梅垣千尋・長谷川貴彦訳）『家族の命運――イングランド中産階級の男と女　一七八〇～一八五〇』名古屋大学出版会、二〇一九
高橋友子『捨児たちのルネッサンス――一五世紀イタリアの捨児養育院と都市・農村』名古屋大学出版会、二〇〇〇
ダラ・コスタ、マリアローザ（伊田久美子・伊藤公雄訳）『家事労働に賃金を――フェミニズムの新たな展望』インパク

ト出版会、一九八六
ドゥーデン、バーバラ／フォン・ヴェールホーフ、クラウディア（丸山真人編訳）『家事労働と資本主義』岩波書店、一九九八
仲松優子「一八世紀フランスにおけるプロト工業化とジェンダー」浅田進史・榎一江・竹田泉編『グローバル経済史にジェンダー視点を接続する』日本経済評論社、二〇二〇
二宮宏之『全体を見る眼と歴史家たち』平凡社、一九九五
二宮宏之ほか編『家の歴史社会学』新評論、一九八三（藤原書店、二〇一〇）
橋本伸也・沢山美果子編『保護と遺棄の子ども史』昭和堂、二〇一四
長谷川まゆ帆『女と男と子どもの近代』（世界史リブレット89）山川出版社、二〇〇七
バダンテール、エリザベート（鈴木晶訳）『母性という神話』筑摩書房、一九九一（ちくま学芸文庫、一九九八）
速水融編『歴史人口学と家族史』藤原書店、二〇〇三
姫岡とし子『ヨーロッパの家族史』（世界史リブレット117）山川出版社、二〇〇八
ビュルギエール、アンドレ編（浜名優美監訳）『叢書　アナール一九二九～二〇一〇――歴史の対象と方法』（Ⅰ　一九二九～一九四五）藤原書店、二〇一〇
ブルンナー、オットー（石井紫郎ほか訳）『ヨーロッパ――その歴史と精神』岩波書店、一九七四
ヘーゲル、ゲオルク・ヴィルヘルム（長谷川宏訳）『法哲学講義』作品社、二〇〇〇
ボーラン、ミシュリーヌ（石川学訳）「粉々になった家族――一七世紀人口学の一側面について」エマニュエル・ル＝ロワ＝ラデュリ編（浜名優美監訳）『叢書　アナール一九二九～二〇一〇――歴史の対象と方法』（Ⅳ　一九六九～一九七九）藤原書店、二〇一五
マクファーレン、アラン（川本正章訳）『再生産の歴史人類学――一三〇〇～一八四〇年　英国の恋愛・結婚・家族戦略』勁草書房、一九九九
マクラレン、アンガス（荻野美穂訳）『性の儀礼――近世イギリスの産の風景』人文書院、一九八九
ミッテラウアー、ミヒャエル／ジーダー、ラインハルト（若尾祐司・若尾典子訳）『ヨーロッパ家族社会史――家父長制

からパートナー関係へ』名古屋大学出版会、一九九三
三成美保『ジェンダーの法史学――近代ドイツの家族とセクシュアリティ』勁草書房、二〇〇五
ラスレット、ピーター（川北稔・山本正・指昭博訳）『われら失いし世界――近代イギリス社会史』三嶺書房、一九八六
リグリィ、エドワード・アンソニー（速水融訳）『人口と歴史』平凡社、一九七一（筑摩書房、一九八二）
ルブラン、フランソワ（藤田苑子訳）『アンシアン・レジーム期の結婚生活』慶應義塾大学出版会、二〇〇一
ル＝ロワ＝ラデュリ、エマニュエル編（浜名優美監訳）『叢書　アナール一九二九～二〇一〇――歴史の対象と方法』（Ⅳ　一九六九～一九七九）藤原書店、二〇一五
若尾祐司編『家族』（近代ヨーロッパの探究2）ミネルヴァ書房、一九九八

第二章　女性の歴史が歴史学を変える　――女性史

ウーマン・リブ運動と女性史

一九六〇年代末、アメリカ合衆国を皮切りに、世界各地で女性解放運動／ウーマン・リブが起こりました。戦前の女性運動と区別して、第二波フェミニズム運動とも呼ばれます。第一波フェミニズム運動は、抑圧された女性の解放を求めて、参政権や高等教育を受ける権利などの獲得をめざしたものでした。女性参政権についていえば、国政レベルでは、一八九三年のニュージーランドを嚆矢《こうし》として、一九〇二年にオーストラリア、一九〇六年にフィンランド、一九一〇年代以降はノルウェー、デンマーク、ソヴィエト連邦、イギリス、ドイツ、オランダ、アメリカ、ポーランド、オーストリアなどで認められていきます。戦後、大半の西洋諸国では、法律上の男女平等が謳われ、形のうえで当初の目的は実現されていました。

ですが、女性たちの実生活において、その従属的立場が大きく変わったわけではありませんでした。女性は、二つの世界大戦時に戦地へ送られた男性に代わり、さまざまな職に就き、それまでにないほど多様な領域で活躍しました。しかし、それは戦時という「非常時」のことであり、戦後社会では女性は本来の領域とされる家庭に戻りました。女性が家庭にとどまり、良き母・妻・主婦であることが平和の象徴だとする考えさえありました。一九五〇年代のアメリカでは、女性の平均初婚年齢が下がり、学生全体に占める女子学生の比率も、一九二〇年代と比べると低くなりました。そうした「反動の時代」に、幸せなはずの家庭生活を送ってきた女性たちは、やがて「何かが違う」と思い始めます。

女性を拘束し、女性の自由を抑圧している結婚や家族のあり方、家庭の内外で求められる性役割分業について、女性たちは見つめ直しました。ベティ・フリーダンの『女性らしさの神話』(一九六三年、邦訳『新しい女性の創造』一九六五年)という著作は、こうした女性たちのやるせない思いをマグマのように湧き上がらせ、やがて社会を変える大きなエネルギーへと昇華させるきっかけをつくりました。

女性たちは、自らの解放をめざして立ち上がります。

そもそも、女性は常に従属的な存在なのでしょうか。過去の女性たちもまた、同じように苦しんできたのでしょうか。こうした問いに、一九六〇年代当時の歴史学は答えてくれませんでした。女性の境遇が歴史学で論じられることはなかったからです。どの(男性)歴史家も、女性については書いていない。ならば、女性が自らの手で歴史のなかの女性をすくいとり、女性の歴史を書かなければならない——こうして、フェミニズム運動に突き動かされた女性史研究が誕生しました。

歴史における女性の不在について考えることは、十九世紀に成立した近代歴史学に立ち向かうことでもありました。女性史家たちは、既存のアカデミズムに果敢に挑み、女性史を歴史学の一分野として確立していくことになります。と同時に、女性史の方法論や問題意識は、既存の歴史学にさまざまな反省を促し、結果として、歴史学をより成熟した学問へと導いていきました。

歴史における女性の不在・偏在

「はじめに」でも触れたように、歴史学の研究対象は、歴史家が生きている時代の価値観や問題意識を反映します。それまで女性が歴史学の対象とならなかったのは、歴史学の定義、および歴史家のアイデンティティ（属性）やポジショナリティ（立場性）と密接にかかわっています。歴史学が国家や戦争のことなど、公的な出来事を対象とするなかで、女性たちは排除されたままでした。歴史家もまた、学術界という、ある意味で権力がぶつかりあう公的な活動領域をあてがわれた男性であり、歴史における女性の存在へと関心を向けることは稀でした。

女性が大学で歴史学を学び、学位を取得できるように教育環境が整備されるのは、ヨーロッパ諸国では十九世紀末から二十世紀初頭のことでした。ですが、女性が歴史学を修める機会をつかむだけでは女性史研究は生まれません。歴史学を専攻した多くの女性たちは、男性歴史家がつくってきた歴史観のなかで研究を推し進めるにすぎませんでした。

第一章でみたように、家族史研究が登場したことで、歴史学において家族や夫婦のあり方、親子のあり方といった私的領域についてようやく光があてられるようになりました。ですが、過去の女性たちは、娘であり、妻であり、母であるだけの存在ではなく、家族という枠組みから離れた視座も重要です。

もちろん、歴史上、国家にかかわる公的な場に登場する女性たちはいました。そうした女性たちは、

「例外的」か「物議をかもす」という意味で、旧来から特筆に値する存在でした。

近世ヨーロッパを例にとると、エリザベス一世やマリア・テレジア、エカチェリーナ二世といった女性統治者があがります。

イギリスでは、ほかの地域に比べて比較的多くの女性君主がみられます。なかでもエリザベス一世(在位一五五八〜一六〇三)は、スペインの無敵艦隊を破ったことでイギリスが世界の海を制する礎を築きました。彼女には、王位継承権をもっていたメアリ・スチュアートを長年幽閉し、のちに処刑するという残忍な一面もありました。異母姉であったメアリ一世(在位一五五三〜五八)の比ではないかもしれませんが、やさしく愛情に満ちた女性像とは異なる「例外」として歴史に登場します。異母姉メアリ一世は、スペイン皇太子フェリペ二世と結婚し、イギリスにおけるカトリックの復権をめざしたことは第一章でも触れました。多くの「異端者」を処刑したことから、のちに「血のメアリ」という異名を与えられ、おどろおどろしい女性として記憶されます。

オーストリア・ハプスブルクのマリア・テレジア(在位一七四〇〜八〇)の戴冠は、イギリスのテューダー朝と同じく、男系が途絶えたためでした。マリア・テレジアの父カール六世は、生前、プラグマティッシェ・ザンクチオーン(国事詔書)を公布し、娘がハプスブルク家の継承者であることを宣言しました。ですが、父王が死ぬと、女性の王位継承をめぐってザクセン、バイエルン、プロイセンが介入し、イギリス、フランスも巻き込んだ戦争が起こります。十三世紀以来の長いハプスブルク家の栄光の歴史のなかで、マリア・テレジアは「例外的な」女性君主になります。

ロシアのエカチェリーナ二世（在位一七六二〜九六）は、クーデタによって無能な夫から帝冠を奪いました。女帝に君臨してからは、対トルコ戦争やポーランド分割によって領土を広げた「英雄」であり、また少なくとも一〇人以上の情夫をもったともいわれる「物議をかもす女」でした。男性であれば「英雄、色を好む」とされ、問題にもならないでしょう。

なぜジョゼフィーヌなのか

女性統治者のように、男性と同じ土俵で功績を残した女性は従来の歴史学においても登場していました。ですが、どの女性をその対象とし、どう叙述するのか、その選択には（男性）歴史家の価値基準が働いています。

身近なところで、日本で使われている高校の世界史教科書を例に考えてみます。

十八世紀末から十九世紀の転換期において、重要な人物とされる女性は誰か。この問いに女性史家の多くはおそらく、「メアリ・ウルストンクラフト（一七五九〜九七）」と答えるでしょう。女性の権利の要求を理論的に論じ、女性解放の古典的名著となる『女性の権利の擁護』（一七九二年）を残した人物です。あるいは、フランス革命期に出された「人権宣言」が女性の権利を前提としていないことを訴え、一七九一年に「女権宣言」を発表し、のちに処刑されたオランプ・ド・グージュ（一七四八〜九三）をあげるかもしれません。

ですが、日本の高校の歴史教科書で学ぶ生徒たちは、近年までウルストンクラフトもグージュも知る機会はほとんどありませんでした。現在も、二人の名前を記す教科書や資料集は限られています。一九六五年の刊行以来、半世紀以上にわたって多くの高校生が手にしてきた山川出版社の『世界史用語集』(全国歴史教育研究協議会編)には、二〇一八年にはじめてグージュの項目が追加されました。それまでは、十八世紀末から十九世紀初頭を生きたヨーロッパの女性で名前があがっていたのは、「マリ゠アントワネット」と「ジョゼフィーヌ」でした。

彼女たちについて、つぎのように説明されています。

マリ゠アントワネット：一七五五〜九三　オーストリア大公マリア゠テレジアの娘、ルイ一六世の妃。浪費癖などで国民の反感を買い、スキャンダルも多かった。革命期には反革命派の中心とされ、恐怖政治下の一七九三年一〇月に処刑された。(一九九頁)

図1　メアリ・ウルストンクラフト

図2　オランプ・ド・グージュ

ジョゼフィーヌ：一七六三〜一八一四　ナポレオンの最初の妻・皇后。一七九六年ナポレオンと結婚したが、跡継ぎの男児ができなかったため一八〇九年に離婚された。こののちナポレオンはオーストリア皇女マリ＝ルイーズと再婚する。（二〇五頁）

マリ＝アントワネットはまさに「物議をかもす女」なのでしょう。他方、ジョゼフィーヌについては、学習者はこの短い説明のなかに性規範のメッセージをいくつも読み取るかもしれません。女性は男児を産まないと離婚される、男児を産まないのは女性の責任、男児ができなければ男性は別の女性と再婚する……。なぜ女性の権利を訴えたウルストンクラフトやグージュよりも、ジョゼフィーヌについて学習しなければならないのでしょうか。

ジョゼフィーヌは、ナポレオンと結婚する前、フランス人子爵、アレクサンダー・ボーアルネと結婚し、一男一女をもうけています（一女はのちにナポレオンの弟と結婚してナポレオン三世を産みます）。夫ボーアルネがフランス革命でジャコバン派に捕らえられ処刑されたのち、ジョゼフィーヌはナポレオンと出会い、再婚します。フランス最初の皇后で、ナポレオンと離婚後も彼の良き理解者となり、美貌であったという以外に、彼女を歴史上、「重要な人物」とされる理由はとくにありません。

彼女が西インド諸島の一つ、マルチニーク島の生まれであることは関係しているかもしれません。現在、フランスの海外県となっているこの島は、十七世紀半ば、フランス人が先住民をほぼ全滅させ、植民地にした地域でした。ジョゼフィーヌは、クレオール（植民地生まれの白人の子孫）であり、ジョゼフィーヌの評価の背景には、宗主国のフランス人男性がクレオールの女性に向けた、コロニアルでセクシュアルな好奇

図３　ジャック＝ルイ・ダヴィッド「ナポレオン１世の戴冠式と皇后ジョゼフィーヌの戴冠」部分（1807年）　ルーヴル美術館蔵。

のまなざしをみることもできます。

　教科書に掲載されている絵画も気になります。ナポレオンが皇帝の冠を戴くシーンを捉えたものではなく、皇后ジョゼフィーヌがナポレオンにより戴冠される様子を描いたものです。皇帝／夫／男性にひざまずく皇后／妻／女性の姿は、男女のあるべき関係性を伝えているようにも読み取れます。ナポレオン法典が女性の権利を制約したことが想起されるでしょう。

　こうして考えると、女権論者のウルストンクラフトやグージュよりも、マリ＝アントワネットやジョゼフィーヌを選択することは、男性（歴史家）による、女性への偏った評価の現れであるようにも思います。

　問題は歴史家たちの偏向にとどまりません。こうした歴史叙述は、読み手に（学習者に）同様の歴史観の再生産を許します。歴史は男性がつくるもの、歴史に登場する女性は例外か、物議をかもす女でしかない。

このような歴史教育がおこなわれている日本の状況は、ほぼ一〇〇年前に少女だったシモーヌ・ド・ボーヴォワール（一九〇八〜八六）が溜息をついていた頃とさほど変わっていないように思います。

ギリシア、ローマ帝国、フランス、すべての国家をつくったのは男たちであり、大地を発見し、大地を開墾する道具を発明したのも男たち、大地を支配し、彫像、絵画、書物でいっぱいにしたのも男たちだ。……男の優位は圧倒的だ。一人のジャンヌ・ダルクに対して、ペルセウス、ヘラクレス、アキレス、ダビデ王……ナポレオンなど、なんと多くの男がいることか。そのうえ、ジャンヌ・ダルクの背後には大天使ミカエルという偉大な男性像が浮かび上がっている！（ボーヴォワール『第二の性』Ⅱ体験〈上〉、四八〜四九頁）

一九四九年に発表された『第二の性』には、従来の歴史家による作品を手にとる少女がどのような歴史観をもつようになるのかも述べられています。

女の子は新聞を読んだり、大人の会話を聞いたりして、今も昔も世界を率いているのは男なんだと確認する。すばらしいと思う国家の長も、将軍も、探検家、音楽家、画家も男である。彼女の胸を情熱でときめかすのは男たちなのだ。（同、五一頁）

少女だけではありません。少年たちもまた、歴史に女性の姿を認めようとはせず、歴史は男性がつくるものという歴史観を自然に抱くようになります。

現代の日本も含めて、女性史研究の成果は、なかなか歴史教育の現場に伝わっていません。ですが、女性史研究そのものは、ボーヴォワールの時代から飛躍的に発展しました。一九六〇年代末に世界各地で起こったウーマン・リブを起爆剤として、そしてアナール学派に代表される「新しい歴史学」の流れを追い風として、女性史研究は、歴史学というアカデミズムのなかで地歩を固めるまでになりました。

その推移をみていきます。

女性に歴史はあるのか

ウーマン・リブ運動のなか、アメリカでは女性史を専攻できる最初の教育・研究機関が整備されました。実用主義的傾向の強いアメリカの大学に比べると、ヨーロッパ諸国の大学が女性史を受け入れるのには時間を要しました。

もっとも、ヨーロッパ諸国でも以前から女性によって書かれた女性史研究はありました。イギリスのアリス・クラーク(一八七四〜一九三四)は、家業である靴工場で働くかたわら、女性参政権運動の活動家(サフラジスト)でした。女性の経済的依存と、それが社会に与える影響を問題視し、三十八歳のときにロンドン・スクール・オブ・エコノミクスで歴史研究に携わります。女性は社会の発展に関係することはない、それゆえ歴史研究の重要な対象にはならないといった考えに強い反発を覚え、『十七世紀の女性の労働生活』(一九一九年)を完成させます。クラークが用いた史料には、女性たちの手によって書かれた書簡や日記なども含まれていました。

かつて女性たちは、農業や家内工業、商業や地域活動のなかで生き生きと働いていました。しかし、資本主義によって徐々にこうした活動の場を奪われていきます。はたして、女性の労働という観点から考えると、資本主義はどのように評価されるべきなのかとクラークは問います。

戦間期に発表されたクラークの研究は、その後、長く忘却の淵に埋もれてしまいました。一九六〇年代末になると、イギリスでは、労働者や民衆の歴史を掘り起こす「ヒストリー・ワークショップ」運動が盛んになり、「下からの視点」が重視されるようになりました。他方、一九七〇年にはオックスフォードでフェミニスト会議が開かれるなど、社会史研究とウーマン・リブ運動の勃興により、「女性の民衆史」への関心が高まっていきます。代表的なフェミニストの一人、シーラ・ローボタムの歴史研究は、彼女の政治活動の産物でした。十七世紀から二十世紀までの三世紀のあいだ、イギリスの女性たちがどれほど抑圧され、またそれと闘ってきたのかを描いた『歴史から隠されて』(一九七三年)は、ローボタムが活動家として著したパンフレットから生まれたものでした。第一章で紹介したイギリスの歴史家、キャサリン・ホールは、二十代のときに女性解放グループに参加して女性としての意識を高め、フェミニズムに突き動かされて歴史研究を始めたといいます。

クラークの著作は、半世紀以上の年月を経て復刻され、評価されていきました。現在でも、イギリスの女性史研究は、女性労働研究に強いという特徴があります。

フランスでは、第二次世界大戦後、アナール学派の拠点ともなっていたパリで、女性運動にかかわっていた歴史家が立ち上がり、大学でアクションを起こしました。

一九七三年、パリ第七大学で、ミシェル・ペローら三名の女性教員が「自分たち自身の願望と多くの女子学生たちの願いを表現」すべく、女性史の講義を始めました。講義タイトルは、「女性に歴史はあるのか?」という疑問文です。「女性に歴史はある」と断言できないほど、当時は史料や問題設定が不十分で、歴史学の一分野として成り立つのか心もとなかったとペローは述懐しています(ペロー編『女性史は可能か』邦訳一九九二年、新版、二〇〇一年)。

とはいえ、第一章でみたように、歴史学内部では家族史研究が生まれ、結婚年齢や夫婦間の年齢差、子どもの数、女性の妊娠や出産などが歴史研究の射程に入ってきました。また、社会史研究において、「ソシアビリテ sociabilité」という、地域や組織、社会における人と人との結びつきやつながり合いが注目されると、家族や結婚の枠組みでは捉えることのできない女性のあり方や男と女の多様な関係にも関心がそそがれるようになりました。

伝統的な歴史学から自由な「新しい歴史学」の空気は、伝統的な価値観から女性を解き放とうとする女性たちの運動を受け止めていきます。

女性史が歴史学の一角を占める

こうして、第二波フェミニズム運動という強力な外的要因に、「新しい歴史学」という歴史学の内的要因が響き合い、女性史研究は歴史学界における位置を得るにいたりました。女性の歴史を書こう、従来の歴史を書き換えよう、歴史学の定義を見直そうといった意欲に満ちた各国の女性の歴史家たちが、平坦とはいえない道に挑んでいきました。

一九八〇年代は女性史研究の隆盛期となりました。女性史研究の確立はいろいろな場面で確認できますが、例えば先述のペローらが編集した『西洋の女の歴史』(一九九一〜九二年、邦訳『女の歴史』一九九四〜二〇〇一年)の刊行がその証左となります。古代から二十世紀までを扱う五巻本の大著で、フランスの歴史家を中心として、アメリカやヨーロッパ各国の歴史家が参加し、総勢七二名による論文を収めています。フランス語、イタリア語、英語、スペイン語の版が出て、日本を含め世界数十カ国で翻訳されました。

日本の大学もまた、西洋女性史研究を認知するようになりました。これを象徴するものとして、アカデミズムの最高峰とされる旧帝国大学の人事でこれを確認することができます。

一九九四年に長谷川まゆ帆(博子)が東京大学教養学部の助教授に就任しました。長谷川は、歴史人類学という分野を開拓する新進気鋭の研究者で、出産や女性の身体についての独自のアプローチは、まさに「新しい歴史学」を感じさせるものでした。

他方、同じ東京大学でも、明治時代にルートヴィヒ・リース(一八六一〜一九二八)が「お雇い外国人」としてランケ史学を伝えた東京大学史学科で、女性史を専門とする研究者を専任に迎えるのは二十一世紀に入ってからです。ドイツ女性史研究を牽引してきた姫岡とし子が二〇〇九年に文学部西洋史研究室の教授に着任しました。

旧帝国大学ということでいえば、『思想』に掲載された「性差の歴史学——女性史の再生のために」(一九八八年)を皮切りに、日本における女性史・ジェンダー史研究の理論構築とその確立に多大な貢献をした荻野美穂もあげておかなければなりません。西洋史や日本史という枠組みに捉われず、身体や性を軸に幅広い歴史研究を展開してきた荻野は、二〇〇一年に大阪大学文学部に着任しています。

「女性に歴史はあるのか」——この問いに、もはや日本のアカデミズムは首を横に振ることはないでしょう。

女性史研究がもたらしたもの

女性史研究は、歴史に埋もれていた女性を掘り起こし、可視化するだけではなく、方法論という観点からも歴史学全体に意義のある成果をもたらしました。女性史研究もまた、「新しい歴史学」の一翼を担い、歴史学の刷新を図ったのです。

ここではとくに三点に絞って、女性史研究が歴史学の刷新に寄与したことをみていきます。第一に、新たな史料を発掘すると同時に、多様なタイプの史料を開拓したこと、第二に、それまで用いられてきた「普通」「一般」「人間」という概念を捉え直したこと、第三に、従来の歴史解釈に再考を迫り、それを修正・深化したことです。

史料の発掘・開拓

「女性の歴史は女性の解放に不可欠である」。そう言い放ったのは、アメリカ女性史のパイオニア的存在であるゲルダ・ラーナーです。ラーナーは、アメリカ女性史を専門としますが、家父長制度の起源を探るべく、先史時代にさかのぼり、歴史における隠された女性の働きを可視化する作業に没頭しました。そうした作業の行く手を阻んだのは史料という壁でした。女性について記録した史料はあるのでしょうか。どこでそれを見つけることができるのでしょうか。

アナール学派の創始者の一人であるマルク・ブロックは、「史料は太鼓のようなもの。誰かが叩かなければ音はでない」と述べ、史料に向き合う歴史家の姿勢を問いました。太鼓は、叩く人によって異なった音がでます。例えば、フランス革命に関する史料には、女性たちの記録も残されています。パンの価格高騰に対して穀物輸送を妨害し、武器をとりヴェルサイユ宮殿へ行進するなど、パリの大規模な民衆運動にはたしかに女性がいました。ヒトラーの第三帝国においても、女性が権力(暴力)の場にいなかったわけではありません。「女性総統」と呼ばれたゲルトルート・ショルツ＝クリンク(一九〇二〜九九)は、一二〇〇万人の女性に影響を及ぼした女性組織のトップにいましたが、戦後、忘却されていきました。東部地域に派遣されて占領業務に従事した女性事務員も、強制収容所で多くのユダヤ女性を死に追い詰めた女性看守も、まぎれもなくナチズムを支えていました。

女性はつつましく非暴力的であるという女性規範に、歴史家が無意識のうちに絡み取られ、その役割を過小評価していたということがありました。歴史家自身が、意識的に研究対象に女性規範を期待してしまうということもあったでしょう。既存の史料を読み直すことで、死角に入ってしまった女性たちを可視化する作業がおこなわれました。

もちろん、従来の歴史家たちが用いてきた史料の読み直しだけでは不十分です。公文書では、公的領域で活躍した男性や政治的案件が中心です。女性史家たちは、近代歴史学の発展の影で等閑視されてしまったさまざまな記録を掘り起こしました。

先述したウルストンクラフトによる『女性の権利の擁護』は、その掘り起こしのなかで再評価された著作です。彼女は、フランス革命の時代にあって、人間の生まれながらの権利を重んじ、合理主義の立場から、男性のみならず女性の理性を覚醒することで、より良い社会が建設できると考えました。実際の西洋近代社会は、ウルストンクラフトの主張とは異なる方向へと進み、十九世紀の歴史学は、彼女に一瞥すら与えませんでした。二十世紀後半に『女性の権利の擁護』は復刻され、多くの人びとが手にとるようになりました。

史料としての日記

ウルストンクラフトの著作は刊行を目的に書かれましたし、彼女はいってみれば、女性解放思想史における「偉人」です。女性史家たちはこのような「傑出した女性」だけではなく、歴史に埋もれた無名の女性たちの姿にも目を向けました。女性解放思想など知ることもなく、自分の境遇を受け容れ、体制に順応して生きてきた多くの女性もまた、女性史研究の対象でした。彼女たちの居場所が私的な領域であるのなら、私的な記録というのが重要な史料となります。刊行を考えず、せいぜい身内や友人、知人が目にしただけの日記や書簡、回想録(メモワール)といった、いわゆる「エゴ・ドキュメント」が、公文書館や個人コレクションの書庫から掘り出されていきました。

数ある研究のなかで、ここでは一九八〇年代にドイツの港湾都市ハンブルクで「発見」されたマルガレーテ・エリーザベト・ミーローという女性の自伝を紹介しましょう。

マルガレーテは、魚油やニシンを扱う商家の娘として一七四八年に生まれました。父親の勧めで二十一歳のときに一〇歳年上の牧師と結婚、二十二歳から三十七歳までのあいだに一一人の子どもを産みます。そのうち三人の子どもは幼くして亡くなりますが、夫が牧師業のかたわら、八歳から十五歳の男児を集めた寄宿学校を開いたため、マルガレーテは大所帯の「家母」として子どもたちの世話をします。

牧師の妻というのは、一般的に教養女性でした。聖職の夫を補佐し、教区住民の範であることが求められました。マルガレーテは、三十歳になる頃から、夫や子どもたちに向けて、自分の人生の経験や失敗、日常生活のささいな出来事を書き綴るようになります。四十三歳のときに乳がんにかかり、乳房除去手術を受けて一時回復しますが、そのときの様子も詳細に描かれています。結局、がんは転移し、一七九四年に四十六歳の生涯を閉じます。

マルガレーテの手記は、日記でもあり、備忘録でもあり、子ども時代からの人生を振り返った回想録でもあります。その手稿は子から孫へと手渡され、やがてハンブルクの古文書館に預けられ、保管されていました。一九八〇年代にハンブルク大学の女性史家によって「発見」され、十八世紀を生きた女性が自分の人生を振り返った稀有な史料として活字になります。日々の暮らしにおける喜びや不安、夫や子どもとの関係、自分の心と体の状態、病気に向き合う姿勢、そしてこれらに通底する道徳心と信仰心などが細やかに綴られています。

マルガレーテは、歴史的な大事件の渦中にいたわけではなく、歴史に名を残したわけでもありません。ですが、「普通の女性」の視線で切り取られた近世ヨーロッパの一断面は、リアリティ豊かで、女性の日常生活史として一級の史料となりうるのです。

女性像が投影された裁縫箱付きピアノ

過去における女性たちにアプローチするためには、「書かれた記録」だけにとどまりません。女性史研究は、非文字史料も積極的に取り込んでいきました。

十九世紀における市民女性のたしなみとして、楽器の演奏、とくにピアノが好まれました。器用な手の動きは、刺繍や編み物をこなす技能とも共通し、家庭を快適で居心地の良い空間にする女性の務めにかなうものでもありました。

ベルリンの楽器博物館に収められている「裁縫箱付きピアノ」は、まさにそうした女性観が楽器製作に反映されたことを示しています(図4参照)。

十九世紀に製作されたこのピアノは、三オクターブしかないコンパクトなものですが、女性たちは、シンプルなメロディーを奏でて家庭に潤いをもたらしたことでしょう。テーブルクロスやクッションカバーに刺繍をする手をとめ、この根気のいる家事から気を紛らわせるために鍵盤を叩いたのかもしれません。

裁縫箱付きピアノの前に立つと、女性たちの朗らかな歌声だけでなく、彼女たちの溜息も聞こえてくる気がします。

一八一一年にプロイセンの都市ケーニヒスベルクに生まれたファニー・レーヴァルトは、十四歳のときに父親から課された一日のスケジュールを自伝に記しています。

月曜日、朝七時半までに身支度をととのえる、八時から九時までピアノ、新曲の練習、九時から十二時まで手芸、いつもの裁縫や編み物、十二時から午後一時まで学校で使っていた教科書の復習、フランス語、地理、歴史、ドイツ語など、午後一時から二時半まで休憩と昼食、二時半から五時まで午前と同じ手芸、五時から六時までトーマス先生のお宅でピアノのレッスン、六時から七時まで習字。

(Lewald, *Meine Lebensgeschichte*, Bd. 1, S. 140f.)

図4　19世紀ドイツで製作された「裁縫箱付きピアノ」

彼女の父親はユダヤ系の豊かな商人で、女性使用人三人と下男一人をもつ恵まれた家庭でした。ファニーは、手仕事とピアノのレッスンばかりで、まともな学習ができない日々に不満が募り、ギムナジウムに通う兄弟を羨むようになります。ファニーが女性作家として身を立てていく道に進まなければ、彼女もまた裁縫箱付きピアノを奏でながら、平凡な家庭生活を過ごしていたのかもしれません。

非文字史料のなかには、文字史料以上に雄弁に女性の歴史を語るものが見つかります。

医学の対象としてモノ化する産婦

近世の女性たちの出産の体験やそれにまつわる身体の所作を明らかにした研究をここで紹介したいと思います。先述した長谷川まゆ帆による『お産椅子への旅――ものと身体《からだ》の歴史人類学』(二〇〇四年)です。

長谷川はフランスの博物館で一つの奇妙な形をした椅子に出会います。便座のように中央部分がくり抜かれていて、ひじ掛けには、左右両方に垂直のグリップが付いています。「お産椅子」と呼ばれるこの椅子は、図5のように革張りの高価なものや美しい彫刻を施されたもの、がっしり簡素にしつらえられたもの、折り畳んで持ち運びできるものなど、さまざまあります。

これらは、出産がもっぱら座っておこなわれた「座産」の時代に使われたものです。「座産」がベッドに横たわっておこなう「仰臥産《ぎょうがさん》」へと代わる契機をなしたのは、十八世紀後半以降の産科学の発展でした。

それまでお産を介助するのは産婆でした。国家が自国の増強のために人口管理に関心を払うようになると、出産は近代医学の対象となり、産科学という分野が医学のなかに位置づけられます。これは、産婦と産婆からなる女性たちの問題に、男性が介入し、主導権を握ることを意味しました。近代医学の担い手は、大学で医学を修めた者であり、それは男性を意味していたからです。産婆術は産科学の下に位置づけられ、産婆の資格認定も(男性)産科医の管理下におかれるようになります。

産科医が推奨したのは仰臥産でした。胎児がおりてくる産道の入り口を直視することができるからです。産婆はお産椅子に座った産婦を見上げ、産婦と視線を交わしながら出産を介助しました。これに対して産科医は、分娩の際、産婦と視線を交わすよりも、産道を注視します。産婦の立場から考えると、自分の身体が、視線を交わすことのできない(男性)産科医の目にさらされ、人格を切り離される感覚を覚えたかもしれません。お産椅子から分娩台への移行は、お産の主導権が産婦・産婆から産科医へと移るとともに、

図5　ロンドン国立科学博物館所蔵のお産椅子

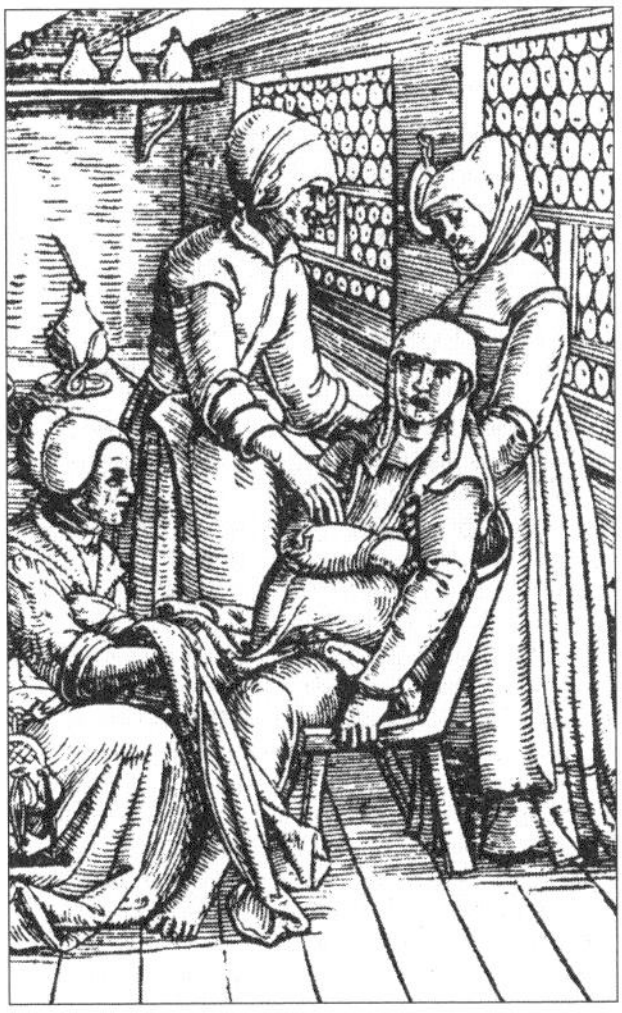

図6　16世紀のチューリヒで出版された産婆術の本に描かれたお産の様子

出産する女性の身体が、医学の対象へと「モノ化」することでもありました。

とはいえ、産科医の分娩台が革命的に胎児や産婦の死亡率を抑えたわけではありません。衛生面の改善や帝王切開技術の発達、産褥《さんじょく》熱の解明などによって、ようやく多くの胎児や産婦の命が救えるようになりました。

お産椅子は十九世紀を通じて姿を消し、人びとから忘れ去られ、博物館の展示物となりました。長谷川はそのお産椅子を史料として取り上げることで、女性の身体に刷り込まれた慣習行動を歴史のなかで呼び起こしました。そして、お産椅子をめぐる人びとの感情や感覚、欲望や思想に迫りました。それは、事件や出来事の歴史というよりも、ゆっくりとした、長い時間をかけて変化してきた歴史でした。

『お産椅子への旅』は、医学史、身体論、文化人類学、社会学といった多様なアプローチをもつ学際的研究であり、非文字史料を用いた「歴史人類学」研究の白眉といえます。

「普通」「一般」「人間」は男性か――「人権宣言」と「女権宣言」

女性史研究が歴史学に刷新をもたらした第二点目は、概念の問題です。従来の歴史叙述において、「普通」とか「一般」、はたまた「人間」といった概念は、いったい何を意味していたのか。女性のことなど想定しておらず、もっぱら男性のことをさしていなかったか。女性史家たちはこうした根本的な問いを投げかけました。

よく知られている例は「普通選挙」という表現です。選挙に参画できる資格を財産や収入、身分などで制限する「制限選挙」に対して、成年に達した国民全員に選挙権を与えることを「普通選挙 universal suffrage」といいます。例えば、日本において一九二五年に施行された「普通選挙法」は、満二十五歳以上のすべての男性を対象としたもので、女性は対象外でした。近年では、歴史教科書においても「男性普通選挙法」と記されていますが、「普通 universal」といっていながら、女性を対象としていないことは少なくありません。十九世紀のヨーロッパ諸国でみられた「一般兵役義務」は、男性の徴兵を意味しており、女性兵士を生み出すものではありませんでした。「一般」というのは、男性集団のなかでの「あまねく、すべての」という意味にすぎません。

　とどのつまり、選挙権も兵役の義務も、「普通」や「一般」という表現に女性を含まなかったのは、近代国家が国民の定義に女性を念頭においていなかったことに由来します。「国の民」といいながら、人口の半分を占める女性が除外されているのです。女性史家が重視したのは、まさにこの点でした。

　身分制社会の歴史に終止符を打ったフランスの「人権宣言」もまた、その例外ではありません。一七八九年に出された「人権宣言」は、正式には「人間と市民の諸権利の宣言」という名称ですが、ここでいう「人間の権利」「市民の権利」もまた、「男性の権利」「男性市民の権利」を意味しました。フランス語で「人」を意味する単語 homme は「男性」を意味し、それがそのまま人権宣言の主語となったのです。

　この問題は、言語と思考の根幹にかかわるものです。フランス語やイタリア語、ドイツ語など、ヨーロッパの諸言語では、名詞に男性名詞や女性名詞など性があり、一般的な事象を表現するには、男性名詞で代表させる体系になっています。「市民」という概念は一般市民を意味するとされ、その一方で、女性の市民をあらわす場合は、「市民」という概念を女性形にしなければなりません。

十八世紀末の「人権宣言」において、女性の権利や女性市民の権利は、その範疇《はんちゅう》の外にありました。女性には政治結社に参加することも、就業の自由も認められず、表現の自由も保障されませんでした。「人権宣言」が謳う普遍性の限界は、すでにフランス革命期の同時代を生きる女性によって異議申し立てがなされました。一七九一年、オランプ・ド・グージュは「女性と女性市民の諸権利の宣言」を発表しました。

グージュは、「人権宣言」のタイトルを homme(人間/男性)から femme(女性)へ、citoyen(市民/男性市民)を citoyenne(女性市民)へ置き換えることで、「人権宣言」の限界を暴きました。「人は自由かつ権利において平等なものとして生まれ、生存する」という文章で始まるフランス人権宣言の第一条の真意は、「男性は自由かつ権利において平等なものとして生まれ、生存する」ではないか、と問います。

グージュは前文と一七条からなる「人権宣言」を、真正の意味での人権宣言に書き換えます。第一条の第一文は、「女性は自由かつ、男性と権利において平等なものとして生まれ、生存する」となります。万人の発言の自由を謳う第一〇条では、女性は処刑台に上る権利をもっているのだから、演壇に上る権利をもつべきであると皮肉を利かせ、表現の自由に関する第一一条では、女性の発言の権利と絡め、お腹の子の父親認知の問題に触れるなど、人権宣言にはあがっていない家族の問題を盛り込んでいます。女性の立場から、当時の社会の矛盾をえぐり出すダイナミズムすら感じられます。

グージュの「女権宣言」を日本語に訳し、論評した西川祐子は、これを「パロディがもつ力」というユニークな観点から考察しました。「女権宣言」には、「パロディがもつオリジナルへの破壊力と創造性」があるというのです。たしかに、グージュによる「人権宣言」への批判は、フランス人民の代表者である男たちが国民議会で堂々と宣言したであろうテキストを嘲笑《あざわら》っているかのようであり、「人権宣言」の脆弱《ぜいじゃく》性が露呈したともいえます。

グージュは「女権宣言」発表の二年後に王党派とみなされ、反革命の嫌疑がかけられ、処刑台の露に消えました。それとともに「女権宣言」も忘却の闇に葬られてしまいました。

二十世紀後半の女性史家たちはグージュの先駆的な思想を見出し、「女権宣言」を掘り起こしました。「人権」概念は、その歴史をたどれば、じつのところ万人の権利ではなく、一部の男性たちのそれにすぎない。これは性別だけでなく、民族や階級、宗教、地域などの差異が生み出す社会的不平等に向き合う歴史家に共有されるものでした。「人権」とは何か。誰がその「人権」をもつのか。人権思想の歴史的現実を直視する重要な問いかけです。

従来の歴史解釈の再考・修正・深化

女性史研究が歴史学の刷新に寄与した三点目に入ります。

一九七〇年代に発表された記念碑的論文の一つに「女性にルネサンスはあったのか」というものがありました。アメリカのイタリア史家、ジョン・ケリーによるものです。

ルネサンスとは、生活の隅々まで浸透するキリスト教の絶対的な権威や規範から人間性を解放し、ギリシア・ローマの古典文化をモデルに、文化の復興をめざした運動と理解されています。これが女性に何をもたらしたのか。「文芸復興」とされているものは女性にどんな意味をもったのでしょうか。

ケリーは、ルネサンス文学を女性の視点から読み直し、出産や育児が女性の戸外労働よりも優位なものと評価され、女性の従属が唱えられている点に着目します。女性の権力や行動の可能性はルネサンスによってかえって抑えられ、ルネサンスを肯定的に捉えることは難しいといいます。

先述のクラークによる十七世紀女性労働論が、女性の視点から近代資本主義の成立に批判的視座を投じたように、ケリーの研究は、それまでのルネサンス評価に再考を迫るものでした。女性という新たな視点で既存の歴史解釈を再考し、ときに修正を加えて歴史解釈の深化を促すこと、これがまさに女性史研究が歴史学に寄与した最大の功績でした。

ここでは、近世から近代への思想的移行を画する啓蒙《けいもう》主義を例にとり、この点について実践的に考えていきたいと思います。タイトルは、ケリーの論文タイトルに倣って、「女性に啓蒙主義はあったのか」とします。

女性に啓蒙主義はあったのか

フランス革命が勃発した十八世紀は、「啓蒙の世紀」といわれます。人間の理性を信奉し、迷信や差別を排し、人びとを抑圧する教会権力や世俗権力に鋭い批判を向ける啓蒙思想がイギリス、フランス、ドイツなどを中心に醸成されていきました。宗教改革期をピークにヨーロッパ中で猛威をふるった魔女裁判は、十八世紀になると終息に向かいました。中世以来、脈々と続いていたユダヤ教徒への迫害・排除も、宗教的寛容という姿勢から、彼らに平等な権利を与える解放思想が論じられるようになります。

無知や偏見という闇に、理性という光を投じる時代精神は、知の進展を経験しました。十七世紀の「科学革命」と呼ばれる時期を経て、数学や物理学など自然科学の探究が進み、フランスの『百科全書』の編纂に代表されるように、知の体系化がおこなわれました。十八世紀をとおして、ラテン語に代わり、フランス語、英語、ドイツ語などの「世俗言語」が学術の言葉として使われるようになると、知識は急速に拡大します。庶民の識字率は上昇し、近代的な教育思想も芽生えます。

こうした啓蒙主義像に女性の視点を投じてみましょう。

魔女裁判の被害者の八割は女性であったことから、たしかに女性も啓蒙主義の恩恵に浴したといえますが、啓蒙思想家たちによる女性論というものに目を向けると、啓蒙の光が女性に達するまでには深い屈折が見て取れます。

啓蒙思想家というには早い時期に活躍した人物に、フランソワ・プーラン・ド・ラ・バール(一六四七〜一七二三)がいます。彼はデカルトの心身二元論に依拠し、男女の身体の差異は知性に関係しないと論じました。一六七三年、二十代の若きラ・バールが匿名で発表した論稿に「両性の平等に関する身体および精神論」というものがあります。

女は感覚においても経験においても同じく有能であるので、われわれと同様に、自然学も医学も理解することができる。(ラ・バール『両性平等論』六七頁)

実際、われわれは男女を問わず、真理に対して等しい権利をもっている。（同、八〇頁）

「知性に性差なし」と小気味良く断言し、両性平等論を主張するとともに、翌年にはこの見解に添って女性教育にもペンをとっています。

それから一〇〇年後、フランスの啓蒙思想家ドゥニ・ディドロ（一七一三〜八四）は「女性について」（一七七二年）を発表します。「百科全書派」と呼ばれ、徹底した唯物主義者であったディドロは、つぎのように女性について述べています。

しかし、忘れてはならないのは次のことである。すなわち、女性の悟性には反省力と原則が欠けているから、何事によらず、女性は信念といえるほどの深みにまで突き進むことができないということ。また、正義や美徳や悪徳や親切や悪意というような観念も、女性の魂の表面を浮遊しているに過ぎないということ。……

われわれは女性よりも理性にめぐまれているが、女性はわれわれよりも本能にめぐまれている。女性が教え込まれた唯一の事柄は、最初の祖先イヴから受けついだいちじくの葉をしっかり身につけることである。（ディドロ「女性について」一一六〜一一七頁）

男性は女性よりも理性的存在であり、女性はあたかも「未開人」のように本能的な存在だといっています。いちじくの葉は、イヴがそれで性器を隠したという意味で貞操の象徴です。女性は貞操を守っていればそれでよく、それ以外の教育には触れられていません。ディドロは、「女性は思考の組織的であることが稀で、常に刹那の指示するままになる」（同、一一八頁）として、女性の思考力を劣ったものとし、女子教育にも無関心だったようです。

エミールの妻としてのソフィー

一六七〇年代に出されたラ・バールの著作から、一七七〇年代のディドロの女性論までに何が起こったのでしょうか。

二人の女性論を分かつ分岐点に、十八世紀後半以降の女性観に大きな影響力をもった一つの作品をあげることができます。一七六二年に出版されたルソーの『エミール』です。

この作品は教育思想史上の「不朽の古典」とされています。子どもには大人とは異なる固有の感性や行動があり、決して子どもは「小さな大人」ではない。第一章でみたフィリップ・アリエスのテーゼである「子ども期の発見」に、『エミール』は大きな位置を占めます。子どもを「家」を維持するための働き手であり、成長の足りない大人と考える子ども観からすると画期的なものでした。

ルソーは、少年エミールの誕生から成人になるまで、その身体的・精神的発育のプロセスに注視し、人間の教育のあり方を論じます。そして「大人が独身でいるのはよくない。エミールはもう大人だ」として、彼の妻ソフィーをとおして女性論を展開します。ルソーによるソフィー論は近代女子教育の理念になり、西洋近代社会の女性モデルを形づくることになります。

その要点は、女性が自我を抑え、男性との身体的差異を踏まえる教育です。ルソーは『エミール』を発表する前に『人間不平等起原論』(一七五五年)を上梓し、個人や人間集団にみられる身体的な差異を社会的不平等の基礎にすることを激しく批判しました。しかし、男女間にみられる身体的な差異に基づく不平等は、どうやら別のようです。

服従は女性にとって自然の状態なので、女の子は自分が服従するように生まれついていることを感じている。（ルソー『エミール』下巻、三二頁）

「人間不平等」について論じたルソーにとって、「人間 homme」の不平等とは、「男性 homme」間の不平等だけであったようです。

したがって、女子教育は、女性を男性に服従する存在とすることが目的となります。

……女性の教育はすべて男性に関連させて考えられなければならない。男性の気に入り、役に立ち、男性から愛され、尊敬され、男性が幼いときは育て、大きくなれば世話をやき、助言をあたえ、なぐさめ、生活を楽しく快いものにしてやる、こういうことがあらゆる時代における女性の義務であり、女性に子どものときからおしえなければならないことだ。こういう原則にさかのぼって考えないかぎり、……女性にあたえる教訓は女性自身の幸福にもわたしたち男性の幸福にもいっさい役にたたないことになる。（同、二一頁）

樫の木に支えられる優美な蔦

ルソーによる女子教育論を踏まえると、女性に啓蒙主義はあったのか、という問いには首を傾けざるをえません。

ルソーの教育論に対して、女性側からの反発はありました。先述のウルストンクラフトは、『女性の権利の擁護』で女子教育について語る男性論者を取り上げ、随所でルソー批判を繰り広げています。

……これまでに女性の教育やマナーについて書きたててきたルソーからグレゴリィ博士にいたるすべての著述家たちは、女性をますます不自然で弱いものにするために、また、その結果、女性をますます社会の役に立たないものにするために、ひたすら貢献してきたのだ。……それらの本は、人類の半数の人間の地位を下げ、真の美徳をすべて犠牲にして女性を快楽の対象とするのに役立っている、と私は考える。（ウルストンクラフト『女性の権利の擁護』五〇頁）

ウルストンクラフトは、とくにルソーが女性を魅惑的な対象とし、「男性がくつろぎたいと思うときにはいつでも彼のもっと優しいお相手になれるように、コケティッシュな奴隷にならなければならぬ」といったような議論に怒りをあらわにしています。彼女はロンドンで女性のための学校を開き、『娘たちの教育について』（一七八七年）のなかでも、女性が周囲の気を引こうとする振舞いに訓戒を垂れています。ルソーは男性の肉体的成熟が精神的完成をもたらすと考えましたが、これについてウルストンクラフトはたっぷりの皮肉で応じています。

彼がいうように、男性はその肉体が成熟したときに、精神もまさに完成の域に達するというのならば、彼と彼の妻が一つになるために、妻が夫の知性に完全に依存するべきであるという彼の考えは正しいかもしれない。樫の木に支えられ、それにからみついている優美な蔦《つた》は、その樫の木と共に、力強さと美が同じように際立ったひとつの統一体を形づくるであろう。しかし、悲しいかな。夫はその配偶者と同様に、成長し過ぎた子供にすぎないことが多い。いや、小さい頃からの道楽のために、外見だってほとんど大人とはいえないことが多い。（同、五〇頁）

樫の木と蔦のたとえは、ドイツの啓蒙思想家のなかにもみられました。

蔦の命は樫の木次第なのである。樫の木なしでは、蔦は背の低い茂みに過ぎず、道を行くあらゆるものによって踏みつぶされてしまうだろう。（Campe, *Väterlicher Rath für meine Tochter*, S. 23）

ルソーの思想はドイツにも受け継がれていきました。

イマヌエル・カント（一七二四～一八〇四）もルソーの思想に影響を受けた一人です。

彼は、神を含めたあらゆる権威に徹底的な批判の精神で向き合い、近代の批判哲学の礎をつくりましたが、女性の従属という思想を批判することはありませんでした。「美と崇高の感情に関する覚書」や『人間学』という論考のなかで、カントは男性を崇高／理性、女性を美／感性という概念でそれぞれ結びつけ、女性は男性に従う存在であるが、美や感性においては男性に凌ぐ存在だとしています。「自然は男性に、より強い力を与えた」ものの、女性はたんに「弱き者」として男性に依存しているのではなく、男性もまた女性の美しさや感性に拠って立ち、相互に補完し合っているといいます。

一見、女性は美しい存在だと持ち上げられていますが、カントが定義する啓蒙の営みは、「美しい性」の本分ではないようです。「自分の理性を用いる勇気をもて」、そうすることで、「自分の未成熟状態から脱せよ」（カント「啓蒙とはなにか」）、カントのこのかけ声は、女性には届けられませんでした。

ウルストンクラフトがルソーらの女性論を批判した声は、偉大な啓蒙思想家の語りに隠れ、かき消されていきました。十九世紀に確立された近代歴史学において、（男性）歴史家たちが「啓蒙の十八世紀」について書くとき、ルソーやディドロ、カントに着目しても、ウルストンクラフトを顧みることはありませんでした。

第一章で紹介したレオノア・ダヴィドフとキャサリン・ホールは、一八二〇年代のイギリスに生きた、ある市民女性が備忘録に書き留めたつぎのフレーズを紹介しています。

男はそびえたつたくましい松の木　波に洗われた岸から睥睨《へいげい》する。女は細く優美なブドウの木　その蔦は松のまわりに絡みつき、粗い皮をやさしく飾る……（ダヴィドフ／ホール『家族の命運』三〇四頁）

屹然《きつぜん》として崇高なる男性と、彼に寄り添って生きる美しき女性というイメージは、十九世紀の社会に生きる女性たちの心に浸透したようです。

そして時空間を超えて、明治期日本の道徳教育にも登場しました。

すべて夫婦の道は、和合を以て第一とす、……元来人の妻と云ふは、たとへば朝顔の蔓の如く、夫は籬《まがき》の如し、朝顔も籬にすがらざればあざやかに花咲き実ることなく、只草むらにはひまつはり、……はては牛馬にふみ散らされんのみ……（末松謙澄『修身女訓　生徒用』巻之二、一〇〜一一頁）

ケンブリッジ大学で学び、長くイギリスで暮らした末松謙澄（一八五五〜一九二〇）による『修身女訓』という教科書は、夫唱婦随の大切さを説き、夫にすがって花開く妻の姿を少女たちに伝えます。そうしなければ、「牛馬にふみ散らされんのみ」。「美しい性」は男性への依存を前提とするのです。

正典批判と女性史研究の意義

ルソーやカントの女性論はフェミニズムから徹底的に批判され、従来の啓蒙主義像は刷新されました。ただし、女性史家がこぞって、女性に啓蒙主義はなかったと断言しているわけではありません。なぜなら、「女権宣言」を書いたグージュも、ルソーを批判したウルストンクラフトも、女性を含めた普遍的な意味での人権を謳い、それを否定する権威に理性の力で立ち向かい、おおやけに質《ただ》した「啓蒙思想家」と定義できるからです。思想家というものは男性であるという暗黙の前提を見直すことで、新たな解釈が生まれます。

フランス革命の「人権宣言」も、ルソーやカントの著作も、いってみれば、それまでは「啓蒙の十八世紀」の正典(カノン)と捉えられてきました。女性史研究とは、ルネサンスの時代にしろ、啓蒙主義の時代にしろ、あるいは資本主義の時代にしろ、数多くの正典を女性の視点から読み直し、批判することで、正典としての正統性を問うてきました。

それだけではありません。その正典を生み出した時代とはどのようなものだったのか、なぜこれらが正典とされ、権威ある語りとして受容されてきたのかを追究します。

繰返しになりますが、女性史研究は、女性の視点を投じることで従来の歴史解釈を再考し、修正を加え、そして深化させてきました。このような営みは、ウーマン・リブの時代とともに終わったわけではなく、歴史学が「ジェンダー」という概念を獲得した一九八〇年代後半以降も、二十一世紀の現在にいたるまで、つきることなく研究成果を積み重ねているのです。

参考文献

ウートラム、トリンダ（田中秀夫監訳／逸見修二・吉岡亮訳）『啓蒙』法政大学出版局、二〇一七
梅垣千尋『女性の権利を擁護する――メアリ・ウルストンクラフトの挑戦』白澤社、二〇一一
ウルストンクラーフト、メアリ（白井堯子訳）『女性の権利の擁護――政治および道徳問題の批判をこめて』未來社、一九八〇
ウルストンクラフト、メアリ（清水和子・後藤浩子・梅垣千尋訳）『人間の権利の擁護　娘達の教育について』京都大学学術出版会、二〇二〇
荻野美穂「性差の歴史学――女性史の再生のために」『思想』七六八号、一九八八、七三～九六頁
荻野美穂ほか『制度としての〈女〉――性・産・家族の比較社会史』平凡社、一九九〇
香川せつ子・河村貞枝編『女性と高等教育――機会拡張と社会的相克』昭和堂、二〇〇八
川越修・姫岡とし子・原田一美・若原憲和編『近代を生きる女たち――一九世紀ドイツ社会史を読む』未來社、一九九〇
川島慶子『エミリー・デュ・シャトレとマリー・ラヴワジエ――十八世紀フランスのジェンダーと科学』東京大学出版会、二〇〇五
河村貞枝・今井けい編『イギリス近現代女性史研究入門』青木書店、二〇〇六
カント、イマヌエル（久保光志訳）「美と崇高の感情にかんする観察」『カント全集2　前批判期論集』岩波書店、二〇〇〇
カント、イマヌエル（福田喜一郎訳）「啓蒙とはなにか」『カント全集14　歴史哲学論集』岩波書店、二〇〇〇
クーン、クローディア（姫岡とし子監訳）『父の国の母たち――女を軸にナチズムを読む』上・下、時事通信社、一九九〇
末松謙澄『修身女訓　生徒用』巻之二、精華舍、一八九三
スカール、ジェフリ／カロウ、ジョン（小泉徹訳）『魔女狩り』岩波書店、二〇〇四
全国歴史教育研究協議会編『世界史用語集　改訂版』山川出版社、二〇一八
ダヴィドフ、レオノーア／ホール、キャサリン（山口みどり・梅垣千尋・長谷川貴彦訳）『家族の命運――イングランド

中産階級の男と女　一七八〇～一八五〇』名古屋大学出版会、二〇一九
ディドロ（浜田泰佑訳）「女性について」『ブーガンヴィル航海記補遺　他一篇』（岩波文庫）岩波書店、一九九一
西川祐子「フランス革命と女性――女権宣言を人権宣言のパロディとして読む」同『近代国家と家族モデル』吉川弘文館、二〇〇〇
長谷川まゆ帆『お産椅子への旅――ものと身体《からだ》の歴史人類学』岩波書店、二〇〇四
長谷川まゆ帆『さしのべる手――近代産科医の誕生とその時代』岩波書店、二〇一一
ヒラータ、ヘレナほか編（志賀亮一・杉村和子監訳）『読む事典・女性学』藤原書店、二〇〇二
ブラン、オリヴィエ（辻村みよ子ほか訳）『オランプ・ドゥ・グージュ――フランス革命と女性の権利宣言』信山社、二〇一〇
フリーダン、ベティ（三浦冨美子訳）『新しい女性の創造（改訂版）』大和書房、二〇〇四（初版は一九六五）
ペロー、ミシェル編（杉村和子・志賀亮一監訳）『女性史は可能か（新版）』藤原書店、二〇〇一（初版は一九九二）
ペロー、ミシェル（持田明子訳）『歴史の沈黙――語られなかった女たちの記録』藤原書店、二〇〇三
ペロー、ミシェル／デュビ、ジョルジュ監修（杉村和子・志賀亮一監訳）『女の歴史』全五巻、一〇分冊、藤原書店、一九九四～二〇〇一
ボーヴォワール、シモーヌ・ド（『第二の性』を原文で読み直す会訳）『〔決定版〕第二の性』Ⅰ・Ⅱ、（新潮文庫）新潮社、二〇〇一
ボクサー、マリリン・J／カタート、ジャン・H（林達訳）『近代西洋女性史――連結圏、一五〇〇年から現在までの西洋世界の女性』学文社、一九九五
弓削尚子『啓蒙の世紀と文明観』（世界史リブレット88）山川出版社、二〇〇四
ラーナー、ゲルダ（奥田暁子訳）『男性支配の起源と歴史』三一書房、一九九六
ラ・バール、フランソワ・プーラン・ド（古茂田宏ほか訳）『両性平等論』法政大学出版局、一九九七
ルソー、ジャン＝ジャック（今野一雄訳）『エミール』上・中・下、（岩波文庫）岩波書店、一九九四
ロワー、ウェンディ（武井彩佳監訳）『ヒトラーの娘たち――ホロコーストに加担したドイツ女性』明石書店、二〇一七

Bridenthal, Renate and Claudia Koonz (eds.), *Becoming Visible: Women in European History*, Boston, 1977.
Campe, Joachim Heinrich, *Väterlicher Rath für meine Tochter: Ein Gegenstück zum Theophron der erwachsenern weiblichen Jugend gewidmet*, Braunschweig, 1988 (1789).
Clark, Alice, *Working Life of Women in the Seventeenth Century*, London, 1968 (1919).
Kelly, Joan, Did Women have a Renaissance? in: R. Bridenthal and C. Koonz (eds.), *Becoming Visible: Women in European History*, Boston, 1977, pp. 137–164.
Lewald, Fanny, *Meine Lebensgeschichte, Im Vaterhause*, hg. v. Ulrike Helmer, Frankfurt am Main, 1988 (2 Bde, 1861/62).
Milow, Margarethe E., *Ich will aber nicht murren*, hg. v. Rita Bake und Birgit Kiupel, Hamburg, 1993 (2 Bde, 1987).
Smith, Bonnie G., *The Gender of History: Men, Women, and Historical Practice*, Harvard University Press, 1998.

第三章　女らしさ・男らしさは歴史的変数――ジェンダー史

女性史研究のつぎなるステージへ

一九八一年のドイツ・ビーレフェルト大学で起こった歴史家同士の衝突から始めましょう。

この大学で、ある女性史の研究会が開かれるにあたって、参加を希望する男性たちが締め出されました。フェミニストの女性史家であるアンネッテ・クーンは、学術的な集会で参加者を限定することは異例ではないとして、女性の参加者だけを認めたのです。クーンにとって女性史研究は、女性の行動指針を創造するものであり、女性史を研究することはフェミニズム運動の一環でした。

これに対して、ドイツの社会史研究を牽引するユルゲン・コッカが学術誌上で非難の声をあげます。「学問とイデオロギーのはざまにある女性史――クーンへの批判」と題する論考のなかで、コッカは、女性史はあくまで社会史を構成する一分野であり、労働者の歴史や家族の歴史と同等の位置にある。女性だけを取り出して論じることは許されないと述べます。そして、性別を理由に参加希望者を排除するのは「非学問的」であり「反学問的」であるとクーンにかみつきました。

一九八〇年代当時、女性史研究を女性運動と直結させるために、男性排除にいたる行為は珍しいものではありませんでした。それは、歴史学が長いあいだ女性を排除し、男性に独占されてきた事実を問題視するという姿勢の現れであり、一定の共感を得ました。コッカは男性排除を「非学問的」「反学問的」と非難しましたが、二十世紀初頭までの学術界は女性を排除していたわけですから、これも同様に「非学問的」「反学問的」であったといえなくもありません。

クーンとコッカの対立当時、女性史家の境遇はいまだ厳しいものでした。ドイツの大学ではじめて女性史研究の教授ポストが設けられたのは、この騒動から五年を経た一九八六年のことです。そのポストに就任したのは、『ナチス国家における女性政策』(一九八二年)や、全七巻に及ぶ『歴史における女性たち』(一九八四〜八七年)を共同編集したクーン、その人でした。

フェミニズムというイデオロギー性の強い女性史研究は、「女性の、女性による、女性のための研究」であることを重視し、男性排除も辞さないというスタンスでした。クーンが大学での教授ポストに就いたことで、アカデミズムにおいてもこうした姿勢が受け入れられたということになります。

ですが、女性だけに閉じた研究姿勢は、女性史の「ゲットー化」を起こしかねません。女性史を女性独自の立場で編むことは重要ですが、アカデミズムにおける「女の歴史」の隔絶が望まれたわけではありませんでした。女性史家は、女性の視点を投じることによって、「男の歴史 his story」であったメイン・ストリームの歴史 history そのものを書き換えることをめざしていたはずであり、女性史研究を歴史学のなかで孤立した、特別な地位におくことにあまんじるつもりはありませんでした。

一九七〇年代以降、フェミニストの女性史家たちは、家父長制の研究をさかんにおこなっていました。男性による女性の支配や抑圧は、家庭領域だけではなく、政治や宗教、科学(学問)、思想、文化のなかで構造化されていることを看破したフェミニズム理論は、女性史研究に多くの示唆を与え、またその機軸でもありました。

その一方で、家父長制によって女性はどの時代、どの社会においても抑圧されていたという前提は、歴史における男女の多様な関係を、「支配する者と支配される者」という一面的な関係へと収斂《しゅうれん》させます。家父長制の犠牲者として単眼的に女性を捉えることで、男と女のあいだにある複雑に織り成された権力構造を断ち切ってしまう可能性もあります。さらにいえば、家父長制における女性に注目するということは、逆説的に、歴史のなかの女性の存在を、男性との関係性でしか捉えないことをも意味します。

女性史研究にとって抑圧と解放は重要な観点ですが、男女の関係はどの時代においても同質で、岩盤のような「ア・ヒストリカル(非歴史的)」なものではないはずです。そもそも、「女性たち」とひとくくりにして、どこまで彼女たちの個別具体的な生に迫ることができるでしょうか。

前近代の身分制社会においては、男女の差異以上に、身分の差が人びとの生活には重くのしかかっていました。農村の女性と宮廷貴族の女性とのあいだには、生まれながらの、超えることができない身分という壁がありました。同じく、修道院で暮らすカトリックの女性と、迫害を受け新天地を求めて移住するプロテスタントの女性とでは、社会的境遇も「女であること」の体験も大きく異なっていました。オランダの植民地バタヴィアに生まれ、オランダ人の父とアジア人の母をもつ女性は、オランダ人の両親をもち、生涯オランダで暮らした女性とは異なる社会のまなざしを感じていたことは容易に想像できます。

女性たちのあいだにある宗教の違いや階層/階級の違い、さらには民族や「人種」といった差異にまで目を向ける必要があります。「女であること」の連帯ばかりではなく、女たちのあいだにある差異や分断、そして対立をも捉えることで、より精緻な歴史を書くことができるのではないか。女性史研究は、つぎなるステージへ進もうとしました。

その原動力となったのが、「ジェンダー」という概念です。アメリカ合衆国における性科学や文化人類学、社会学で議論され、登場したこの概念は、一九八〇年代後半頃から、歴史学においても注目されるようになりました。

ジェンダーとは何か

ジェンダーという概念は、もともと言語学の用語でした。フランス語やイタリア語などのロマンス諸語のほか、ドイツ語やオランダ語などのゲルマン語派には、男性名詞や女性名詞、中性名詞といった性の区分がありますが、ジェンダーとはこうした名詞の性のことをさします。例えば、「太陽」を意味するフランス語は、le soleil と男性名詞ですが、ドイツ語では die Sonne と女性名詞です。言語は人為的なものであり、それが性をつくりだしている。こうした観点から、文化的、社会的に、すなわち人為的につくりだされた「男らしさ」「女らしさ」をさす概念として借用されました。

日本語の辞書をひも解くと、ジェンダーはつぎのように定義されています。

生物学的な性別を示すセックスに対して、社会的・文化的に形成される性別。作られた男らしさ・女らしさ。(『広辞苑』第七版)

身体の性(セックス)は、生物学や医学などが前提とするものであり、これと区別して、社会や文化がつくりだす「男らしさ」「女らしさ」、あるべき男性像、女性像をさすというものです。

一見するとこれはわかりやすい定義ですが、これについては留意が必要です。

この定義に従うと、セックスは自然的所与のもののように感じられますが、生物学や医学もまた、それぞれの時代の制約のなかでおこなわれる知の営みです。生物学や医学が人の身体や性別をどう捉え、認識するのかは、時代的価値観に左右されるもので、普遍的でも不変的でもありません。

十九世紀の西洋医学においては、男女の身体的差異は絶対的なもので、性別はすっきりと二つに分けられるという考え方が支配的でした。ですが、二十世紀末以降、インターセックス(「半陰陽」または「性分化疾患」)にみられる多様な身体のありようが直視され、染色体レベルから外性器の形状まで、身体的性差にはグラデーションがあり、連続的であることが認知されるようになります。今日では、性別二元論自体が恣意的《しい》で暴力的ではないか、という問いかけもなされています。

このように、医学や生物学によって生み出される身体観もまた、社会的、文化的、そして歴史的につくりだされるものです。性は、「生物学的なものか、社会的・文化的なものか」という二者択一的なものではありません。むしろ、医科学的・生物学的な性別もまた、社会的な性別ではないか、という問いかけも可能です。これについて、詳しくは第四章の身体史において踏み込んで考えることにして、本章ではジェンダーという分析概念が歴史研究においてどのような意義をもつのかについて、まとめておきたいと思います。

歴史研究にジェンダー概念を用いる三つの意義

大きく分けて三つの意義があげられます。

第一は、女性について論じるのに「ジェンダー」という概念を用いることで、「女であること」や「女らしさ」は、超歴史的で固定的なものではなく、それぞれの文化や社会、時代によって構築されたものであるという認識が喚起される点です。

例えば、中世キリスト教社会における修道女は、神に身を捧げ「清貧・貞潔・服従」をモットーとする生き方を実践していました。ですが、時代をくだって、近世の宮廷社会に生き、夫以外の男性と関係をもつ貴族女性にとっても、このモットーは同じように理想とされ、意識されていたでしょうか。また、都市の一画(ゲットー)に居住を強いられ、ユダヤ教の厳格な戒律に従って生きる女性と、キリスト教徒の女性とでは、ともに信仰心の厚い女性であっても、「女であること」の社会的経験は大きく異なります。

「女であること」や「女らしさ」は、どの時代もどの社会でも同じ意味をもつのではありません。先に触れたように、女性たちの宗教や帰属する階層/階級、彼女たちが生きた共同体社会など、さまざまな要素が絡んでいます。これらを踏まえずに、「家父長制の被害者」とひとくくりにするだけでは乱暴です。ジェンダーという概念を用いることによって、ほかの歴史分析概念と合わせて、個々の女性たちの実像に肉薄し、より緻密な考察をおこないます。

ジェンダー概念を用いる第二の意義は、歴史研究に「男の性」の視点を取り入れ、その歴史的構築性を考えるという点です。「男であること」や「男らしさ」もまた、「女であること」や「女らしさ」と同様、歴史的変数です。

再び中世社会を例にとりますが、この時代を捉えるとき、「祈る人」「戦う人」「働く人」という「三身分」(僧侶・騎士・農民)で論じられることがあります。彼らの「男らしさ」とはどのようなものだったのでしょうか。「戦う人」である騎士身分が「武器をとる男らしさ」を誇っていたとしても、「祈る人」や「働く人」が生きる指針としてこれを評価したわけではありません。また騎士身分の美徳は、二十世紀前半の二つの世界大戦における総動員体制のなかでみられた兵士の「男らしさ」とも同質ではありませんでした。

「男性は抑圧者である」という一面的な男性観だけでは、男性のさまざまな現実にはアプローチできません。実際のところ、女性史家のなかには早くから、男性性にも関心をもち、男のジェンダー形成に着目した者もいました。例えば、第一章で紹介したイギリスのレオノア・ダヴィドフとキャサリン・ホールの『家族の命運』(初版一九八七年、邦訳二〇一九年)には、ヴィクトリア朝の中流階級における男性像にスポットがあてられています。

男性もまた、身分や階層／階級、世代、職業、宗教、国籍、肌の色(「人種」)といった要素が複合的に絡み合った、さまざまな差異・差別のなかで生きています。男性対女性の関係をみるだけではなく、男性たちのあいだにおける関係や権力構造を捉えることも必要です。「男であること」もまた多様なのです。詳細は「男性史」を論じる第五章に譲ります。

ジェンダー概念を用いる第三の意義は、男女二元論の限界を見据える視座を提示する点です。男性と女性とのあいだに引かれる境界は、確固としたものではなく、社会や文化、時代によっても一様ではありません。境界を越えて生きる人びと、両者の境界を行き来する人びとは、現代だけではなく過去にもいました。ジェンダーの視点は、ステレオタイプ的な「男性性」「女性性」ではアプローチできない、このような人びとをも考察の射程に入れます。

それは、セクシュアリティ(性愛)の視点を取り込むことでもあります。ヘテロセクシュアリティ(異性愛)というマジョリティだけでなく、ホモセクシュアリティ(同性愛)、バイセクシュアリティ(両性愛)、パンセクシュアリティ(汎性愛)など、多様なセクシュアリティのあり方に、ジェンダーの歴史は関心をそそいでいます。

例えば、「ホモセクシュアリティ」という概念は十九世紀後半につくられますが(第五章で詳述します)、その社会的要請は何だったのか。なぜもっぱら男同士の関係が問題とされ、女性の同性愛は二次的な扱いをされたのか。異性愛主義を唱える男性は、同性愛的志向をもつ男性にどのように向き合っていたのか。時代が求める男性像、女性像というものは、当然のことながら、当時の性倫理や性規範と密接につながっており、それらが社会全体の秩序や風俗というものを形づくっていました。

このように、ジェンダーは、歴史を考察するうえでも欠かすことのできない、有効な分析概念です。この概念は歴史学においても根を下ろし、「ジェンダー史」という分野を切り拓いていきました。

ジェンダー史とは何か

「ジェンダー史 gender history」という語は、一九八〇年代後半からよく聞かれるようになります。その大きな契機となったのが、アメリカの歴史家のジョーン・W・スコットによるジェンダー概念の理論化でした。

スコットは、女と男のあいだにある肉体的差異を、固定的でもなければ、自然なものでもないと考えます。そうではなくて、社会的・文化的な権力構造が、肉体的性差についての知をつくりだしてきたと論じます。一言でいえば、ジェンダーとは、「肉体的差異に意味を付与する知」と定義されます。ジェンダーとは、性を定義するフレームではなく、フレームをつくる「営為」なのです。

スコットの定義には、ミシェル・フーコーをはじめとしたポスト構造主義の影響を受け、知と権力の結びつきのなかでジェンダーを捉える姿勢が見て取れます。歴史学そのものも、知を生み出す一つの権力装置です。スコットは「歴史というポリティクス」という語を用いてつぎのように論じます。

歴史学は男女両性の社会的組織化における変化の記録というばかりでなく、性差についての知の産出に参与するものとしてもきわめて重要な存在である。私は、歴史学がどのように過去を表現するかが現在のジェンダーを作り上げる手助けをしていると考えている。（スコット『ジェンダーと歴史学』二四頁）

ジェンダー史研究とは、ジェンダーの歴史的構築性を明らかにするだけではありません。その研究実践を通じて、ジェンダーの新たなる知＝認識を生み出すことにもなるのです。

そもそも、旧来の歴史学は、戦争や革命、政治のさまざまな事件の歴史を書くことによって、性差についてどのような知を生み出してきたでしょうか。男女の社会的、ヒエラルヒー的な関係を前提とし、そのうえで歴史研究をおこなってきたのではないでしょうか。いわば、固定的な、ア・ヒストリカルな視点から過去を捉えてきました。男女のヒエラルヒー的な関係を、問うまでもない「史実」とすることで、歴史における男女のヒエラルヒー的な関係を創り出してきた、あるいは再生産してきたともいえます。

スコットによるジェンダー理論は、史実が言語や「語り」をつくりだすのではなく、言語が史実をつくるという「言語論的転回」を説くものでもありました。歴史家が依拠する史料や、それを用いて史実を「実証的に」書いているとされる歴史家自身の視点のなかに、すでにさまざまな権力構造が織り込まれているという指摘は、歴史学の根底を揺るがしかねない大きな問いかけでした。

「ジェンダー」を歴史学の批判的方法概念として打ち出したスコットの論考は広く読まれ、「ジェンダー史」という新しい分野の起爆剤となりました。歴史学にジェンダー概念を取り込もうとする動きは、例えば学術誌の動向をみても確認されます。

スコットの論考を掲載した『アメリカ歴史評論 *American Historical Review*』を筆頭に、既存の歴史系学術誌には、一九八〇年代後半以降、ジェンダー概念をタイトルに含む論文が発表されるようになりました。フェミニズムや女性史を前面に掲げた学術誌もまた、ジェンダーの分析枠組みを採り入れました。一九七五年に創刊された著名なフェミニズムの学術誌である『サインズ——文化と社会における女性たちのジャーナル *Signs: Journal of Women in Culture and Society*』はジェンダー史研究にとっても重要でした（スコットは一時期、『サインズ』の編集委員を務めていました）。一九八九年には、先述のイギリスの歴史家、ダヴィドフによって『ジェンダーと歴史 *Gender and History*』という学術誌が創刊されます。

英語圏以外のジェンダー史の成立

ジェンダー史という領域の認知は、英語圏にとどまりません。一九九〇年代には、ドイツ語圏でも「ジェンダー史 Geschlechtergeschichte」という概念が生まれました。

ドイツ語では、日本語と同様に、英語の gender と sex の区別はなく、「性／性別」を意味する Geschlecht という語が使われます。「ジェンダー史」という概念には、Geschlecht という語を複数形 Geschlechter にして「歴史 Geschichte」と組み合わせて表現します。ジェンダーとセックスを包括する概念が複数形になっていることで、「男と女の関係史」だけではない、多様なジェンダーやセクシュアリティの歴史を読み取る可能性が秘められているように感じられます。

ドイツは十九世紀のランケ史学の本拠地ですが、当時から連綿と続く伝統的な歴史学系の学術誌もまた、ジェンダー史研究を収録するようになりました。加えて、一九八五年に創刊された『アリアドネ――女性史とジェンダー史のためのフォーラム *Ariadne: Forum für Frauen- und Geschlechtergeschichte*』は、女性運動史に重点をおきつつも、毎号、特定のテーマを設けて、広くジェンダー史研究を議論する場となっています。アリアドネはギリシア神話の女神で、迷宮からアテナイの王に「導きの糸」を与えて救済した人物です。彼女に象徴されたジェンダー史は、ランケ史学の救済を含意しているかもしれません。フェミニズム史学を標榜する雑誌（『人――フェミニズム史学のためのヨーロッパの雑誌 *L'Homme: Europäische Zeitschrift für Feministische Geschichtswissenschaft*』一九九一年〜）もまた、ドイツ語圏におけるジェンダー史研究の重要な媒体です。

フランスでは、「ジェンダー史 histoire du genre」は、英語圏やドイツ語圏、イタリアなどと比べて受入れに時間を要したとされます。フランスを代表する女性史・ジェンダー史家のフランソワーズ・テボーは、「ジェンダー genre」という用語は一九九〇年代末においても歴史学ではほとんど使われず、馴染のないものであったと述べています。

文法上の性を意味する英語の gender は、フランス語では genre に相当しますが、このフランス語は、ほかに「種類」や「流儀」、「振舞い」「ジャンル」という意味をもちます。英語のジェンダー概念に由来した新たな意味の付加は、フランス社会で違和感や反発を生み、二〇〇五年には（奇しくも日本でジェンダー・バッシングが起きた時期でもありますが）、政府の専門用語・言語検討委員会が、この用語の使用をやめるよう勧告しました。

とはいえ、アカデミズムがこれに同調したわけではなく、『アナール』をはじめとした既存の学術メディアでは、英語圏のジェンダー論に触発された研究が一九九〇年代から登場しています。また、一九九一年創刊の『ジェンダー評論 *Cahiers du Genre*』を先駆として、二〇〇七年には電子雑誌『ジェンダーと歴史 *Genre & Histoire*』が創刊され、二〇一三年には『クリオ――歴史・女性・社会 *Clio: Histoire, Femmes et Sociétés*』（一九九五年創刊）が副題を変え、『クリオ――女性・ジェンダー・歴史 *Clio: Femmes,*

Genre, Histoire』として刊行されています。

日本においては、「ジェンダー史」という用語は、一九九〇年代半ばには、まだ聞き慣れないものでした。女性史研究において着手しなければならない課題がまだ山積しているのに、ジェンダー史という新しい分野などとんでもない、という雰囲気がありました。当時の訳語も曖昧《あいまい》さを残して、「ジェンダー・ヒストリー」とカタカナで表記することもありました。一九九五年に刊行された『岩波講座日本通史』別巻に「ジェンダー史」という概念が登場しますが、歴史学者による論考ではなく、社会学者の上野千鶴子によるものでした。

日本におけるジェンダー史の受容は、ジェンダー史学会が二〇〇四年に設立されたことが一つの目安になるでしょう。当学会は毎年『ジェンダー史学』を発行し、西洋ジェンダー史に関しても、古代から現代まで幅広い論考を収めています。また、イギリス女性史研究会が二〇一三年に『女性とジェンダーの歴史』を創刊しましたが、対象はイギリスに限定せず、また、書評の作品は古典的な書物も含めて、日本の西洋女性史・ジェンダー史の研究業績を広く取り上げる貴重な学術誌となっています。

総じて、一九七〇年代に「女性史」が直面した困難や障害に比べると、「ジェンダー史」は、歴史学界において比較的スムーズに受け入れられたといわれています。女性解放というイデオロギー性や感情論が脱色され、中立的な響きが感じられたからのようです。女性史家のなかには、女性を可視化することもままならないのに、「ジェンダー」を用いることで、女性が再び隠れた存在になるのではないかという危惧もみられました。「女性史・ジェンダー史」と現在もなお並記されることが多いのは、その現れです。

ですが、じつのところ、ジェンダー史研究やその延長に誕生する男性史研究は、一面的な男性像を排し、より踏み込んだ形で男性性というものに迫ります。それゆえジェンダー史研究は、「中立的」どころか、女性史研究よりもいっそうラディカルだと主張する声もあります。

かつて女性史研究の意義を示すのに、人類の半分は女性だから、これをないがしろにする歴史は不十分だという批判がありました。しかし、数や量の問題ではなく、ジェンダー史研究は、男性であれ女性であれ、あるいは「Xの性」であれ、人間全体を対象とする歴史です。英雄も「普通の人びと」も、同性愛者も性別越境者も、あらゆる人びとがジェンダー史研究の対象になります。「新しい歴史学」で話題となった「全体を見る眼」がここでも想起されます。

近世社会の異性装者たち

では、具体的にどのようなジェンダー史研究がなされているのでしょうか。

ここでは一九八〇年代末から九〇年代初頭にかけて発表された二つの先駆的研究を紹介したいと思います。一つは、歴史における異性装という新たなテーマを開拓した研究、もう一つは、フランス革命をジェンダーの視点から再考した研究です。

セックスとジェンダーのずれを考える手がかりの一つとして、「異性装」という現象があります。シェイクスピアの演劇やバロック・オペラなど、女性が舞台に上がることが忌みきらわれた時代、男性が女装をして演じたということはよく知られています。また、カーニバルなどの祝祭において、自分の職業や身分、性別とは異なる人物の装いをして、非日常を体験する風習が広くあったことも確認されています。

こうした一時的な異性装と違い、長い期間にわたって自らの性別を偽り、異性装をして暮らした人びとが少なからずいました。

オランダの歴史家であるルドルフ・M・デッカーとロッテ・C・ファン・ドゥ・ポルは、十七〜十八世紀のオランダを中心に、裁判記録やオランダ東インド会社の記録文書、入隊記録、新聞記事や自伝、民衆たちの流行り歌や民謡などをもとに、女性の異性装について考察しています。

近世ヨーロッパ社会において、オランダは大きな存在でした。イギリスやフランスに国際的な覇権が移行する十八世紀中葉まで、オランダは膨大な船舶トン数を有する海洋大国であるとともに、強力な常備軍を誇っていました。明日のパンを稼ごうと、多くの人びとが、国内はもとより国外からもやってきて、水夫や兵士の職に就きました。そのなかには、女性であることを隠し、男装してこれらの職に就いた者がいました。

彼女たちの異性装の理由はさまざまでした。娼婦に身を落とすより兵士になる選択をした貧困者、パトリオティズム（郷土愛）に突き動かされて武器をとった者、愛する人と別れたくないために、水夫として同じ船に乗り込んだ者などがいました。デッカーとファン・ドゥ・ポルは、経済的な動機、愛国的な動機、ロマンティックな動機と三つに分類しています。異性装者たちのセクシュアリティを明確に伝える史料はほとんどありませんが、そこには、現代の言葉でいうところの「インターセクシュアル」や「性同一性障害（性別違和）」とされる人びと、同性愛者などもいたと考えられます。

デッカーとファン・ドゥ・ポルは、近世社会において女性が男性として生きていくことについて、つぎのように述べます。

近世にあって、不幸に見舞われ、困難な状況を克服するために悪戦苦闘していた女性にとって、男性として世の中を渡り歩くことは現実的で実行可能な選択だった。こうした伝統はとりわけネーデルラント、イングランド、ドイツなど北西ヨーロッパの国々で群を抜いて強かった。（デッカー／ファン・ドゥ・ポル『兵士になった女性たち』四頁）

デッカーとファン・ドゥ・ポルは広汎な史料を渉猟し、調査することで、女性の異性装者に関する一一九のケースを浮かび上がらせました。そのなかでもっとも記録が充実している二つのケースを紹介します。

兵士になり、夫となったマリアとカタリーナ

マリア・ファン・アントウェルペンは一七一九年にオランダの要塞都市ブレダに生まれました。十代初めに親を亡くし、雇い主のもとを転々としながら、家事奉公人として働きます。二十八歳のときにヤン・ファン・アントと名前を変え、男性として軍隊に入りました。

その一年後に、軍曹の娘と結婚。ヤンは兵士をやめ、洋服の仕立屋として働き、洗濯女として働く妻とともに、貧しいながらも生計を立てるようになります。三年の歳月が過ぎた頃、ヤンが女性であることが発覚します。残された記録によると、妻は夫が女性であることを知らなかったとされます。ヤンは尋問にかけられ、自分はマリアという女性であると自白します。その結果、町から追放され、妻とも別れ、しば

図１　メアリ・リード(1685-1721)
イギリスに生まれ，幼い頃から男装し，水夫として働いたのち，オランダのブレダで宿屋を営んだ。その後，再び船に乗り，「女海賊」として名を馳せた。異性装者の存在を見聞することは，ほかの女性たちが異性装を決意するのに影響を与えたと考えられる。ブレダは小さな町で，メアリの「武勇伝」は，そこで生まれたマリア・ファン・アントウェルペンの耳にも届いていたという。

らく各地を放浪しました。

マリアはその後、四十代初めに別の女性と結婚したことがわかっています。この女性は「不義の子」を身ごもっており、マリアに結婚を迫りました。結婚すれば、「未婚の母」を待ち受ける境遇を避けることができます。二回目の結婚でマリアは「父親」になったわけですが、一家を養うために再び軍隊に入ります。性別だけでなく年齢も詐称し、二十三歳の青年として入隊しました。七年後、女性であることが発覚し、裁判で尋問を受けます。その後のマリアの足取りは確認できず、一七八一年、生まれ故郷ブレダで亡くなったことがわかっています。

聖書の記述には、異性装を戒めるものがあります。

女は男の着物を身に着けてはならない。男は女の着物を着てはならない。このようなことをする者を

すべて、あなたの神、主はいとわれる。（旧約聖書、「申命記」第二二章五節、新共同訳）

近世社会の北西ヨーロッパでは、キリスト教的規範に背いたとして異性装行為が実際に裁かれることは稀でした。オランダの法律文献にも、異性装に関する懲罰規定はなかったようです。むしろ異性装者は、性別を偽り、教会や地域共同体を欺いた者として、あるいは脱走兵としてなど、詐欺や軍紀違反といった罪に問われたようです。

マリアが生まれてまもない頃、ドイツの小都市ハルバーシュタットでは、一人の女性が裁判にかけられ、死刑に処せられました。男性になりすまして国と人びとを欺き、姦淫を働いたという罪でした。彼女もまた、社会の底辺を生きた異性装者でした。

カタリーナ・マルガレータ・リンクは一六八七年生まれ。カタリーナの父親は兵士であったようですが、彼女は親元ではなく、養育院で育ちます。そこで読み書きや「神の教え」を学び、やがてボタン作りなど手に職をつけました。

十五歳で放浪を始め、一七〇五年にドイツ・ハノーファー選帝侯の軍隊に入隊します。スペイン継承戦争に従軍するなど、七年以上、兵士であったようです。脱走兵としてつかまり、死罪を言い渡されたとき、カタリーナは自ら女性であることを告白し、減刑を受け命拾いします。

除隊後もカタリーナの男装は続き、三十歳で女性と結婚し、夫婦で物乞いをしながら各地を渡り歩きました。しかし、義母に女性であることを疑われ、故郷のハルバーシュタットで裁判所に訴えられます。今回は、身内と教会を欺き、性倫理を逸脱したことによる「ソドミーの罪（旧約聖書でソドムとゴモラという乱れた町が、神に罰せられたという故事に由来)」が適用され、一七二一年、斬首刑により、カタリーナは三十四歳でこの世を去ります。

デッカーとファン・ドゥ・ポルの研究は、王侯貴族の個人的な嗜好や宮廷における仮装舞踏会の余興というのではなく、社会的、経済的、性愛的動機を探りながら、民衆女性の異性装に目を向けたことが評価されます。

マリアにとっても、カタリーナにとっても、異性装は生きていくために必要な手段でした。民衆女性たちの異性装の動機を踏まえると、いかなる記録も残さず、誰にも秘密を暴かれることなく異性の衣を身に着け、生涯を終えた者もいたことでしょう。

異性装という「伝統」

デッカーとファン・ドゥ・ポルは、女性が旅の安全のために一時的に男装をするといった慣習を含め、異性装は民衆のなかに根づいていたと主張します。

女性が男装する伝統の起源は中世にさかのぼることができるが、これは一六世紀になると明確な姿を現すようになり、一九世紀には消えてしまった。(『兵士になった女性たち』五頁)

服飾史家の新實五穂によると、一八〇〇年にパリでは、警察により「女性の異性装に関する命令」が制定されました。「健康上の理由以外で自身の性別の服装を放棄すること」が禁じられ、男性服の着用を望む女性は警察に出頭し、許可書を発行してもらわなければなりません。この警察令は十九世紀を通じて存

図2　1928年にベルリン警察によって発行されたエーファ・カッター（1910年生まれ）**の男装証明書**　カッターは16歳のときに胸の除去手術を求めて性科学研究所を訪れたが，年齢を理由に拒まれた。カッターはあきらめきれず，数日後，自らナイフで切除を試みて救急搬送され，その後，手術を施された。

続し、実際に許可書を得た女性たちの記録も確認されています。

異性装に許可書を発行するという措置は、二十世紀初頭のベルリンでもとられました。医者で性科学者のマグヌス・ヒルシュフェルト（一八六八〜一九三五）は、異性装者に関する多くのデータをもとに『トランスヴェスタイト *Die Transvestiten*』（一九一〇年）を発表しました。「身体的性別とは異なる性別の服を着る人びと」をさして、「トランスヴェスタイト」という概念を創出したのは、ヒルシュフェルトでした。彼は、男女ともにみられる異性装への衝動をエロスの視点から解明しようとし、異性装が同性愛と必ずしも結びつくわけではなく、むしろ心身の不一致として捉えました。一九一九年にヒルシュフェルトがベルリンに開設した性科学研究所には、異性装の許可書発行の手続きとなる医学的診断を求めて人びとが訪れました。異性装の伝統は十九世紀に消えてしまったというデッカーとファン・ドゥ・ポルの見解については、議論の余地があります。

むしろ、十九世紀以降、社会における異性装の意味が変化したと考えることが重要でしょう。服飾の歴史において、十九世紀社会は、服装の色や形状、素材にいたるまで、男女の差異を明確にした時代と位置づけられています。その背景には、社会の新たな秩序原理として、日常生活から政治や経済といった社会生活まで、性別二元論を基盤にしたジェンダー秩序という論理がありました。

トランスヴェスタイトという概念は、日本語で長く「服装倒錯」と訳されてきました。「倒錯」という語には、異常者への非難めいた語気が感じられます。近代のジェンダー秩序という観点からみれば、彼らはたしかに社会秩序を踏み外し、秩序を攪乱《かくらん》する存在とみなされたのです。

デッカーとファン・ドゥ・ポルによる研究は、著名な女性の歴史や近代の性科学という枠組みから異性装者の歴史を解放したことに意味があります。そもそも異性装者への関心は、西洋近代における性別二元論になんら疑問をもたず、問題視すらしない歴史観からは生まれません。性別二元論の歴史的構築性を描き出すこのような歴史研究は、歴史分析概念としてのジェンダーの意義を明示し、歴史における新たな知を生み出しました。

フランス革命の「家族ロマンス」

ジェンダー史という分野が示された最初期に発表されたもう一つの研究をみてみましょう。

アメリカのフランス史家であるリン・ハントが一九九二年に発表した『フランス革命と家族ロマンス』(邦訳一九九九年)は、フランス革命の優れた政治文化分析として評価されています。政治文化とは、人びとの政治に対する考え方や行動様式、感情のあり方などに着目するもので、これがジェンダー史研究にも重要な座標となるのです。

第二章でも触れたように、フランス革命の人権宣言は、そのじつ、女性を排除し、男性の権利を宣言するものでした。「パンをよこせ」と抗議行動を起こし、窮状を訴えるためにヴェルサイユへと行進した女性たちや、フランス各地で政治クラブを結成し、活動した女性たちは、男性とともに革命を担ったはずですが、これをどう解釈すればよいのでしょうか。

フロイトの精神分析の概念に、「家族ロマンス」というものがあります。自分と両親との関係を想像のなかで変えようとする個人の心理を捉えるものですが、ハントはこれを応用して、フランス革命の民衆の「政治的無意識」に迫りました。

父や母、兄弟、姉妹という家族の比喩を用いて考えると、国王は臣民にとって国父であり、良き父として敬愛されることが求められます。ところが、ルイ十六世(在位一七七四〜九二)にはその器がなく、民衆のあいだには経済的・社会的不安が募っていました。

ルイ十六世が王冠を戴いてから一五年後、事態は民衆によるテュイルリー宮殿の国王襲撃にいたり、王権は停止されました。国父は、その子どもたちによって不要とされたのです。興味深いことに、王権が停止される一カ月前に、立法議会によって、成人はもはや父の権威に服従しないことが宣言されています。この場合の「父」は、比喩としての父ではなく、実際の父親です。父権は大きく後退しました。現実の政治社会の動向は、法律上の父権をめぐる議論とシンクロしているかのようです。

その後、男子普通選挙によって成立した国民公会は、国王を裁判にかけて死刑を宣告します。ハントはフロイトの概念に依拠し、これを「兄弟たちによる父殺し」と捉えます。「父殺し」は公開され、兄弟たちは共犯者としての連帯感をいやがおうにも高めました。フロイトによる父殺しの解釈によると、団結する兄弟たちが感じる罪の意識は、その連帯によってのみ軽減されるといいます。

ルイの血が流れだすと、武装した八万人の男たちは歓喜の声をあげた。（ハント『フランス革命と家族ロマンス』一一六頁）

こうして、父を不要とした彼らは、兄弟たちの絆を強めて、国父なき共和国を建設していきます。

国母は認めず、姉妹は家庭へ

彼らの母そして姉妹、すなわち「以前にはもっぱら父親によって管理されていた女性たち」はどうなったのでしょうか。

ルイ十六世に嫁いだマリ＝アントワネットは、オーストリアからやってきた「外国女」であり、国母とはみなされませんでした。彼女は国父ルイ十六世の「管理」のうちに収まる女性ではなく、国庫を逼迫《ひっぱく》させるほどの奢侈《しゃし》に埋もれる生活が民衆に漏れ伝えられ、怒りをかいます。民衆による王妃への中傷は、すでに一七七〇年代からみられ、なかには彼女に関するポルノという形の批判もあらわれ、王妃への辱めが露骨に展開されていきました。革命の到来によって、王妃を批判するパンフレットは「水門が開かれたように急増し」、近親相姦、同性愛、乱行といった悪しき母親像や淫らな王妃像が形づくられていきます。

図3 「放蕩女マリ＝アントワネットもの」というジャンルのパンフレット 120を超える種類のものが発表されたという。

「兄弟たち」は王妃を国母とみなしませんでした。では、「パンをよこせ」と立ち上がった市井の女性たちや、政治協会に参加した女性たちは、どのように捉えられたのでしょうか。

女性たちは公開処刑の場にも政治集会の場にも同じく居合わせましたが、「姉妹たち」が共和国の建設に参画することは認められませんでした。彼女たちに市民としての政治的諸権利は適用されず、女性たちの政治結社は禁止されました。彼女たちを「家」という領域へ押し込めることによって、男たちの連帯はさらに高まり、共和国は兄弟たちの絆の上に築かれていきます。女性の政治結社が禁じられた翌年、マリ＝アントワネットは処刑されます。

> 徳の共和主義的理想は、男性間の兄弟愛の概念に基づいている。そこでは、女性は家庭生活という領域へ追いやられた。公的な徳は男らしさを必要とした。そしてその男らしさはまた、貴族のような退廃と、公領域への女性の侵入とを激しく拒むことを必要とした。マリー＝アントワネットや、他の公的に活動した女性たちを攻撃することで、共和

主義者の男たちは、彼ら相互の絆を強化したのである。（『フランス革命と家族ロマンス』二一五頁）

「徳の共和主義的理想」というのは、宮廷貴族の退廃道徳と対照をなすものでした。マリ＝アントワネットの起訴状には、荒唐無稽な息子に対する近親相姦に触れたくだりもあり、彼女は宮廷貴族の退廃を象徴する存在でした。

兄弟愛という男たちの絆

ハントの研究を踏まえると、フランス革命の理念である「自由・平等・博愛」という標語は、その原語通り「自由・平等・兄弟愛」と訳すべきだとあらためて思います。「博愛」という日本語は性に中立的ですが、fratanitéという語が意味するのは、男たちの絆で結ばれた「兄弟愛」です。

女性史研究は、西洋近代における「人権」が女性の権利を排除してきたことを明らかにしました。ハントの研究は、男のジェンダーにも目を向け、革命の「人権」概念は、それを享受する男同士の絆から生まれたものだと読み解き、女性排除のからくりを明らかにしました。フランス革命の政治文化は、ジェンダーとセクシュアリティが絡み合う、権力構造のダイナミズムのなかで捉えることができるのです。

ことはフランス共和国だけに限りません。総じて西洋近代社会は、男性が公的領域を占めることを前提とし、女性が「自由」や「博愛」を享受するには、その前に兄弟たちの固い絆が立ちはだかっていました。

デッカーとファン・ドゥ・ポルによる異性装に関する研究と、ハントによるフランス革命の政治文化の研究を概観しましたが、この二つの研究がともに示唆しているのは、十九世紀以降の西洋社会における秩序規範です。身分制秩序に基づいた「旧体制（アンシアン・レジーム）」が解体され、それまで以上に男女のジェンダーに基づいた秩序原理が強調されるようになりました。異性装も、女性の公的領域の活動も、このジェンダー秩序に背くものと位置づけられ、秩序からの逸脱者には、近代法の規制や社会的な抑圧が加えられます。

ジェンダー秩序とはいったいどのような仕組みなのでしょうか。本章の最後に、とりわけ近代ジェンダー史研究において核となるこの概念についてまとめておきます。

近代社会におけるジェンダー秩序

第一章、第二章でも触れましたが、前近代の身分制社会においては、人間は生まれながらの身分を背負って生き、これにより社会全体の秩序が保たれると考えられていました。身分を超える流動性がなかったわけではありませんが、大半の人びとは生涯、生まれながらの身分にとどまり、限られた生活圏で暮らしていました。

身分制社会のなかでは、男性と女性とのあいだにある差異以上に、身分の差異が人びとの社会的地位や生き方を左右していました。貴族や地主の女性は、支配層として農民の男性よりも社会的には上位にありました。キリスト教社会として、宗教的な性規範はありましたが、宮廷や都市、農村におけるそれぞれの「社団」に固有の性役割が強く、社会全体を貫くような男性モデルや女性モデルは不在でした。

身分制秩序は、十七世紀末以降の市民革命、十八世紀半ばの産業革命を経てゆっくりと地殻変動を始め

	身体的性差	精神的性差	社会的性差
男	大きい，強い，がっしりとした，太い，かたい ペニス／積極的な精子	勇敢，自立的，活動的，理性的，思慮深い，冷静	公的な社会領域 国家：市民権の享受と納税・徴兵の義務
女	小さい，弱い，きゃしゃな，細い，柔らかな，美しい ヴァギナ／受動的な卵子	臆病，依存的，受動的，感情的，控え目，やさしい	私的な家庭領域 国家：妻・母・主婦役割を通じて関与

異性愛主義

図4　西洋近代社会におけるジェンダー秩序

ます。アメリカ独立宣言やフランス人権宣言などにみられるように、人権意識が醸成され、中流階級ともいわれる市民層が勃興すると、新たな秩序原理が模索されていきます。

そのような様子を、例えばイギリスの女性史・ジェンダー史家のダヴィドフとホールはつぎのように表現しています。

> イングランドの中流階級が形成されたのは、混迷の度合いが極度に増し、経済と政治が危うく無秩序状態に陥ろうとしていた時期である。そのような時代であったからこそ、男女の差異などの集団間の差異を誇張する社会カテゴリーへの分割が風土病的な流行となり、「見せかけの秩序」を創出するための努力が活発化したのであった。
> （ダヴィドフ／ホール『家族の命運』一二頁）

経済、政治、軍事、教育などによる新しい秩序・権力構造の構築とともに着目されたのが、男女の差異です。性差は、自然に与えられた不動のもので、越境が不可能なものだと考えられました。男女の身体的性差が絶対的で確固たるものであれば、そこから精神的性差、さらには社会的性差を導き、これに基づいた社会は安定した秩序を獲得するのではないか。こうした発想でつくられた社会秩序を、「ジェンダー秩序 gender order」といいます(図4参照)。家族のあり方や教育のあり方、法のあり方など、社会のさまざまな領域において、男女二元論に基づくあるべき男性像／女性像が構築され、ジェンダー秩序は整えられていきました。

それは、ダヴィドフとホールが述べるように、「見せかけの秩序」にすぎないものであったかもしれませんが、二十世紀末まで西洋社会の基盤でありつづけました。

ジェンダー秩序の特徴を五つ、まとめておきます。

(1)性差の絶対化
(2)抗うことのできない「自然の定め」
(3)医学や解剖学などによる「科学的な根拠づけ」
(4)異性愛を前提
(5)階級社会を貫く秩序原理

まず、(1)性差が絶対化され、男と女が二元化されたことが重要です。ドイツの歴史家であるカーリン・ハウゼンは、これを「男女の性質の対極化 Polarisierung der Geschlechtscharaktere/polarisation of sexual stereotypes」と名づけました(Hausen, Die Polarisierung der „Geschlechtscharaktere“; 原著一九七六年、英訳一九八一年)。男は強く女は弱い、男は理性的で女は感情的といったように、男女を二分化し、それぞれの性質を対極的なものとする傾向が、十八世紀末以降、顕著になります。

さらに、(2)こうした対極化は、「自然が定めた」身体的性差を基盤にしているとされました。自然界にはオスとメス、男と女しかいない、というわけです。この「自然の摂理」に従うと、男女のグレーゾーンにいるインターセクシュアル（非典型的な性別の人びとや「両性具有者」）は無化されるか、「異常」とみなされるようになります。

例えば、一七九四年のプロイセン一般ラント法では、両性具有者が生まれた場合、両親がいずれの性として養育するかを決定し、本人が十八歳になれば、それ以降いずれの性をとるかを自ら選択可能にするという規定がなされていました。しかし、一〇〇年後の十九世紀末のヨーロッパでは、ドイツ、フランス、イタリア、オーストリアなどの法に、「両性具有者」に関する規定はありません（Kolbe, *Intersexualität*, S. 79-84）。真の両性具有者など存在せず、人は男か女のどちらかに属するはずだという判断が前面に出されました。男女の身体的性差を絶対視し、男女の両極化された性格を規範とする社会のなかで、両性具有者たちは法の言説空間から消されたかのようでした。

ちなみに現代社会では、前述したように、染色体のミクロなレベルから外性器の形状まで、男女の身体はすっきりと二分化されるものではなく、性差にはグラデーションがあると認知されています。インターセクシュアルの人びとがいることも、むしろ「自然」と考えられるようになっています。性別にまつわる「自然」概念は、近代と現代とでは、一八〇度変わる、大きなパラダイム転換を遂げました。

ジェンダー秩序の三点目の特徴にすすみます。

ジェンダー秩序の基盤となる身体的性差論は、(3)医学や解剖学、生理学といった「科学的」言説により正当化されました。医学の歴史をひも解いてみると、十八世紀頃から徐々に、医者や解剖学者たちが身体的性差を探究するようになったことがわかります。

十八世紀までの医者たちは、性差にそれほど強い関心をもっていませんでした。そして、外性器、内性器を問わず、人間の身体というのは本質的に同じものであり、男と女のあいだにある差異は相対的なものにすぎないという考えが主流でした。

それが、社会の秩序原理として性差を捉えるという要請のもと、男女の身体的差異の探究に情熱がそそがれるようになります。十八世紀末以降の医学は、性差を絶対的なものとみなし、その言説は、精神的・社会的性差の言説を強力に根拠づけていきました。この点については、次章の身体史で掘り下げていきます。

ジェンダー秩序は、男女が身体的にも精神的にも、そして社会的にも絶対的に異なるからこそ、お互いに補完し合い、愛し合い、夫婦として結ばれる、すなわち、(4)異性愛を前提としています。それ以外のセクシュアリティについては、「自然に反する」ものや「異常」とみなされていきます。

異性装に関する研究でも触れましたが、十九世紀後半以降、性科学という分野が発達し、「同性愛者」や「性的倒錯者」という概念が生み出されていきました。その背景にあったのは、科学的言説によるジェンダー秩序の維持にほかなりません。とりわけ男性同性愛者は、イギリスやドイツをはじめ、法による処罰の対象とされ、社会秩序からの逸脱者という烙印を押されたのです。

ジェンダー秩序の最後の特徴として、こうした考え方が、前近代の身分制社会と異なり、(5)階層や階級の差異を超えて、社会全体を貫くイデオロギーとなったことが重要です。別の言い方をすれば、性別二元論に基づくジェンダー規範や性規範を実践しうる、リスペクタブルな市民層の価値観が、社会全体に影響力をもったということです。

第一章で近代市民社会における家族モデルについて論じましたが、労働者や農民の生活は、教育の機会や経済状況などから、こうした規範とは異なる次元で営まれていました。「男であること」「女であること」のジェンダー秩序は、厳然として存在する階級格差を超えて提示され、その実践の可否は別として、人びとをその規範化の範疇《はんちゅう》に呑み込んでいきました。

歴史学全体に不可欠なジェンダー概念

ところで、歴史学におけるジェンダー概念の有用性を説いたジョーン・W・スコットは、従来の歴史学の諸分野に、「ジェンダー史」という新たな分野を付け加えようとしたわけではありませんでした。ジェンダーという分析概念は、歴史学全体にとって不可欠なものであり、あらゆる歴史にジェンダー史の視点がなければならない、と主張します。

この主張がなされてから四〇年以上が経ちましたが、あらゆる歴史がジェンダー史になったとはいえません。ですが、ジェンダーの視点を備えた研究は実り豊かに蓄積されてきました。

日本を代表するジェンダー史家の荻野美穂は、二〇〇四年の論考のなかで、ジェンダーの視点を、「自明とされてきたことがらを新しい角度から問題化しようとするときの「喚起媒体」としての挑発的な役割をまだ果たしうる」(荻野「ジェンダー論、その軌跡と射程」)と記していますが、この言葉は今もなお有効ではないでしょうか。二〇一〇年に『ジェンダー史とは何か』(邦訳二〇一六年)を発表したアメリカのイギリス史家、ソニア・O・ローズもまた、ジェンダー史研究の多元的なアプローチゆえに、この分野は「活気ある学術研究領域」であると観察しています。

現代の歴史家は、近代的なジェンダー秩序がもつさまざまな価値観を相対化する(相対化できる)社会に生きています。「女らしさ」「男らしさ」は歴史的変数であり、男女二元論もまた普遍的ではない。こうした認識を生み出し、またこの認識から生み出された歴史研究について、以下、身体史、男性史と論じていこうと思います。

参考文献

赤阪俊一「異性装のジェンダー構造」赤阪俊一・柳谷慶子『生活と福祉』(ジェンダー史叢書8)明石書店、二〇一〇

有賀夏紀・小檜山ルイ編『アメリカ・ジェンダー史研究入門』青木書店、二〇一〇

荻野美穂「ジェンダー論、その軌跡と射程」上村忠男ほか編『歴史を問う4　歴史はいかに書かれるか』岩波書店、二〇〇四

兼子歩「〈男性の歴史〉から〈ジェンダー化された歴史学〉へ――アメリカ史研究における男性性の位置」『歴史学研究』八四〇号、二〇〇八、二八〜三七頁

木村信子「フランスにおけるジェンダー研究の動向」『女性空間』三〇号、二〇一三、一五八〜一六六頁

コッカ、ユルゲン(肥前栄一・杉原達訳)「女性史をめぐる論争」『歴史と啓蒙』未來社、一九九四

『ジェンダー史叢書』(1〜8)明石書店、二〇〇九〜二〇一一

『思想(特集　ジェンダーの歴史学)』八九八号、一九九九

スコット、ジョーン・W(荻野美穂訳)「ジェンダー再考」『思想』八九八号、一九九九、五〜三四頁

スコット、ジョーン・W（荻野美穂訳）『ジェンダーと歴史学』平凡社、二〇〇四（初版は一九九二）
ダヴィドフ、レオノーア／ホール、キャサリン（山口みどり・梅垣千尋・長谷川貴彦訳）『家族の命運――イングランド中産階級の男と女　一七八〇～一八五〇』名古屋大学出版会、二〇一九
デッカー、ルドルフ・M／ファン・ドゥ・ポル、ロッテ・C（大木昌訳）『兵士になった女性たち――近世ヨーロッパにおける異性装の伝統』法政大学出版局、二〇〇七
新實五穂「十九世紀フランスのモードと性差」服藤早苗・新實五穂編『歴史のなかの異性装』勉誠出版、二〇一七
ハント、リン（西川長夫ほか訳）『フランス革命と家族ロマンス』平凡社、一九九九
ハント、リン編（正岡和恵・末廣幹・吉原ゆかり訳）『ポルノグラフィの発明――猥褻と近代の起源、一五〇〇年から一八〇〇年へ』ありな書房、二〇〇二
姫岡とし子ほか編『近代ヨーロッパの探究⑪　ジェンダー』ミネルヴァ書房、二〇〇八
姫岡とし子・川越修編『ドイツ近現代ジェンダー史入門』青木書店、二〇〇九
広渡清吾「法制度としての性別」ジェンダー法学会編『講座ジェンダーと法』第1巻、日本加除出版、二〇一二
マシューズ＝グリーコ、サラ・F（鷲見洋一訳）「アンシアン・レジーム期ヨーロッパにおける身体と性行動」A・コルバン／J・J・クルティーヌ／G・ヴィガレロ監修『身体の歴史――16～18世紀ルネサンスから啓蒙時代まで』I、藤原書店、二〇一〇
弓削尚子「ドイツにおける近代女性史研究の歩み――性秩序をめぐる議論と啓蒙主義から」『歴史評論』六〇五号、二〇〇〇、八九～一〇五頁
ローズ、ソニア・O（長谷川貴彦・兼子歩訳）『ジェンダー史とは何か』法政大学出版局、二〇一六
若尾祐司「ドイツ特有の道(Sonderweg)論争と家族・女性史研究をめぐって――一つの試論」『名古屋大学法政論集』一五四号、一九九四、一八九～二一六頁
Hausen, Karin. Die Polarisierung der „Geschlechtscharaktere“ eine Spiegelung der Dissoziation von Erwerbs- und Familienleben, in: Werner Conze (Hg.), *Sozialgeschichte der Familie in der Neuzeit Europas*, Stuttgart, 1976, S. 363-393.

Hirschfeld, Magnus, *Die Transvestiten: Untersuchung Über den Erotischen Verkleidungstrieb*, Berlin, 1910 (reprint, 2018).

Kocka, Jürgen, Frauengeschichte zwischen Wissenschaft und Ideologie: zu einer Kritik von Annette Kuhn, in: *Geschichtsdidaktik*, Düsseldorf vol. 7, 1982, S. 99-104.

Kolbe, Angela, *Intersexualität: Zweigeschlechtlichkeit und Verfassungsrecht*, Baden-Baden, 2010.

Scott, Joan Wallach, Gender: A Useful Category of Historical Analysis, in: *American Historical Review*, 91, no. 5, 1986, pp. 1053-75.

Thébaud, Françoise, *Écrire l'histoire des femmes et du genre*, Lyon, 2007.

ウェブサイト

比較ジェンダー史研究会（https://ch-gender.jp/wp/）

第四章　男女の身体はどう捉えられてきたか――身体史

身体的性差もまたジェンダーである

男女の身体に絶対的な違いがあるとする考えは、古今東西、常にみられたわけではありません。西洋社会が人間の身体をどう捉え、性別をどのように認識してきたかも、時代によって変化してきました。

アメリカ合衆国の哲学者で、ジェンダーの理論家であるジュディス・バトラーは、生物学的な性差とされるセックスが普遍的で固定的なものであるとする考えを否定し、むしろ身体の性差とは、人びとがそれをどう認識するかの結果であると捉えました。セックスとジェンダーははっきりと境界線を引けるものではなく、生物学的な性差も社会的に構築されるもの、すなわちセックスもまたジェンダーである、といいます。

セックスの自然な事実のように見えているものは、じつはそれとはべつの政治的、社会的な利害に寄与するために、さまざまな科学的言説によって言説上、作り上げられたものにすぎないのではないか。

（バトラー『ジェンダー・トラブル』二八頁）

たしかに、西洋の歴史をひも解いてみると、人びとが身体をどう捉えてきたのか、医学や解剖学が男性の体と女性の体の違いをどう考えてきたのかは、時代や社会において同じとはいえないようです。ジェンダー概念の有効性を説いた歴史家ジョーン・W・スコットは、男女の身体の差異にどのような意味づけがされてきたのか、その知のあり方を問うことが重要だと述べました。

前章で、十八世紀末以降、男女の身体的性差への関心が高まり、男女二元論が顕著になっていくことに触れました。近代のジェンダー秩序に関する考察を深めるためにも、本章では、ジェンダーの視点から歴史を捉えるのに欠くことのできない、「身体の歴史」について考えます。

歴史学の対象としての身体

ペストや天然痘、梅毒といった「病の歴史」において、身体は歴史家の関心のなかにあります。拷問や刑罰の歴史もまた、自由を奪われ、苦痛を与えられる身体を抜きにして語ることはできません。他方、人間の身体そのものを歴史学の中心テーマとすることに、抵抗を感じる歴史家もいます。歴史学は「変化」を研究するものであり、どの時代、どの地域においても変わらぬ人間の身体は、その対象としてなじまないと考えるからです。

ですが人間の身体は本当に変わらないものでしょうか。

例えば、ヨーロッパ諸国の男性の平均身長は、十九世紀は一六〇センチ台でしたが、二十世紀末には一七五センチを超えます。オランダ人などは、ナポレオン体制が崩壊し、ネーデルラント王国が誕生した頃の平均身長は一六五センチでしたが、二十世紀後半には一八〇センチ以上になり、世界でもっとも背の高い国民となります（OECD, How was Life?, 2014）。

女性の身体もまた変化しました。十八世紀後半からの平均初潮年齢の記録が残されています。フランスの例ですが、十八世紀後半には十五・九歳であったのが、十九世紀後半には十五・一歳、二十世紀前半には十三・九歳と低年齢化していきます（エドワード・ショーター『女の体の歴史』二一一頁）。

なぜ近代において平均身長が伸びたのか。その理由はいうまでもなく、富国強兵をめざす近代国家の成立によって、国民の栄養状態の改良や学校教育における身体鍛錬、衛生改善による病気の予防といったことが考えられます。では、なぜ男性の平均身長の統計がヨーロッパ諸国で残っているのか。ジェンダーの視点からはこのような問いが発せられます。

十八世紀末のフランスの徴兵制導入を皮切りに、「国を守る」という主旨の国防軍が創設されると、兵士になる男性（国民）の身体を把握し、管理しようとする国家的要請が前面にでてきます。国民皆兵制がとられた国では、原則としてすべての男性が兵役検査のもと、公権力による身体測定を受け、その結果が記録・保管されます。

男性と異なり、女性の身体については、身長とは別の国家的関心事がありました。フランスほど完全ではないものの、十九世紀以降のヨーロッパ諸国では、女性の平均初潮年齢のデータが残されています。国家が女性の身体を「産む性」として把握し、管理しようとした証左と考えられます。国家資格をもった産科医の誕生とも関係してきます。

このように、「身体史」が明らかにしようとするのは、身体をめぐる人びとの意識や価値観など、身体観の変化や身体をめぐる社会の変化です。

近代医学の身体観から自由になる

ところで、過去の身体観に向き合う際に留意しなければならないことがあります。十八世紀後半以降の西洋近代医学を土台とした身体観は、現代においても大きな影響力をもち、そこから離れた思考をすることは、非常に難しいということです。

例えば、女性が定期的に子宮から出血するのは、なんら心配するものではない、男性にはない女性特有の生理現象であることは今日では当然のことと考えられています。ですが、過去において、こうした月経の捉え方を誰もがしていたわけではありません。

中部ドイツにアイゼナハという町があります。バロック音楽の巨匠ヨハン・ゼバスティアン・バッハ（一六八五〜一七五〇）の出生地として有名ですが、ここにバッハと同世代であるヨハン・シュトルヒ（一六八一〜一七五一）という医者がいました。彼は医学史に名を残すような人物ではありませんが、前近代的な身体観にアプローチするうえで注目すべき記録を残しました。約一六五〇名の女性患者を診察した記録を『婦人病』（全八巻、一七二四〜三五年）に発表し、彼女たち自身による身体の知覚とその表現の仕方を後世に伝えているのです。

そこには、聖ミカエルの日（九月下旬）の頃、激しく犬に吠えられて驚いたため、冬のあいだずっと月経がとまった二十一歳の女性や、一〇一歳になって月経が再開した女性、足のけがが治らないのは、経血が傷口からでているからだと訴える女性など、さまざまな症例が書きとめられています。近代医学の認識ではありえない、じつに豊かな発想で、人びとは自分の身体に起こった変化を知覚し、自らの言葉で表現しています。

こうした患者の語りに耳を傾けた医師の姿勢にも驚かされます。シュトルヒには、専門家として人間の身体を患者よりも知っているというような驕《おご》りはみられず、それぞれの身体の主《ぬし》である個々の患者の言葉がリスペクトされています。当時、個人の身体はそれだけで一つの小宇宙《コスモス》を形成していると考えられ、医者がそのなかへ踏み込むことはあたりまえとはされず、シュトルヒが患者に触診することもほとんどありませんでした。

シュトルヒの著作を分析したドイツの歴史家、バーバラ・ドゥーデンは、「私たちが明らかに性徴ととらえている現象の多くは、十七、十八世紀には男女差の決定的な印ではなかった」（ドゥーデン『女の皮膚の下』一五五頁）と述べます。そして、月経をめぐる当時の身体認識について、つぎのように記しています。

男性は女性のように定期的に自然に、一つの場所から出血はしない。そのために男性は、ほとんど定期的といえる場合もあれば時おりの場合もあるが、血をさまざまな場所から――鼻から、金脈から、傷口から、血痰として――放出したのである。とくに「金脈」（＝痔）は、女性の「月経」の類似物とみられ、多血質で若く、あまり動かない男性の場合、体液の過剰を放流する役割があった。血気盛んな男性の金脈が「滞る」と、その男は、「月経の滞った」女性と同じ故障が出た。（同、一五七頁）

女性の月経と男性の鼻血や痔、血痰が同じものとされています。

今日、身体について自明と考えられている多くのことは歴史的には決して自明ではない。このような認識から、身体史はスタートしなければなりません。現代においては奇想天外のように思えること、違和感を抱かざるをえないことこそが、身体史にとっては排除すべきでない論点になりうるのです。

身体史の分野では、病の歴史やスポーツの歴史のほか、軍隊や刑務所、学校を舞台にした身体の規律化や矯正の歴史、セックスする身体としての買売春や同性愛の歴史など、多岐にわたるテーマが広がっています。本章では、近代のジェンダー秩序の基盤となる男女の二元化された身体観の構築に焦点を絞って、考えていきたいと思います。

ガレノスからディドロまで

男と女の身体的性差の捉え方について、西洋では、ヒポクラテス(前四六〇頃〜前三七七頃)やガレノス(一二九〜一九九頃)を中心とする古代ギリシア、ローマの医学の考え方が十八世紀までの長きにわたって影響力をもっていました。

その特徴は、男と女の身体は本質的に同じというものです。古代医学では、人間の身体は、血液、粘液、黄胆汁、黒胆汁という四つの基本的な体液がバランスをとるという体液生理学が主流で、男女の体質の違いもそのなかで理解されました。母乳や精液なども同じ体液とみなされ、どちらかの性に固有のものとは考えられていなかったようです。十八世紀ドイツの医師シュトルヒらが経血と男性の痔を類似物とするの

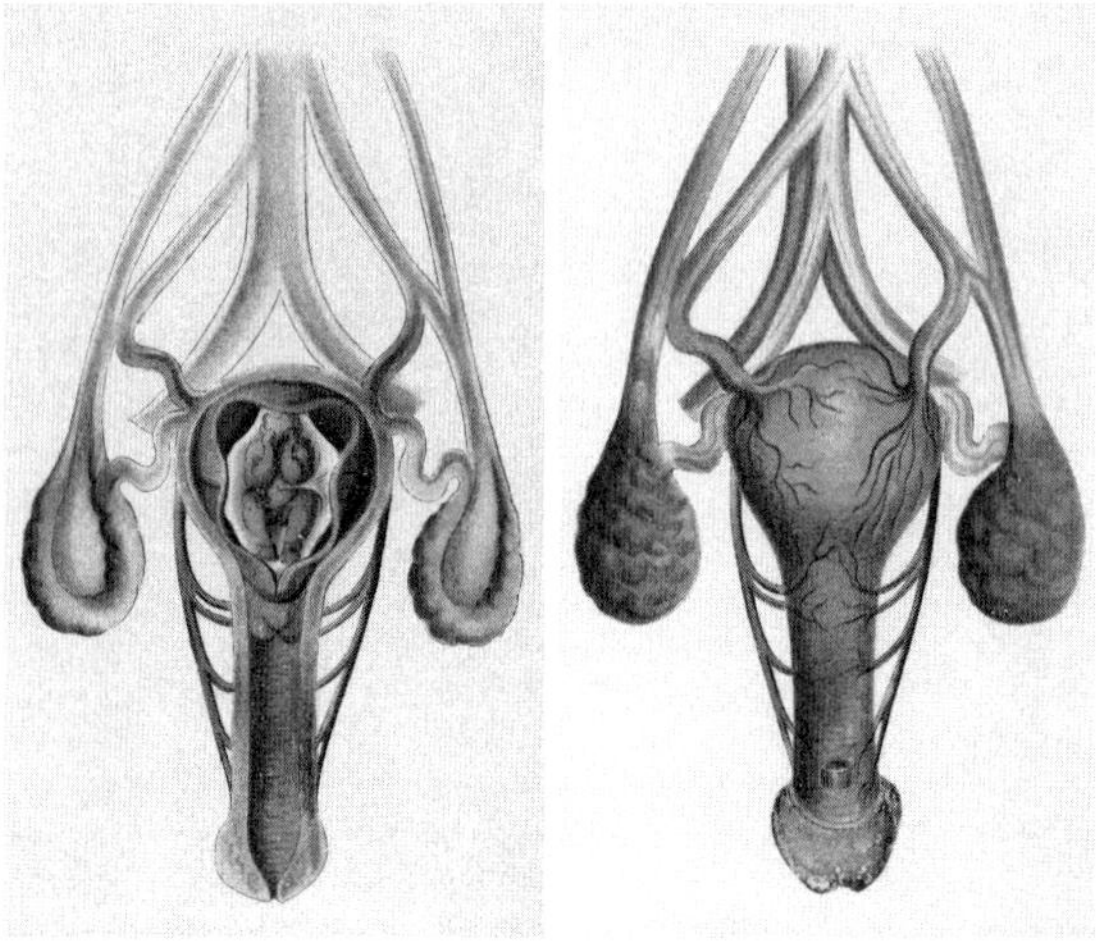

図１　ドイツの医師ゲオルク・バルティッシュ(1535-1607)による解剖図

も、この伝統によるのでしょう。「医学の父」ヒポクラテスは、男性だけでなく女性も「精液」を出し、両方が混じり合うことで受胎が成立するという「二種の精液」説をとりました。アリストテレス(前三八四～前三二二)は『動物誌』や『動物発生論』のなかで男女の身体について論じていますが、同じく女性の「精液」について述べています。

外性器についても、決定的な性差とはみなされず、内に入っているか、外に出ているかの違いとされていました。「女の陰部は男の陰部と反対の関係にある」(『動物誌』上、五六頁)として、女性の生殖器は、外側に出るべきものが熱と力の不足により突き出され損ねたものであるとされます。アリストテレスにとっては、男女の身体は異なるものというより、完全か不完全かの相違でした。

ヒポクラテスの医学を継いだガレノスは、豊富な臨床経験をもち、解剖書をはじめ多くの医学書を残しました。彼もまた外性器については、男女は裏返しの関係にあると捉えました。男性性器を裏返しにして、直腸と膀胱のあいだのところから内側に引き込むと、陰嚢は子宮の位置をとり、睾丸は子宮の両側につく卵巣（ガレノスは「女の睾丸」という語を用いました）となると考えました。

このような外性器の捉え方は、時代をくだってルネサンス期の図像史料でも確認できます。図1は、十六世紀後半の医学書に付されたもので、ペニスと睾丸のようにみえますが、女性生殖器を描いたものです。右の生殖器官の断面を描いたのが左の図で、中央の袋様の臓器には顔を手で覆った胎児の姿が見えます。手足がしっかり成長し、身体を丸くして正面を向いて座っている胎児が描かれており、子宮の大きさを考えると、今日の産科学ではありえない解剖図です。

しかし、男性性器のようにみえる女性性器の表象は、ルネサンス期にはスタンダードでした。人体解剖学のパイオニア的存在であるアンドレアス・ヴェサリウス（一五一四～六四）による大著『ファブリカ』でも、ペニスのようにみえる膣と子宮の図版が収められています（図2）。

ヴェサリウスと同時代人のイタリアの解剖学者、レアルド・コロンボ（一五一六頃～五九）は、クリトリスを「発見」したといわれていますが、ガレノスを「神のごとく」崇めており、これを男性生殖器と同一視する考えにどこまでも忠実でした。

現代の科学史家の言葉を借りると、「観察の正確さではなくイデオロギーが、それらの器官がどう見えるかを決定し、どの差異が重要であるかを決めたのだった」（トマス・ラカー『セックスの発明』一二四頁）。まさに「信じればそう見える」のです。

図2　ヴェサリウスの『ファブリカ』に掲載されている女性性器
近代解剖学の礎を築いたとされるが，性器の捉え方は古代医学を踏襲していた。

十八世紀に入っても、性器についてのこのような認識はしばらく維持されていました。百科全書派のドゥニ・ディドロによる著作には、ボルドゥーという医師の口から、つぎのような言葉が記されています。

……女も男にあるすべての部分をそなえていて、唯一の相違は、袋が外にぶら下がっているか或いは袋が内側にまくれこんでいるかであり、女の胎児は見違えるばかりに男の胎児に似ています。……また、男にも肛門から陰嚢にわたって会陰と呼ばれる隙間があり、陰嚢から男根の先端までの間に仮縫いされた陰門の再来かと思わせる縫目があります。（ディドロ「ダランベールの夢」六六～六七頁）

この医師は、女性の生殖器に「睾丸 testicules」という表現を用いており、「卵巣 ovaires」という語は使っていません。医師ボルドゥーは、ディドロとダランベールが編纂した『百科全書』の医学関連の項目執筆に協力した実在の人物（テオフィル・ド・ボルドゥー、一七二二～七六）で、十八世紀半ばの身体観を伝えていると考えてよいでしょう。

ディドロは「ダランベールの夢」のあとに「対談の続き」という小論を添えますが、そこでボルドゥー先生は、若い女性の心の不調が「精液 fluide séminal の過剰と閉塞」から生じるものだと述べています（ディドロ「対談の続き」一一三頁）。精液は、この時点でも男性のみが分泌するものではなく、生殖にかかわる体液として男女ともに分泌するものだと考えられていました。

ワンセックス・モデル

古代から近世まで脈々と受け継がれてきた男女のこうした身体観を、アメリカの科学史家であるトマス・ラカーは、「ワンセックス・モデル」と呼びました。身体的性差は熱量の多寡《たか》などによって相対的に起こるものにすぎず、男と女の身体は基本的に同じであるという考え方です。これは十八世紀半ば以降、じわじわと台頭してくる「ツーセックス・モデル」に対置されます。「ツーセックス・モデル」とは、男女の身体は絶対的に異なるとする考え方です。

ラカーの著作『セックスの発明』は、一九九〇年に発表されて話題を呼び、一〇カ国以上の言語に翻訳され（邦訳は一九九八年）、現在も参照されつづけています。この著作から、「ワンセックス・モデル」の一例をあげてみましょう。

中世のフランスに生きたある伯爵が、男の仕事に口を出す高慢な義母に手を焼いて、懲らしめてやりたいと考えました。伯爵は、義母のこの悪い癖を「睾丸」のせいだとして、「お義母さん、あなたにはわれわれ男性と同じように睾丸が外に出ているにちがいない。あなたの気位がそんなに高いのも、きっとそのせいでしょう。どれどれ調べてみましょうか。もしそこにあれば取って差し上げましょう」と言います。義母は従僕たちに押さえつけられ、伯爵はその臀部を大きく切り裂き、巨大な睾丸を引っ張り出して彼女に見せました。それは伯爵があらかじめ隠し持っていた雄牛の睾丸だったのですが、義母はそれを自分のものだと信じつづけたというのです。

もちろん、いまではこんなことを信じる人はいないだろう。だが、医学書をはじめとする当時の資料には、実際に性転換したり、にわかにペニスを突出させたりする女性の話が、日常茶飯事のごとく登場するのだ。(『セックスの発明』一七〇頁)

こうしたワンセックス・モデルの時代において、男女の性差が相対的だと考えられたからこそ、性転換という現象も起こりうるとされたのでしょう。この時代を代表する医師アンブロワーズ・パレ(一五一〇〜九〇)にスポットをあて、その考察をみてみたいと思います。

パレ『怪物と驚異について』に描かれる性転換者

外科学の歴史に名を残すパレは、一五七三年にフランス王シャルル九世に随行して、ヴィトリ・ル・フランソワという町に到着しました。そこで、町の人びとから「ジェルマン・マリ」と呼ばれている一人の男性に会います。

太ってずんぐりした中背の若い男で、かなり濃い赤茶色の髭を生やしていた。年齢が十五になるまで、いかなる男性的な特徴の痕跡も現れず、そのうえ女性の服を着て娘たちと一緒にいたので、彼は娘と思われていた。（パレ『怪物と驚異について』三四六頁）

この人物が十五歳のとき、小麦畑に侵入したブタを追いかけて飛び上がったところ、「睾丸と陰茎をしっかり結んで閉じ込めていた靭帯が切れてしまった」といいます。

そこでこのことについて意見を得るため医者と外科医を招集したところ、彼女は男であり、もはや娘ではないことがわかった。すぐに司教――今は亡きノンクール枢機卿である――に報告したあと、司教の権限と民衆たちの集会（の同意）により、彼は男の名前を受け取り、マリではなく（というのも彼は以前そのように名づけられていたからだ）、ジェルマンと呼ばれ、男の衣服を与えられた。（同）

女性から男性への転換を、マリが生きてきたキリスト教共同体は受け容れました。こうした姿勢は、当時の法にも認められます。「これらの者に対して、古今の法律はどちらの生殖器を使用したいのか選ばせたし、依然として選ばせている」（同、三四四頁）とパレは記しています。法は社会の規範を形成するとともに、その社会に生きた人びとの意識を映し出してもいます。

マリの町では、これ以降、彼女が男性ジェルマンとして生きていくことを認知しました。町の集会で「男の衣服を与えられた」というのは、女性には戻らないように、男性として生きていくように、という共同体からのメッセージでした。一見すると、大変リベラルな社会であるようにも思われますが、ある時はマリ、ある時はジェルマンというように、男女の境を自由に行き来することは許されていません。男性でも女性でもない「第三の性」が認知されたわけでもないのです。

パレの『怪物と驚異について』(一五七五年)は、彼個人の考察や体験をまとめたものというよりは、アリストテレスやヒポクラテス、ガレノスといった古代の学者の意見や、パレの同時代人による考察や図版を収録したものでした。その意味で、パレの書は十六世紀当時に広くみられた「怪物」や「驚異」の数々の集大成と考えられています。

パレと同時代の思想家、モンテーニュ(一五三三〜九二)も、この著作に言及し、「ジェルマン・マリ」のことを記しています。モンテーニュ自身もこの町に行き、「ぽーんと飛び上がろうとして、ぐっとふんばったら、ちんぽこが出てきた」人物について地元の人びとと話したようです。

こんなことがあったので、地元の娘たちのあいだでは、マリー・ジェルマンみたいに男になるといけないから、大股広げて飛んだり走ったりしないように気をつけなくちゃという俗謡が歌われている。

(モンテーニュ『エセー1』一五四頁)

パレの『怪物と驚異について』には、ほかにも「男になってしまった幾人かの女の忘れ難い話」が数例あげられています。そうした現象は、「男が体外に露わに見せているのと同じくらいに、女は体内に隠しているから」というワンセックス・モデルの身体観のなかで理解されています。

「……熱が特になんらかの激しい動きによって助長され、体内に隠されているものを体外に押し出すことがあるというのは信じられないことではない」(『怪物と驚異について』三四七頁)と、パレは外性器の出現の原因について語っています。

「ジェルマン・マリ」の例を現代医学で捉えるとしたら、「性分化疾患」に分類されるでしょう。男女の身体の特徴をあわせもつ状態は、一般的に「インターセックス」と呼ばれ、日本では「半陰陽」「間性」「ふたなり」ともいわれました。その状態は、染色体や性腺、外性器などが「非典型的」で、出生時にそれが明白な場合もあれば、思春期を経てようやく判明することもあります。熱エネルギーの多寡により、性器が外に出ているか内に入っているかの違いだとするワンセックス・モデルの考えは、今日いうところの「性はグラデーション」という考え方と親和的です。

ただしパレは、女性から男性への転換はありえるが、その逆は「決してない」と断言します。

> なぜなら自然はもっとも完全であるものをいつも目指すのであり、反対に完全であるものが不完全になるようなことはしないからである。(同)

アリストテレスの影響は、パレにおいても色濃いようです。性器の裏返しとか、相対的な性差といった考えは、男女の身体が対等に捉えられたことを意味するのではなく、「完全な男性」と「不完全な女性」

図3　フセペ・デ・リベーラ「あごひげのはえた女性」（1631年）　乳飲み子を抱き，ひげをたくわえた高齢の母の驚異についての説明が右に描かれた碑石に刻まれている。左奥に立っているのは彼女の夫。

というヒエラルヒー関係のうえに成り立っていました。科学史家ラカーは、パレやモンテーニュは「古代にまでさかのぼる長い伝統にしたがって書いている」とし、とりわけ、「女性が男性に変わる話はホラではない」と断言した古代ローマの博物学者プリニウスを両者が引用している点に着目しています（『セックスの発明』一七四〜一七六頁）。

「完全な男性」と「不完全な女性」という考え方は、キリスト教的な身体観によって支えられたという側面もあります。アダムは「神の似姿」に創造されますが、彼のあばら骨からつくられたイヴはそのような身体をもっているとは考えられませんでした。

『百科全書』に描かれたインターセックス

パレの『怪物と驚異について』には「両性具有者」のイラストが付されています（図4）。下腹部にクリトリスとペニスが並んで描かれており、全体からみるとどこか中性的です。髪型や筋肉、乳房などが強調されているわけでもありません。

ほかにもパレの書には、母親が妊娠中に「強烈で執拗な想像力」を働かせたために生まれた「黒色の子ども」や「蛙の顔をした子ども」、さらには獣と結合して生まれた「半分犬の子ども」や「半人半豚の怪物」などの考察がなされ、神話と医学が混ざり合った印象を与えます。

パレから約二〇〇年後、フランスでディドロ、ダランベールによって編集・刊行された『百科全書』において、「両性具有」を扱った項目がいくつもみられます。ギリシア神話に由来する「ヘルマフロディーテ」や「アンドロギュノス」など、神話的要素はなお健在でした。その一方で、医学的、解剖学的なアプローチも目にとまります。

一七七七年に刊行された『百科全書』図版補遺の「両性具有者（解剖学）」の項目には、四人の両性具有者の裸身が描かれ、さらにその性器がクローズアップされています（図5・図6）。図6の上部四つについては、ミシェル＝アンヌ・ドルアールという人物のものです。

一七四九年、パリの貧民区で暮らしていた十六歳のドルアールは、「両性具有者」として世間の注目をあび、ヨーロッパ各地で外科医や画家など多くの人びとの前に性器をさらけました。

『百科全書』の図版補遺には、彼女の身体の下腹部だけが切り取られ、微に入り細にわたって写実的に描かれています。「もっとも勃起した状態」の陰茎や陰門には、各部位に説明が付されています。観察者は、ドルアールの心情を気にすることなく、彼女の性器だけに視点を投じます。それは第二章の女性史で

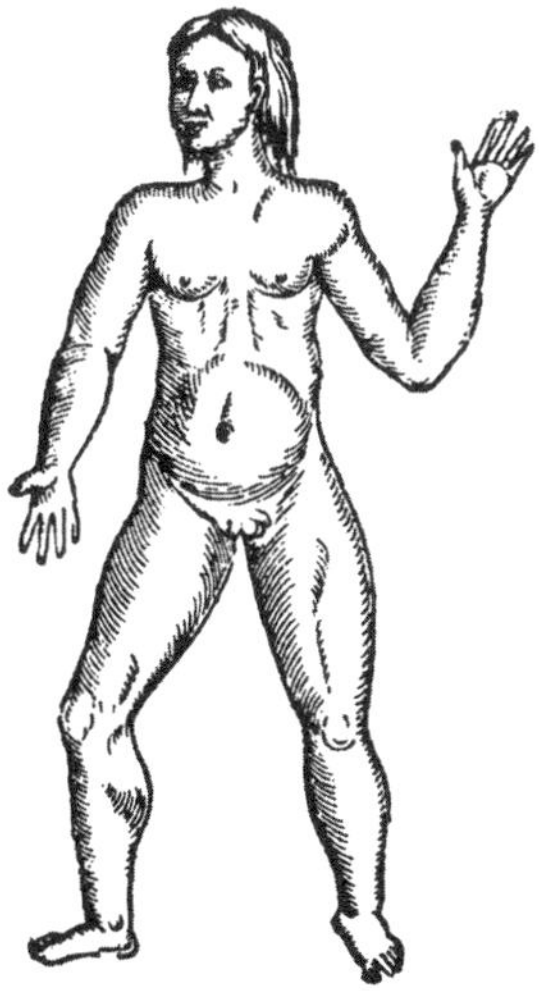

図4　ヘルマフロディーテ（両性具有者）の肖像

考察したように、産科医のまなざしが、ベッドに横たわる産婦の膣に効率よく投げかけられているのと似ています。両性具有者の身体は脱神話化され、性差を探究する科学の対象へとシフトしていく兆しがここに認められます。

すでに十七世紀末には、顕微鏡を用いて人間の細胞のなかで最大の卵子が発見されています。卵巣の機能が調べられ、精子との機能の違いにも関心が向けられるようになります。ディドロは「女性の精液」という表現をしていましたが、それは次第に時代遅れとなりました。女性を「不完全な男性」とみるのでなく、男性とは本質的かつ絶対的に異なるという見方が勢いをもっていくのです。

図５　『百科全書』に掲載されたヘルマフロディーテ

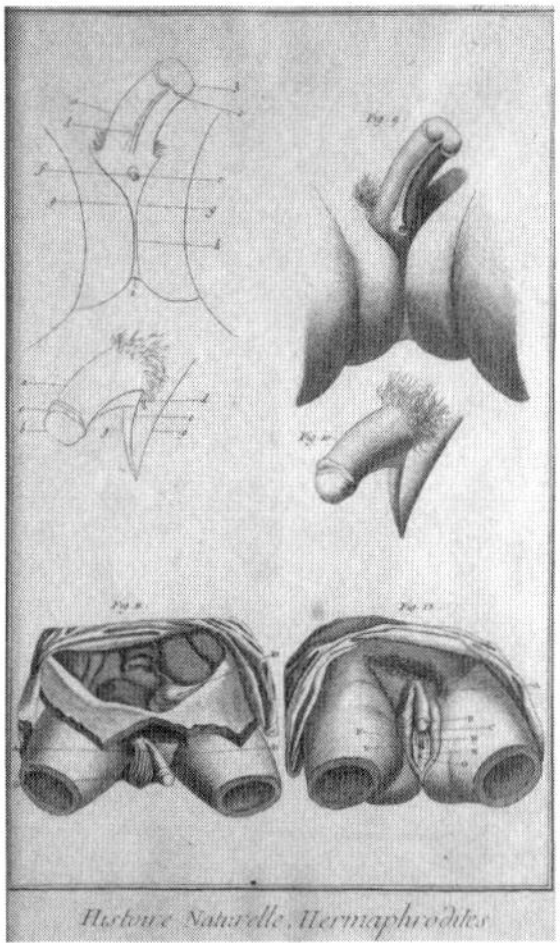

図６　『百科全書』に掲載された両性具有者の性器

骨格図にあらわれるジェンダー

人間そのものを科学の対象とする人間学・人類学《アンソロポロジー》が「理性の世紀」である十八世紀に発達するにつれて、

解剖学では「男の肉体」と「女の肉体」を描き分けた図版が増えていきました。生殖器の違いだけではなく、髪質、皮膚、筋肉、神経から骨格にいたるまで、男女の性差を探究する医学的・解剖学的なまなざしがこれらにそそがれるようになりました。

アメリカの科学史家ロンダ・シービンガーは、『科学史から消された女性たち』において解剖学書の図版に着目し、十八世紀半ば以降、はじめて骨格図が男女別に描かれるようになったと指摘しました。それまでは、完全な身体の骨格図が一つあればよかったのですが（その場合、暗黙のうちに「神の似姿」である男性の骨格が描かれました）、いまや骨格においても性差に着目されるようになりました。「骨格」とは身体の基礎であり、物事の本質をあらわす言葉でもあり、まさに骨格が違えば男女の差異は明白だ、というわけです。

とりわけ関心がそそがれたのは、男性の頭蓋骨と女性の骨盤でした。これらに「理性的な男性」と「出産する女性」のしかるべき身体的特徴があるとされました。やがて十九世紀に入ると、その特徴をあからさまに示す骨格図がでてきます。エジンバラの解剖学者、ジョン・バークレイ（一七五八〜一八二六）の解剖書に付された男女一組の骨格図（図7）をみてみましょう。

頭蓋骨の大きい左の図版が男性、頭蓋骨が小ぶりで骨盤が大きい右の図版が女性です。頭蓋骨の大きさについては悩ましい問題で、幼い子どもは四頭身や五頭身であることから、頭蓋骨が大きいと未発達の証ということにもなります。科学者たちはのちに頭蓋骨の大きさではなく、その重量に男性の知性の根拠を探るようになります。

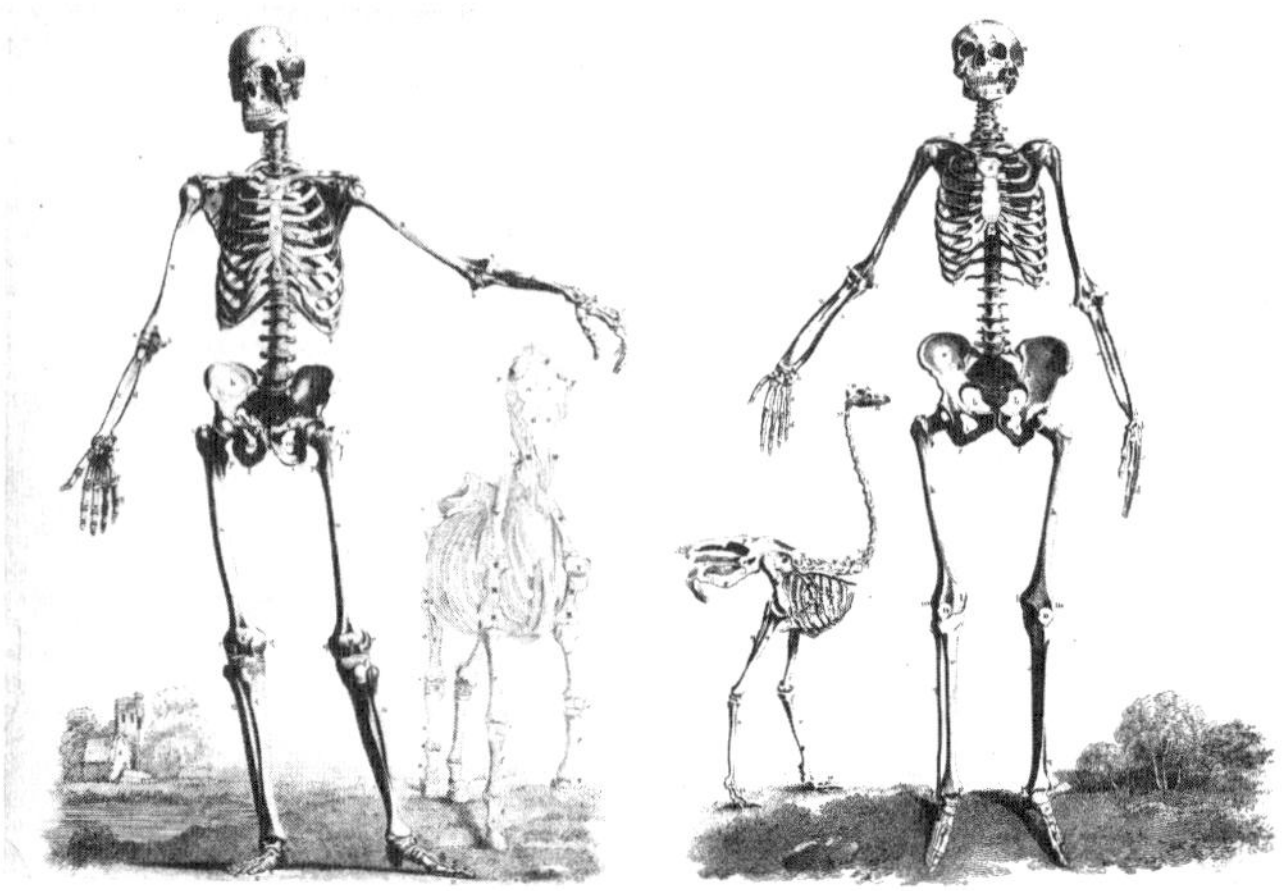

図７　1820年代の解剖学書に描かれた男女の骨格図

バークレイの男性の骨格図には、がっしりとした肩、太い骨、大きな肋骨、女性の骨格は、きゃしゃな肩、か細い骨、すらっとした脚が描かれています。男性は地に足つけるしっかりとした立ち姿で、女性はハイヒールを履いているかのようにつま先立ちをしていて不安定です。男性の左腕をみると、「さあ、行こう」と手を伸ばし、女性をリードするかのようです。女性もまた差し伸べられた手を受けようとしています。彼のサポートがあれば、彼女の足取りは確かなものとなるでしょう。

この二枚の図で特徴的なのは、人間の骨格図の背景にそれぞれ動物や風景が描かれていることです。馬の骨格図を添えることで、男性が知的存在であることが示唆されています。西洋の動物誌のなかで、馬はもっとも知的な動物とされています。十八世紀を代表する冒険風刺小説『ガリバー旅行記』（一七二六年）では、馬が統治する知的な「フウイヌムの国」が描かれており、ガリバーは邪悪な人間に嫌気がさし、帰国しても馬と暮らしたというオチがついています。

馬は知的な動物というだけでなく、軍馬に代表される、戦う動物でもあります。どれほど多くの将軍や君主が、馬に乗った勇ましい姿を肖像画や銅像に残していることでしょうか。西洋絵画の歴史において、馬は「男らしい肖像画を特徴づけるアクセサリー」であり、「騎馬肖像画」というジャンルもあって、「男らしい肖像画の一つの理想形」でした(ナダイェ・ラナイリー＝ダーヘン「絵画の証言」五三四〜五三五頁)。

男性が「知的な性」「戦う性」であるのに対し、女性は「産む性」として象徴されています。女性の骨格のかたわらには、最大の卵を産むといわれるダチョウが描かれています。ダチョウが横向きになっていることで、その骨盤の大きさがいっそう際立っています。

アフリカに生息するダチョウは、古くからその羽根がヨーロッパに輸入され、帽子や衣服の装飾に使われていました。十八世紀末から十九世紀初頭のモードをみると、飾り羽根のついた帽子が女性のあいだで流行していたようです。女性は「着飾る性」というメッセージもこめられているかもしれません。女性の骨格図の右下には、樹木が描かれ、自然や野生のイメージが付加されています。男性の図の左下には、家屋が描かれ、文明化されたイメージが見て取れます。

解剖学書の一組の図版に描かれた男女の身体に、どれほど多くの意味が付与されていることでしょうか。解剖学的性差とは、文化的・社会的に構築されるジェンダーでもあるのです。

絶対的性差の探究――ツーセックス・モデル

男女の差異についての身体観は、ワンセックス・モデル(相対的性差)からツーセックス・モデル(絶対的性差)へと変化していきました。

ラカーはつぎのようにいっています。

……男性も女性も男性性を究極点とする軸上に一列に並ぶものとする古い性差モデルは、こうして十八世紀の終わりには、男女を生物学的に二大別し完全に異なるものとするモデルにとって代わられたのだった。男女をヒエラルキー的に並べる形而上学に代わって、男女の絶対的差異を主張する解剖学と生理学が主権を握ったのだ。(『セックスの発明』一七頁)

ワンセックス・モデルが解体し、ツーセックス・モデルが確立するのは、科学において変化が起こったためではありません。「むしろ認識論の変化、社会・政治の革命的変換の結果生じた」のです。「女の睾丸」と呼ぶのではなく、「卵巣」と新たに命名しようとする動機は何であったのか。このような「社会・政治の革命的変換」とは具体的に何をさすのか。それは、前章の最後でみたように、西洋近代社会におけるジェンダー秩序の要請であった――そう答えることができるでしょう。

近代における男女の身体

ジェンダー秩序のポイントをもう一度押さえておきましょう。

社会的・政治的な変革を契機に、絶対的な身体的性差について説かれ、それを土台に精神的性差が導かれ、「公的な社会領域」で活躍する男性と「私的な家庭領域」にとどまる女性という二元的な規範化がおこなわれるようになります。

すなわち、ツーセックス・モデルの身体観は、ジェンダー秩序というイデオロギーの土台でした。男女の身体は対極的に異なるもので、それが「自然の定め」であり「科学的真理」とされました。性転換や同性愛などはこの二元化された秩序体系に居場所はなく、あるいは「自然に背くもの」としてはじき出されていきます。

身体史の考察を深めていくと、身体が性別役割(社会的性差)を創り上げたというよりも、こうしたジェンダー規範という思想があったからこそ、「近代的な身体」が創り出されたといえます。

男性は一律に「労働する性」＝「生産する(プロダクティヴな)性」や「戦う性」とされました。そうであるから、男性は「強き身体」や「がっしりした身体」をもっているという因果関係が、医学的・解剖学的に補強されるようになります。前述したように、十九世紀に入り徴兵制を敷く国家が増え、男性国民の「強くたくましい身体」が国家によって要求されました。軍隊だけではなく、教育の場でも、身体鍛錬が重視されました。社会の中・上層家庭において、男児に最初に与えられる玩具は木馬であり、少し大きくなれば、父親から乗馬の手ほどきを受け、馬にまたがって勇ましく疾走する身体を獲得していきます。学校教育においては、イギリスのパブリックスクールでおこなわれる「フットボール」やクリケット、ドイツのギムナジウムで奨励された「トゥルネン」と呼ばれる徒手体操や器械体操にみられるように、将来、国家を担うエリート青少年の身体教育が重視されるようになります。もちろん、こうした身体教育は、国民意識の育成のための精神教育と表裏一体をなしました。

他方、女性は「産む性」＝「再生産する（リプロダクティヴな）性」であり、外で溌剌《はつらつ》と活動するというより、家庭で静かに暮らす「弱き性」と位置づけられました。女性の身体に対象を特化した産婦人科学が十九世紀に勃興し、女性の子宮や卵巣に関する科学的言説を積み重ね、さまざまな「婦人特有の病」を「発見」し、研究していきます。「女性は病弱なもの」「女性の体は弱い」「男と女の体は絶対的に違う」といった身体観は、こうした科学認識のパラダイムに固められていきました。

十九世紀に生きた女性の大半は、工場や田畑の働き手であり、男性だけが「力強い」肉体労働者ではありませんでした。ですが、そのような女性たちの現実は、女性のあるべき姿とは乖離《かいり》したものとされました。彼女たちと異なり、家庭という私的領域にとどまり、女性規範を体現しえた中流階級の女性たちにとっては、身体訓練の機会はほとんどありませんでした。上流階級の娘を対象とした中等教育施設には、古くからダンスという科目がありましたが、紳士にリードされる淑女《レディ》としての身のこなしを習得するのが第一義で、汗水流すような「身体訓練」とは程遠いものでした。ゴルフやテニスに興じた女性もいましたが、概して女性の身体には、調和的で優美な動きが求められ、競い、闘うための身体訓練は男性のものでした。

本来、出産のためには、健康な強き身体が必要で、十九世紀後半には身体の規律訓練と健康という理念から、体操を取り入れる女子教育施設も増えますが、女性の過度な動きは「産む身体」を損なうものとされました。女性が乗馬をするにしても、両脚を広げてまたがり、全速力でのギャロップなどはタブーで、横座りが乗馬の作法でした。十九世紀末に自転車に乗る女性があらわれると、女性の健康のために奨励する声よりも、生殖器への弊害を説く声や女性の「身体的解放」を非難する声のほうが大きく、女性のスポーツには二十世紀に入っても多くの壁が立ちはだかっていました。

近代オリンピックを創設したピエール・ド・クーベルタン（一八六三〜一九三七）はスポーツと男らしさとのつながりを強調しています。

スポーツは男らしさの象徴そのものとして立ち現れる。（ジョルジュ・ヴィガレロ「スポーツの男らしさ」三〇七頁）

クーベルタンは「真のオリンピックの英雄」に女性を認めず、女性が身体的鍛錬に努めるのを「過剰」と考え、競技をおこなう女性の姿に「ぞっとする」と嫌悪感を隠しません（同、三一四頁）。

女性は弱い身体をもって生まれるのではなく、女性と弱さを結びつける社会認識によって、体力的に弱く、病弱な身体をもつようになる、といえそうです。男性もまた同様に、生理学や医科学の言説、そして社会のさまざまな制度によって、強く、鍛錬された身体を獲得し、「力強い男」となっていくのです。

オナニーの禁止あるいは性欲を制御する男性像

ジェンダー秩序社会におけるセクシュアリティについても考えておきたいと思います。

誰に性的関心を抱き、どのような欲望をもつのか。これは極めて私的で個人的な問題であり、個々人の性的指向や性的本能によるものだと考えられます。ですが、個々人のセクシュアリティもまた社会によって規範化され、固定化され、ときに「矯正」されているのです。

その最たる例がオナニー(自慰行為)をめぐる西洋近代の動向です。ベルギーの歴史家、ジャン・スタンジェとアンヌ・ファン・ネックは、オナニーに関する優れた歴史研究を発表しています。そのタイトルは『大いなる恐怖の歴史——マスターベーション』(一九八四年、邦訳『自慰——抑圧と恐怖の精神史』二〇〇一年)。自慰行為が快楽や悦楽ではなく、恐怖という感情と結びつけられている点が注目されます。

近代以前においても、オナニーは異端的な性行為として批判され、「婚姻の義務への拒否」と理解されていました。聖書の「創世記」第三八章にあるオナンの話が根拠とされます。亡くなった兄の妻をめとったものの、生まれてくる子どもが兄の名を継ぐと知ったオナンは、そうはさせまいと故意に精液を地面に流し、これを神が戒めて処刑しました。道徳神学的な議論では、オナニーは生殖に結びつかないという点が問題とされ、健康に害をもたらすという主張は稀でした。

しかし十八世紀後半以降になると、神学的な言説に代わって医学的な言説が喧《かまびす》しくなります。自慰行為が道徳規範から外れた、忌まわしく恥ずべき行為としてだけでなく、心身ともに病を引き起こし、「健全なる身体」を脅かすものとして捉えられていきます。

その引き金となったのが、オナニーに関する最初の本格的な医学的論考を発表したシモン・オーギュスト・ティソ(一七二八〜九七)でした。このスイス人医師による『オナニズム、あるいはマスターベーションによって生じる病気の身体論』(一七六〇年)は、各国の言語に翻訳され、十九世紀を通じて版を重ねました。医学書から百科事典の項目まで、その影響は二十世紀前半までみられます。

ティソの議論の特徴は、一言でいえば、オナニーの病理化です。自慰者は、はじめは軽い虚弱ですむものの、習慣化によって肉体も精神も衰退の一途をたどり、高熱により憔悴し、精神錯乱も起こしかねない。最終的には、死という悲劇が待ち受けていると述べます。

ティソの議論に多くの医学者、教育学者らが共感し、国家の未来を担う若者をこうした害悪から守るべく、オナニー反対キャンペーンが大々的に繰り広げられました。

ドイツの哲学者イマヌエル・カントは、『教育学』(一八〇三年)のなかでティソの著作を参照し、「自己自身に向けられる性欲」によって、「種の繁殖に役立たなくなること、その性欲によって体力の大部分が失われること、早老を招いて精神が非常に損なわれること」などを「思春期の少年」に教えなければならないと警告を発しています(カント『教育学』三一二頁)。

イギリスのパブリックスクールなどボーディングスクール(全寮制学校)では、寄宿生に対する厳しい監視の目が光り、寝るときは両手をブランケットから出さなければならないといった規則まで設けられ、性に目覚める若者たちの欲求を管理、抑圧しました。

十九世紀後半のフランスでは、のちに『背徳者』(一九〇二年)や『一粒の麦もし死なずば』(一九二六年)の著作で知られる文豪アンドレ・ジッド(一八六九~一九五一)少年が、「悪癖」の現場を押さえられて学校を停学になります。彼は自慰行為という罪を怖れ、自慰者に対する抑圧に苦悩した多くの青年たちの一人でした。

繰り返しますが、ティソ以降、オナニーは道徳的罪であるだけではなく、「治癒すべき病気」となりました。十九世紀の医学事典には自慰がもたらす精神的・身体的疾患のリストが並びます。病院の問診票には、「あなたは孤独な快楽に耽っていますか」という項目が必ずあったようです。医者は「患者」に防止器具の装着を勧め、その精力を抑えるために瀉血《しゃけつ》を施しました。著名な医師で人類学者でもあるピエール・ポール・ブロカ（一八二四～八〇）が報告しているように、重度のケースには、性器の切除や陰部封鎖といった手術をおこないました。

オナニーを戒め、抑圧する運動の標的はもっぱら男性でした。勃起障害や前立腺炎といった具体的な症例と結びつけて語られやすいということなのでしょうが、それは社会が求める模範的な男性像にかかわるためでもありました。オナニーという「悪癖」は、労働し、戦うための、健全で頑強な男性の身体を損な

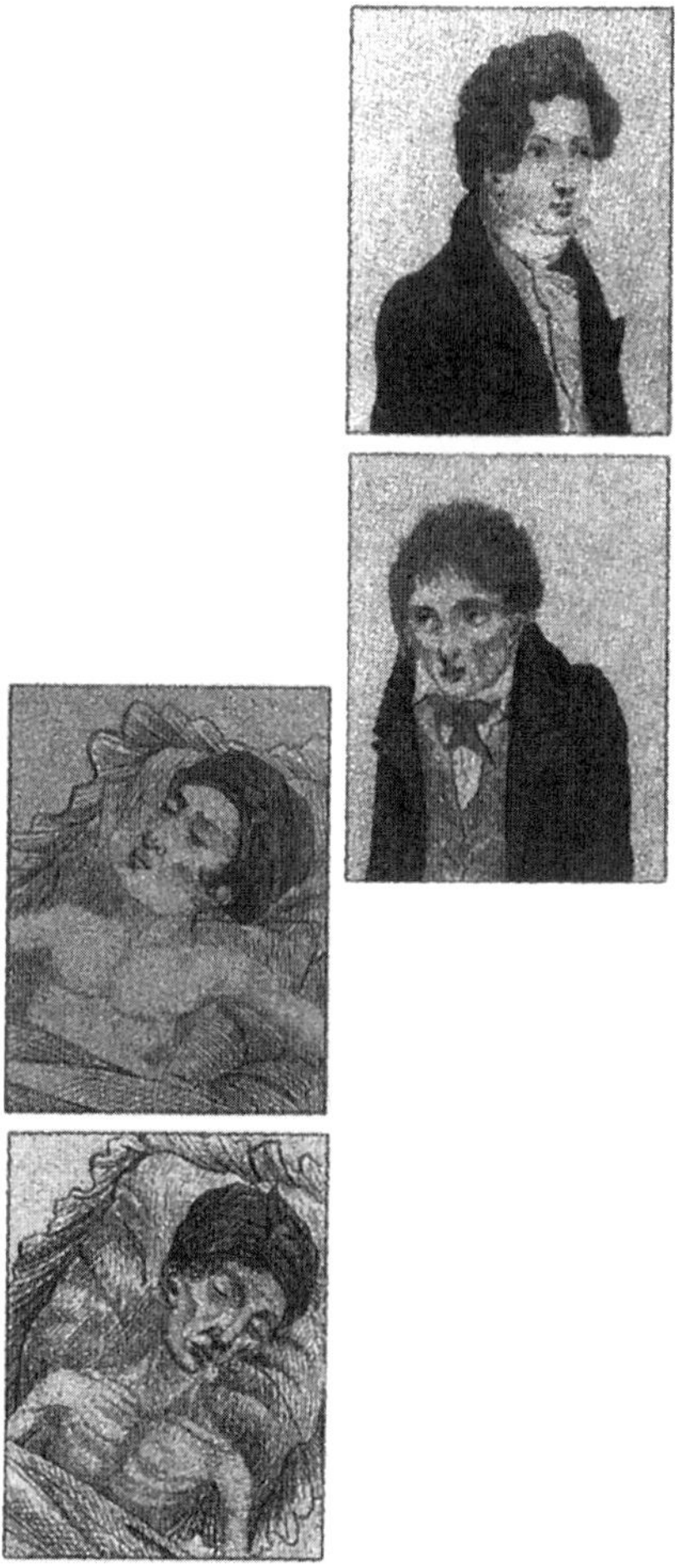

図８　健康な若者が自慰行為によって体を蝕まれ，心を病み，やがて死を迎えるというストーリーを段階的に描いたイラストからの抜粋　1844年にパリで刊行された『題名なき本』に収められ，多くの読者が目にした。

うものである。自慰者は臆病で、自分本位で、堕落した者であり、社会にとって有害だとされました。次章の「男性史」で詳しくみる同性愛者とともに、彼らは「男らしくない男」として医科学者の関心の対象となりました。

自慰行為と「男らしさ」の関連でいえば、フランスの歴史家、アラン・コルバンは、かつては男性が自慰行為をしないことは、涙を流さないことと同じように、自分の感情を制御することであり、畢竟《ひっきょう》、それは自分自身を制御する証にもなる。「快楽を管理し、性的エネルギーを規制することが、男らしさを示すこと」であったと述べています（コルバン「男らしさの要請、不安と苦悩の源」四七四頁）。

性欲のない女性像

女性のオナニーについても、議論がなかったわけではありません。ある未婚女性の「症例」はつぎのように報告されています。

自慰にふけったため、非常に醜くなり、痩せて疲れきっている。幸い、結婚により治る。（スタンジェ／ネック『自慰』一三一頁）

産婦人科医のなかには、イギリスのアイザック・ベイカー・ブラウン（一八一一～七三）のように、女性の自慰行為をヒステリーなどの神経症の原因と考え、クリトリスの切除を有効な処置と論じる者もいました。ですが、総じて女性の自慰行為の欲望は、結婚によって、すなわち夫による性生活の管理によって充足されるという見方があったようです。

貞淑を重んじる女性に、自慰行為などありえないと考えられた節もあります。そもそも女性の性欲は男性よりも薄弱とされ、「女性に性的本能はあるのか」という命題に取り組む医学者もいました。

ロンドンの医師で病理学者のハリー・キャンベル（一八六〇〜一九三八）は、五二名の男性労働者に妻の性欲について尋ねました。キャンベルがこのような問いを直接、女性に向けなかったのは、女性に性のことを尋ねるのは礼儀に反すると考えたようです。医師はジェントルマンの鑑と目され、同じジェントルマンとして、そのような質問は中流階級の男性にもしにくかったようで、キャンベルは外来で診察する下層の男性たちから情報を集めました。

キャンベル著『男性と女性の神経組織の相違』（一八九一年）に発表された結果はつぎのようなものです。

結婚する以前から妻にも性欲はあったと答えた者、一二名

妻に性欲はみられないと答えた者、四〇名

妻にも性欲はあったと答えた一二名は、全員、それが夫の性欲よりは少なかったとしています。また、妻に性欲はみられないと答えた四〇名のうち、一三名は妻の「性的感覚は皆無」と答えたそうです。この結果からキャンベルは、女性の性欲は男性の性欲に比べてはるかに薄弱であると結論づけました。

イギリス・ヴィクトリア朝における科学が女性性をいかに構築したかを問うた歴史家シンシア・イーグル・ラセットは、キャンベルのこの調査に着目し、わずか五〇名ほどの「原始的な調査」で「性欲のない女性像」が打ち出されたと指摘しています（ラセット『女性を捏造した男たち』六一頁）。

この調査結果が物語っているのは、当時の女性は性欲がなかった、ということではなく、そうした女性

像が男性たちに根づいていた、社会規範であったというものです。妻に性欲があっても自分よりは少ないという夫の認識、あるいは、それを男性医者に答える際の「男のメンツ」が伝わってきます。

女性に貞操観念を強く求める社会において、彼女たちが自らのセクシュアリティを言語化する機会は非常に限られていました。近代科学の担い手になりえなかった女性たちは、セクシュアリティについても、自らの身体についても、その「科学的」探究の発話者になることはできません。女性たちが（男性）医学者による「科学的」に提示された「性欲のない女性像」を自然のものとして受け入れ、内面化してしまうことは十分ありえました。女性が性的欲求を表現することは、たとえ夫に対しても、「恥」という感情を抱くのでした。

中流階級の女性たちのなかには、身を売る娼婦と自分は異なるのだという淑女《レディ》としての自負もありました。女性に貞操を求めた十九世紀西洋社会は、淑女の貞操を男性の欲望から守るために、娼婦の存在を公然と認めた社会でもありました。しかし、淑女にしろ、娼婦にしろ、彼女たちが自らの欲望や本能を表現することは好ましくないとされ、現実にあったとしても、彼女たちの言葉は社会規範や（男性）医学者の権威にかき消されていきました。

男性医学者の権威とエロティックなまなざし

これまでみてきたように、近代における身体を考えるには、医学者の権威が重要なカギとなります。本章を締めくくるにあたって、この点にもう一歩踏み込んでみたいと思います。

十九世紀以降の西洋社会は、医学者の発言が大きな影響力をもつようになりました。かつて社会の監視者は聖職者でしたが、近代になると医者に取って代わられたといいます。臨床医学が発達し、身体の管理や衛生への配慮、病気の予防といった意識が醸成されるのと並行して、医学の言説は、行政や立法、教育や家庭生活など、広範な領域において重要な位置を占めるようになりました。医学という名において、「労働する性」や「産む性」が奨励・管理され、医学者によって生み出される専門知は、個々人が自身の身体について独自で認識する力を削ぎ、自由に語る豊かな語彙《ごい》を奪取していきます。

医者と患者の関係は、専門知をもつ者とそうでない者、権威をもつ者とそれに従う者という権力構造を形成しました。重要なのは、この構造が近代の二元的なジェンダー構造と重なり合っていることです。すなわち、「医者＝男性(的なるもの)＝権威ある者＝主体」と、「患者＝女性(的なるもの)＝権威に従う者＝客体」という構造です。自慰者が「患者」として、医者の眼には「男らしくない男性」と映ったのもこの構造で説明できます。

図9と図10の二枚の絵画は、十九世紀の解剖学者をモチーフに一八六〇年代に描かれたものです。図9の絵のタイトルにあるルカエとは、ドイツの解剖学者J・C・G・ルカエ(一八一四〜八五)のことで、右側に立つ人物です。死体を不安げに切開する助手が、これでよいのかと彼に問いかけるものの目もくれず、解剖台に載せられた女性を見つめています。ルカエは画家ハインリヒ・ハッセルホルスト(一八二五〜一九〇四)に依頼し、解剖の様子を描かせました。美しい女性の死体を切開する助手の背後には、暗闇の中、二人の男性が見学しています。

図10の絵は、プラハに生まれ、ミュンヘンで活躍した画家ガブリエル・フォン・マックス（一八四〇～一九一五）によるものです。溺死した美しい女性の死体に光があてられ、そのかたわらに解剖学者が描かれています。上の絵と違い、彼は一人で死体のそばに座り、物憂げな表情で左手をあごに添え、右手で死体をくるんだ白い布を剝ごうとしています。

この二枚の絵画は、近代における科学の主体と客体のジェンダー構造を表象するものと解釈することが

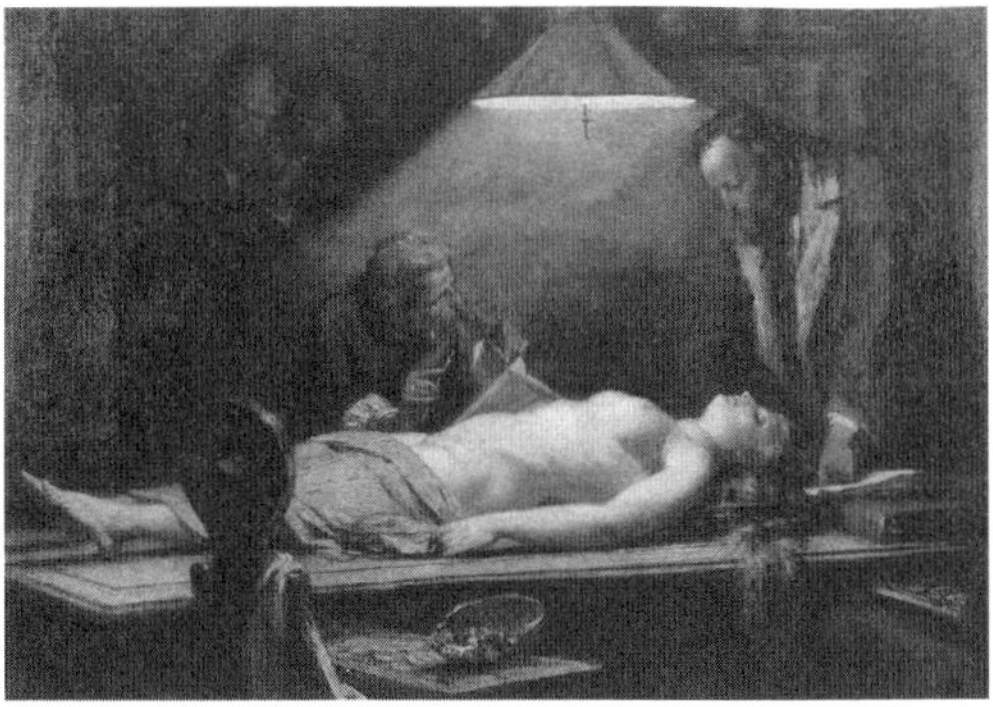

図９　ハインリヒ・ハッセルホルスト「ルカエとフランクフルトの美しい女性の解剖」（1864年）　フランクフルト歴史博物館蔵。

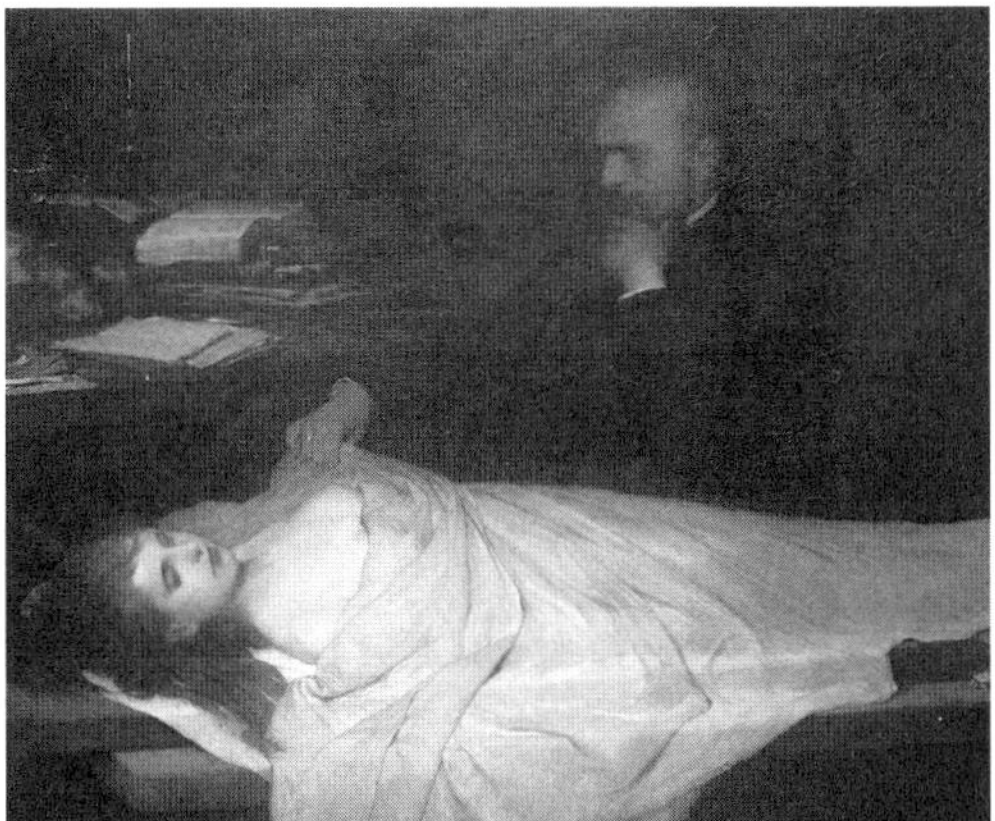

図10　ガブリエル・フォン・マックス「解剖学者」（1869年）　ノイエ・ピナコテーク蔵。

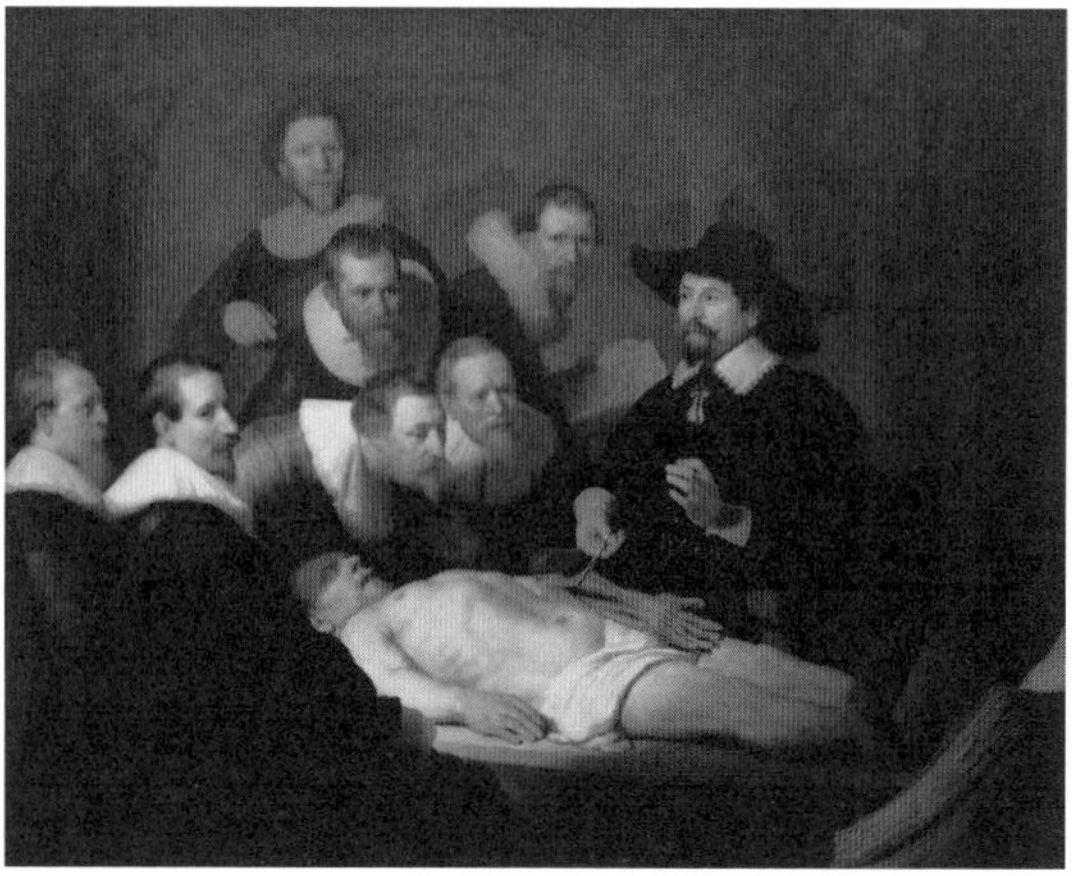

図11　レンブラント「ニコラース・テュルプ博士の解剖学講義」(1632年)
オランダ・マウリッツハイス美術館蔵。

できます。

近代以前の絵画では、多くの場合、描かれる解剖学者も、解剖される死体も、男性でした。「神の似姿」である男性の身体こそ人間の身体の典型であり、解剖学の探究にはそれを用いることがふさわしいという認識がありました。美術史家のラナイリー＝ダーヘンによると、レオナルド・ダ・ヴィンチ(一四五二〜一五一九)は三〇もの死体を解剖し、なかには女性の死体も含まれていましたが、ほとんど男性の身体としてその様子を記録したといいます。解剖学者たちが入手できた死体の多くが男性死刑囚のものであったという事情もありますが、これは前述したワンセックス・モデルの考え方とも通底していたと考えられます。完全な(男性の)身体がもっぱら絵画のモチーフになったわけです。

レンブラント(一六〇六〜六九)による「ニコラース・テュルプ博士の解剖学講義」では、男性の解剖学者(または解剖学講義を聞く者たち)が男性の死体を注視しています。十八世紀前半のイギリスで、外科学を床屋業から切り離し、医学における外科学分野の確立に貢献したウィリアム・チェゼルデン（一六八八～一七五二）の解剖学講義の様子も、登場人物は男性のみです。

女性の死体を描くことに対して、ハッセルホルストやマックスのような十九世紀後半の画家たちの態度は明らかに違いました。

ヨーロッパ精神史における性の表象を論じたアメリカの歴史家、サンダー・L・ギルマンは、十九世紀後半の医学をモチーフとする絵画で好まれたイメージの一つとして、「年老いた病理学者が死んだ娼婦を切開するまえに、その美しい死体を熟視する……不釣合いなカップル」があったと述べています。女性の

図12　チャールズ・フィリップス（1708-47）「理髪師兼外科医６名の見学者に解剖を披露するウィリアム・チェゼルデン」（1730/40年）

死体は死刑囚ではなく、娼婦であったというのも「十九世紀的」です。ギルマンの解釈では、医者は娼婦の身体を切開することで、社会の「異常性の源」を見出し、調べたとされます。「異常性」とは、ここでは貞操を守るべき「美しい性」が身を落とすことをさしています。社会における性モラルの堕落を「解剖」し、その原因を突き詰めること、それも「社会によって医者に割当てられた役割」でした(ギルマン『〈性〉の表象』三五八～三五九頁)。

他方、近代医学における「ジェンダー図像学」に着目したイギリスの歴史家、ルドミラ・ジョーダノヴァは、ハッセルホルストの絵画をつぎのように読み解きます。

男は乳房に近い皮膚を、まるで繊細で高雅な薄い服地であるかのように持ち上げている。この死体は本当に科学的に服を脱がされている真っ最中なのだ。肉体の各部位は、調査と分析のために展示されていく。(ジョーダノヴァ『セクシュアル・ヴィジョン』一四九頁)

西洋近代の医科学は自然を女として擬人化し、その真実を探究するために知のヴェールを剝ぐという図像にこだわったとジョーダノヴァは論じます。マックスの絵画「解剖学者」でも、「薄い服地であるかのよう」な皮膚と死体をくるんだ白い布は、知のヴェールにほかなりません。

ジョーダノヴァは、「女のヴェール」ということに意味があり、男のヴェールを剝ぐという考え方はありえないといいます。

女のヴェールを剝ぐことは、所有権や展示《ディスプレイ》・誇示の空想と緊密に結び付いた男性的欲望を満足させるからこそ、受け入れられている考え方なのである。(同、一四六頁)

科学の発展という大義のもと、医者のまなざしには探究すべき対象にかこつけてエロティシズムが含意されていると考えられます。こうしたエロティックなまなざしは、「科学的なまなざし」と読み替えられ、正当化されていきました。

西洋近代における身体観とは、男女の絶対的性差を前提とするツーセックス・モデルに基づいて構築されただけではありません。そうした身体観が、異性愛主義を規範とするなかで、エロスとともに医者や解剖学者という名の男性たちによって「科学的根拠」を与えられ、社会的に大きな影響力をもったということにも留意しなければなりません。

科学の主体と客体の関係、「診る／見る者」と「診られる／見られる者」の関係には、現代もなおジェンダー的なニュアンスを感じ取ることができます。

参考文献

アリストテレス（金子善彦ほか訳）『動物誌（上）（下）』（アリストテレス全集8・9）岩波書店、二〇一五

有賀郁敏ほか『近代ヨーロッパの探求⑧スポーツ』ミネルヴァ書房、二〇〇二

ヴィガレロ、ジョルジュ（小黒昌文訳）「スポーツの男らしさ」アラン・コルバンほか監修（岑村傑監訳）『男らしさの歴史Ⅲ　男らしさの危機？――20‐21世紀』藤原書店、二〇一七

ヴェサリウス、アンドレアス編（島崎三郎訳）『ファブリカ』全二巻、うぶすな書院、二〇〇七

荻野美穂『ジェンダー化される身体』勁草書房、二〇〇二

カント、イマヌエル（加藤泰史訳）『教育学』（『カント全集17』）岩波書店、二〇〇一

北川東子「ドゥーデンの身体史と現代批判」『環』七号、二〇〇一、五七～六一頁

ギルマン、サンダー・L（大瀧啓裕訳）『〈性〉の表象』青土社、一九九七
グライユ、パトリック（吉田春美訳）『両性具有――ヨーロッパ文化のなかの「あいまいな存在」の歴史』原書房、二〇〇三
小石原美保「一九世紀末から二〇世紀初頭のフランスにおける女性とスポーツ」『スポーツとジェンダー研究』一四巻、二〇一六、七〇～八二頁
コルバン、アラン（尾河直哉訳）『快楽の歴史』藤原書店、二〇一一
コルバン、アラン（小倉孝誠訳）「男らしさの要請、不安と苦悩の源」アラン・コルバンほか監修（小倉孝誠監訳）『男らしさの歴史Ⅱ　男らしさの勝利――19世紀』藤原書店、二〇一七
コルバン、アラン／クルティーヌ、J‐J／ヴィガレロ、ジョルジュ監修（鷲見洋一監訳）『身体の歴史』全三巻、藤原書店、二〇一〇
『ジェンダー史叢書』第一巻～第八巻、明石書店、二〇〇九～二〇一一
シービンガー、ロンダ（小川眞里子・藤岡伸子・家田貴子訳）『科学史から消された女性たち――アカデミー下の知と創造性』工作舎、一九九二
シービンガー、ロンダ（小川眞里子・財部香枝訳）『女性を弄ぶ博物学――リンネはなぜ乳房にこだわったのか』工作舎、一九九六
ショーター、エドワード（池上千寿子・太田英樹訳）『女の体の歴史』勁草書房、一九九二
ジョーダノヴァ、ルドミラ（宇沢美子訳）『セクシュアル・ヴィジョン――近代医科学におけるジェンダー図像学』白水社、二〇〇一
スタンジェ、ジャン／ネック、アンヌ・ファン（稲松三千野訳）『自慰――抑圧と恐怖の精神史』原書房、二〇〇一
スピアート、パルド（石原力訳）『図説産婦人科学の歴史』エンタプライズ、一九八二
ディドロ（新村猛訳）『ダランベールの夢　他四篇』（岩波文庫）岩波書店、一九五八
ドゥーデン、バーバラ（井上茂子訳）『女の皮膚の下――十八世紀のある医師とその患者たち』藤原書店、一九九四
服藤早苗・三成美保編『ジェンダー史叢書1　権力と身体』明石書店、二〇一一

バトラー、ジュディス（竹村和子訳）『ジェンダー・トラブル――フェミニズムとアイデンティティの攪乱（新装版）』青土社、二〇一八
パレ、アンブロワーズ（黒川正剛訳）『怪物と驚異について』池上俊一監修『原典ルネサンス自然学』名古屋大学出版会、二〇一七に所収
ハント、リン（松浦義弘訳）『人権を創造する』岩波書店、二〇一一
フランドラン、ジャン＝ルイ（宮原信訳）『性の歴史』藤原書店、一九九二
ペレーズ、スタニス（片木智年訳）「ルイ十四世もしくは絶対的男らしさ？」アラン・コルバンほか監修（鷲見洋一監訳）『男らしさの歴史Ⅰ　男らしさの創出――古代から啓蒙時代まで』藤原書店、二〇一六
マシューズ＝グリーコ、サラ・F（鷲見洋一訳）「アンシアン・レジーム期ヨーロッパにおける身体と性行動」アラン・コルバンほか監修（鷲見洋一監訳）『身体の歴史Ⅰ　16-18世紀　ルネサンスから啓蒙時代まで』藤原書店、二〇一〇
モッセ、ジョージ・L（佐藤卓己・佐藤八寿子訳）『ナショナリズムとセクシュアリティ――市民道徳とナチズム』柏書房、一九九六
モンテーニュ（宮下志朗訳）『エセー1』白水社、二〇〇五
ラカー、トマス（高井宏子・細谷等訳）『セックスの発明――性差の観念史と解剖学のアポリア』工作舎、一九九八
ラセット、シンシア・イーグル（上野直子訳）『女性を捏造した男たち――ヴィクトリア時代の性差の科学』工作舎、一九九四
ラナイリー＝ダーヘン、ナダイェ（篠原洋治訳）「絵画の証言」アラン・コルバンほか監修（鷲見洋一監訳）『男らしさの歴史』Ⅰ、藤原書店、二〇一六
ランケ＝ハイネマン、ウタ（高木昌史・高木万里子・松島富美代訳）『カトリック教会と性の歴史』三交社、一九九六
Laqueur, Thomas W., The Rise of Sex in the Eighteenth Century: Historical Context and Historiographical Implications, in: *Signs: Journal of Women in Culture & Society*, Summer 2012, Vol. 37, Issue 4, pp. 802-813.

第五章　男はみな強いのか——男性史

「男らしさ」の可変性

さて、いよいよ男性史の領域に入ります。

男性史は、歴史における女性の可視化を追求した女性史、ジェンダーの視点の重要性を提示したジェンダー史研究の延長上に誕生しました。「男らしさ」もまた、「女らしさ」と同様に社会、文化、時代によって多様につくられています。

例えば、「男のくせに泣くな」といったフレーズは、泣く行為が男らしくないという規範の表れですが、それが常にあったわけではありません。中世のキリスト教社会では、聖職者の涙は否定的な評価を受けていませんでした。「改悛の涙」を流せば流すほど、信仰心の厚い立派な聖職者とみなされました。『涙の歴史』（一九八六年、邦訳一九九四年）を書いたフランスのアンヌ・ヴァンサン＝ビュフォーは、十八世紀における小説の読み手や劇場の観客は、男女を問わず公然と涙を流し、それが称揚されていたと述べています。当時の文学作品や個人の書簡、日記には、人前で涙を見せることをはばからない男性像が認められます。ですが十九世紀になると、涙は私的な領域へと追いやられ、もっぱら女・子どものものになったといいます。涙をこらえることは、精液を制御することと同様、「近代の男らしさ」の証であった――アラン・コルバンの指摘は、前章でも紹介しました。

男性の「装い」についてもまた、時代によって変わってきました。鮮やかな色を身に着け、指輪やネックレスなどの装飾品をちりばめ、きらびやかに着飾ることが「女性的」とする価値観は普遍的なものではありません。

近世の宮廷社会において、毛皮にレース、黄金の刺繡などを施した服装を身につけることは、権力や富の顕示に直結していました。イングランド王ヘンリ八世（在位一五〇九～四七）やフランス王ルイ十四世（在

図1　ハンス・ホルバイン「ヘンリ8世」(1537年)　贅沢な衣装を身にまとう一方で，仁王立ちのポーズと股間に蝶結びされたコッドピース(股袋)が王の男性性を顕示している。コッドピースは16世紀の上流男性モードにみられるもので，詰め物やリボン，レースなどが施されることもあり，ペニスを誇張するものといわれている。ロンドン・ナショナル・ポートレート・ギャラリー蔵。

位一六四三～一七一五）のよく知られている肖像画をご覧ください（図1・図2）。絶対君主の華麗な衣装やタイツをはいて足をあらわにするモードは、十九世紀以降の君主が理想とするモードとは異なります。前近代社会において、王の偉大な権力や威厳は、臣民の前で贅をつくした儀式や祭典といった目に見える形で示されました（ドイツの社会学者ユルゲン・ハーバーマスは、前近代の公共性として、これを「代表的具現」と呼びました）。王のモードは、「男らしさ」というよりも、「宮廷人らしさ」というほうが適当かもしれません。身分制が社会の秩序原理として大きく働いた時代には、性別よりも身分の帰属性を示すことが求められました。

泣く行為や服飾を例にとりましたが、男性史研究は、このように「男らしさ」や「男であること」が歴

図2　イアサント・リゴー「ルイ14世の肖像」（1701年）　還暦を越え，年相応の皺が刻まれた王の顔は，長い黒髪のかつらや青年のように引き締まった足などとバランスを欠いているようにみえる。後述するカストラートの声のように，ここには男性の身体における「人工美」が観察される。ルイ14世の男らしさを考察したスタニス・ペレーズは，「古典主義絵画では足を見せるのはみだらさではなく，力のサイン」と述べ，「君主が臣下を魅惑しようとする務め」としつつも，この肖像画を「歯の抜けた老いた役者が，締まった腿の若い宮廷人に扮した姿だ」と酷評している（ペレーズ「ルイ十四世もしくは絶対的男らしさ？」405-407頁）。ルーヴル美術館蔵。

史的な変数であることを前提に、その構築性を明らかにしようとするものです。

アメリカから始まったメンズ・リブ

女性史と女性学の関係同様、男性史も男性解放運動に端を発し、「男性学men's studies」とともに歩んできました。アメリカ合衆国のメンズ・リブの団体「フリー・メン（自由な男たち）」の代表であるフランシス・バウムリが編集した『正しいオトコのやり方』（一九八五年、邦訳一九九一年）にはつぎのような印象的なフレーズがあります（日本における男性学のパイオニア、伊藤公雄が『〈男らしさ〉のゆくえ』〈一九九三年〉のなかでも引用しています）。

私は性のステレオタイプを排除するという理由で、フェミニズムがあらゆるものの中で最もひどいステレオタイプを強化してきたことに怒っている。略奪者としての男、野蛮で、腕力をふるい、いやしく、感受性がなく、搾取的で、信頼できず、抑制できず、獣欲的な行動に駆られる男。それに対して、犠牲者としての女、高潔で、純粋で、他人思いで、無私で、愛情あふれ、信用でき、感じやすく、苦悩にみち、疲れていて、ひどくいじめられている、男の目的のために何度もつかいまくられる女。

（バウムリ編『正しいオトコのやり方』一八〇〜一八一頁）

フェミニストは女性のステレオタイプの押しつけに対して闘ってきましたが、そうしたフェミニスト自身が、男性に対してステレオタイプをつくりあげているのではないか。そのような疑問が呈せられました。

たしかに女性学や女性史研究は、男性を「女性の抑圧者」「家父長制の受益者」として一面的に捉えてきた節があります。いや、むしろそうしなければ、運動として闘えなかったのでしょう。男性も多様でいろいろな人がいるといってしまえばそれまでで、フェミニストの多くは、その多様性に目をこらすことなく、男性支配社会の構造を問題視したのでした。

女性解放運動が成熟し、女性学や女性史が確立する一方で、男の「性」もまた一つではない、「男であること」や「男らしさ」というのは非歴史的《ア・ヒストリカル》なものではなく、社会、文化、歴史的に構築されるもので、複数で多様な男性性があるのだ、という認識がなされるようになりました。

一九七〇年代からアメリカを起点に始まったメンズ・リブがそうした認識を涵養《かんよう》しました。離婚して子の親権を争う場合、父親の大半は裁判で負けてしまうのはなぜか。女性に徴兵の義務がなく、男性だけがなぜ戦争へ行かされるのか。同性愛行為が犯罪とされ、男性同性愛者が「男らしくない」とされるのはなぜか。NOW（全米女性連盟）の創立にかかわった男性メンバーの一人であるワレン・ファレルは、女性差別を解消するだけでは不十分で、「男性差別」があることを直視し、これに対する方策をとらないと真の幸福はありえないと述べています（ファレル『男性権力の神話』一九九三年、邦訳二〇一四年）。

こうした、いわば「男はつらいよ」という捉え方は、男性ゆえに受けている差別の撤廃をめざす「マスキュリズム masculism」という言葉で表現されることがあります。マスキュリズムには、大きく分ければ、反フェミニズム的なものと親フェミニズム的なものがあります。フェミニズムが社会を揺るがし、国やEU、国際機関のレベルで女性支援政策が打ち出されると、その反動として、反フェミニズムを掲げ、男性復権を唱える「男性運動」も展開されています。

他方、フェミニズムが激しく批判してきた男性の権力や暴力、性暴力、支配欲、所有欲を男性の立場から直視し、これらを脱構築していく「男性運動」も活発となります。例えば、アメリカのジョン・ストルテンバーグは、『男であることを拒否する』(一九八九年、邦訳二〇〇二年)という著書のなかで、女性をモノ化する男性の視線を捉え、ポルノやドメスティック・バイオレンスにあらわれる男性の(性)暴力の欲望について論じ、男性の新たな性的アイデンティティを構築することこそ男性運動の目的だとしました。

男性たちのあいだにある力関係

「男はつらい」、でも「男は強い」。「男であること」の嘆きに対して、フェミニストたちは家父長制という大きな枠組みが社会に厳然とあることは否定できないと指摘します。

とはいえ、男性の権力や(性)暴力は、女性だけに向けられるわけではありません。男性たちのなかにも、社会的、政治的、経済的、文化的、さらには身体的に弱い立場にある男性がおり、男としての特権にあずかるより、もっぱら男としての犠牲を強いられる者もいます。

オーストラリアの社会学者ロバート(レイウィン)・W・コンネルは、こうした男性たちのあいだにおける権力構造に着目しました。あらゆる男性性が社会的に等しく強者としての立場にあるのではなく、そこには「覇権的《ヘゲモニック》な男らしさ」と「従属的な男らしさ」という序列がみられると論じます。「覇権的な男らしさ」はつねに女性との関係だけでなく、従属化されたさまざまな男らしさとの関係の中で構築される。さまざまな男らしさの間の関係は、家父長制的な社会秩序を作働させるためにな

くてはならない要素なのである。（コンネル『ジェンダーと権力』二六五頁、一部訳文改変）
「覇権的な男らしさ」とは、ある文化、社会において、大多数の男性と女性が支持するよう動機づけられる「男らしさ」のことを意味します。コンネルは、アントニオ・グラムシのヘゲモニー論にヒントを得て「覇権」という概念を用いました。それは人びとを強制したり、恐怖によって支配するのではなく、受動的であれ、能動的であれ、人びとの合意によって支配するという意味です。「男らしさ」は強制されるものではなく、人びとは合意のうえで絡み取られ、あるいは積極的に支持するのが「覇権的な男らしさ」というわけです。

他方、「従属的な男らしさ」とは、「覇権的な男らしさ」の下位に位置づけられ、「男らしさ」の規範を体現しえないとされる男性性を意味します。コンネルは一九八〇年代末の時点で、現代の「覇権的な男らしさ」の特徴は、「結婚制度と密接に結びつく異性愛に求められる」とし、「この点で、従属的な男らしさがとる一つの主要形態に、同性愛が挙げられる」と述べています（同、二六九頁）。

コンネルの理論を十九世紀のヨーロッパ社会に応用してみると、「きちんとした教育」を受け、リスペクタブルな職に就き、健全な肉体をもち、妻をめとって一家を養う男性が「覇権的な男らしさ」を体現することになります。これに対し、「従属的な男らしさ」とは、同性愛者はもとより、「教養と業績」がない者、定職に就いていない者、キリスト教社会におけるユダヤ教徒や、シンティ・ロマなどの非定住者や移民の男性性があげられるでしょうか。すべての男性が、男だからといって兄弟《ブラザーフット》の連帯のなかにあり、兄弟愛《フラタニティ》で結びついているわけではありません。

「男らしさ」は多様で複数あるだけではない。男性の女性に対する権力関係だけでなく、男性たちのあいだにある序列や権力構造をみることが男のジェンダー分析には必要となります。

コンネルの理論と並んで、男性ジェンダーの分析に参考となるのは、ジョージ・L・モッセの議論です。モッセはナチズム研究やナショナリズム研究で知られる歴史家で、近代における市民道徳とセクシュアリティを軸に男性史研究も手がけました。彼は、十八世紀末頃から形成される「近代の男らしさ」は、そこからの逸脱者を意識し、彼らと線引きすることで、「自らのイメージを再確認し強化」したとして、その「カウンタータイプ(対抗的他者)」の存在に注意を払います。例えば、「ドイツの男らしさ」という「規範的《ノーマティヴ》な男性性」は、フランス人やユダヤ教徒、同性愛者や「女らしくない女性」といった対抗的他者の「男性性」と対照をなすものとして際立ちました。

モッセの「規範的な男性性」という概念は、コンネルのいう「覇権的な男性性」と通底するものがあります。ただし、モッセは、「規範的な男性性」が安定した確固たるものではなく、「カウンタータイプ」によって常に揺るがされる点を捉えます。ユダヤ教徒が改宗によってキリスト教社会に同化し、社会上昇するようになると、あるいは女性解放運動によって男性の活動領域に女性が侵入し「女らしくない女」が顕在するようになると、「規範的な男性性」は動揺し、「カウンタータイプ」との差異を鮮明にすることに躍起になり、排他的な力を強めるのです。

男性史の成立

モッセの研究を紹介したところで、話題は男性学から「男性史 men's history, history of masculinities」へと移っていきます。

アダムの肋骨からイヴが生まれたとは聖書の記述ですが、男性史の成立においては、イヴからアダムが生まれたと比喩されます。女性史研究が比較的長い歴史をもち、在野の女性史家による研究も含めて蓄積されてきたのに対し、男性史研究は二十世紀末に産声をあげました。

一九九六年に『男の歴史』(邦訳一九九七年)を編集・発表したドイツの男性史家トーマス・キューネは、男性史の来歴をつぎのように述べています。

男性史は、女性史に対抗するものとして登場するものではない。むしろ、その不可欠な補完物として——そしてその逆のこともいえるのだが——登場するのである。文化的構造としてジェンダーを理解するためには、常に男性と女性、男らしさと女らしさ、と一対で見ていくことが必要である。(キューネ編『男の歴史』一一頁)

この文章自体は、近代の性別二元論を前提としており、性の多様性という視点がなおざりにされているという印象も受けますが、重要なのは、男性史が存在するのは女性史に対抗するためではないということです。男性史研究とは、マスキュリニティ(男らしさ)やマンリネス(男であること)が歴史的に構築されてきたことを考察するものであり、反フェミニズムを主張するための歴史研究ではありません。

またそれは、かつてフェミニストたちが従来の歴史を「男の歴史 his story」と糾弾した際の「男性史」

とも意味が異なります。

歴史において男性が「一般」「普通」「人間」と表現され、女性の存在が暗黙のうちに排除されてきたことを、女性史研究は指摘しました。男性史研究は、まさにこの「普通」「一般」「人間」という諸概念に男性ジェンダーの観点から挑むものです。

男性論の共同研究をまとめた西川祐子と荻野美穂の言葉を借りると、男性史は「「男」を「人間」一般のなかに埋没させるのではなく、意識的に研究対象として析出していく」（西川・荻野編『共同研究　男性論』四頁）歴史研究であると定義できます。

この点において、男性史研究は女性史研究とは異なる難しさをもっています。男性性は普遍的なこと、一般的なことの語りに埋もれており、男性性そのものが客体化・対象化されていない。男性が支配的な言説を生み出す主体であるがゆえの捉えにくさというものがあります。ですが、こうした難しさに立ち向かうことで、男性性を無意識という深層に閉じ込めてきた「一般の歴史」や「天下国家の歴史」は、新たな姿をみせることになります。

本書で何度も繰り返してきましたが、近代の歴史学が、十九世紀、ジェンダー秩序を重んじた時代に生まれたものであったことを想起しなければなりません。政治や外交、戦争、経済を主要テーマとする歴史学は、歴史の主役をこうした領域で活躍する人間＝男性としました。「市民」や「国民」が男性を前提としていることに、議論の余地さえもちませんでした。

また、近代の歴史学は、政治家や軍人、革命家といった公的領域で活躍する者に着目するものの、家庭という私的領域における父親や夫という立場には無関心でした。「市民」や「国民」のセクシュアリティなど問うに及ばず、異性愛主義を前提とし、同性愛者には非難か無視を決め込む姿勢をとりました。

こうした反省から、今日おこなわれている男性史研究は、(1)「市民」や「ネイション(国民/国家)」についての男性ジェンダー視点からの再考、(2)私的領域における男性性への着目、(3)同性愛を中心とする男性のセクシュアリティの考察という三つのテーマ群を中心として展開されていると概観することができます。

男性史研究の盛上り

男性史研究は一九七〇年代に胎動を始めます。男性学誕生の地、アメリカでは、一九七九年にピーター・N・スターンズの『男であれ! 近代社会の男たち』が刊行され、西洋近代という大きな枠組みで「男らしさ manhood」の分析が試みられました。それまで学術的な関心をもたれなかった「男らしさ」をテーマとする歴史研究の登場に、「歴史学の空白」を埋める研究だと評価される一方、歴史家たちのあいだには戸惑いもみられたといいます。

ヨーロッパ諸国においても、男性史研究に先鞭をつけた研究が一九七〇年代に確認できます。『セクシュアリティ』(一九八六年、邦訳一九九六年)の著者として知られているジェフリー・ウィークスは、一九七七年の『カミング・アウト』で十九世紀から現代までのイギリスのホモセクシュアリティをめぐる政治について考察しました。ウィークスは社会学者ですが、セクシュアリティを歴史的構築物とし、イギリス近代をその観点から問い直す考察は、男性史研究にも影響を及ぼしました。

ドイツにおいては、クラウス・テーヴェライトが男性史研究の草分け的存在です。一九七七、七八年に発表された『男たちの妄想』(邦訳1・一九九九年、2・二〇〇四年)は、家族関係や男女の関係のなかに「ファシズムを生む温床」を捉えた大作です。「妄想 Phantasien」に着目する精神分析的な手法をはじめ、その独自な考察は英語にも訳され、今日まで広く読まれています。

一九八〇年代には、男性史研究が少しずつ醸成されていきます。

当時、女性史研究が全盛期を迎えましたが、そのなかには、男性のジェンダー構築に関心を寄せたものもわずかながらありました。本書で何度も紹介しているイギリスのレオノア・ダヴィドフとキャサリン・ホールは、十九世紀イギリスの中流階級の家族を論じるにあたって、近代における自律的な個人とされる男性たちの実像に迫っています。


公人としての男性は、妻や娘や姉妹や女中によってつねに世話をされ、奉仕を受ける存在だった。……一見すると自律的な個人は、ほとんどつねに家族や親類に取り囲まれており、彼らのおかげで個人としての活動をすることができたのである。(ダヴィドフ/ホール『家族の命運』一六頁)

一九九〇年代に入ると、男性性の構築に関心をもつ男性研究者も増え、男性ジェンダーの分析に焦点を絞った歴史研究が堰を切ったかのようにあらわれるようになります。

二十世紀を締めくくる二〇〇〇年には、ノルウェーのオスロで開催された第一九回国際歴史家会議で、はじめて男性史のセクションが設けられました。「実践と表象としての男性性」という共通テーマは、漠然としていて、つかみどころのない印象を与えましたが、アメリカ、オランダ、ドイツ、オーストラリア、南アフリカ、イギリスの歴史家たちが、政治史や軍事史における「男らしさ」を考察し、男性史研究の意義を顕示しました。

二十一世紀に入ると、もはや男性史ブームという様相を呈しました。ジェンダー概念の定着が遅かったフランスでも、二〇一〇年代には男性史研究の包括的な論文集が出されました。『男らしさの歴史』(アラン・コルバン／ジャン＝ジャック・クルティーヌ／ジョルジュ・ヴィガレロ監修、全三巻、二〇一一年、邦訳二〇一六〜一七年)は、古代から二十一世紀までの男性史研究の集大成です。

フランス語には、「男らしさ masculinité」という語がありますが、ここで用いられているのは「男らしさ virilité」という概念です。その語源はローマ時代の vililitas という語にあり、男性の価値をあらわすのにフランスではこの概念が使われてきました。

興味深いのは、この語が第一に「精力的な夫」を意味しているということです。

精力的な夫とは体が頑強で生殖能力が高いというだけでなく、同時に冷静で、たくましくてかつ慎み深く、勇敢でかつ節度ある夫という意味である。(コルバンほか監修『男らしさの歴史』I、三頁)

フランス語の「男らしさ」には、「夫」であること、すなわち既婚者であることが求められるとともに、セクシュアリティの要素が強いように感じられます。実際、『男らしさの歴史』全三巻に目をとおすと、セクシュアリティ研究の蓄積が豊かなアナール学派の影響もあり、男性のセクシュアリティ分析が多様なテーマのなかでおこなわれています。また、「労働も戦闘も行わない第一身分」である僧侶の「男らしさ」

が、近世社会のみならず、近代以降の考察の対象となっていることは、カトリック圏の男性史研究ならではといえます。

西洋近代の「男らしさ」を相対化するために

つぎに、「男であること」や「男らしさ」が多様であり、歴史的変数であることを確認するために、具体的なテーマから男性性の変遷を追ってみようと思います。

カストラート(男性去勢歌手)というユニークな存在に着目します。カストラートは、十六世紀から十八世紀に全盛を迎え喝采の対象であったものの、十九世紀には非難と嫌悪の対象となり、衰退の一途をたどりました。

幼い頃に生殖機能を奪われた男性が活躍した社会とはいかなるものだったのでしょうか。彼らの活躍を許した価値観とはどのようなものだったのでしょうか。そして、どのようにして彼らの存在が、「近代的な男らしさ」というイデオロギーによって否定されていったのでしょうか(弓削尚子「君主が求めた去勢者の歌声」)。

カストラートあるいは前近代の権力者とジェンダー

人体への去勢行為は、古代から、犯罪者への懲罰として、あるいは戦争における征服の証としておこなわれていました。音楽芸術のための去勢行為は、東方正教会にその端緒をみることができます。ビザンツ帝国の首都コンスタンティノープルでは、多くの去勢歌手が教会で歌っていました。去勢歌手の文化は、その後、東方世界との貿易で栄えたイタリアの都市で再生され、宗教改革後、とくに一六〇〇年以降、ローマ教皇の聖歌隊はすべてカストラートが占めるようになりました。カストラートの養成も、ナポリの音楽院を主としてほとんどイタリアでおこなわれていました。

カトリック教会が男性の歌い手にこだわるのは、教会における女性の沈黙を説くパウロ書簡を根拠に、歴代の教皇が女性歌手を禁じてきたためでした(新約聖書「コリント前書」第一四章三四)。教皇シクストゥス五世(在位一五八五～九〇)は、教会だけでなくローマや教皇領の劇場で女性歌手と女優の活動を禁じました。神に仕える「天使の歌声」は男性によって担われなければならないのです。

図3　1750年頃，スペイン宮廷に仕えるファリネッリ(カルロ・ブロスキ〈1705-82〉)

ローマで手厚く庇護されていた去勢者たちの歌声は、カトリック教会の域を超えて、十七〜十八世紀には宮廷社会の音楽文化に浸透していきました。ロンドン、ウィーン、ミュンヘン、ドレスデン、ベルリン、マドリード、サンクト・ペテルブルクなど、ヨーロッパ各地の宮廷がカストラートを招聘しました。ヨーロッパ各地の君主たちがカストラートの歌声に魅了された理由は、広い声域と、トリルなど超絶技巧の歌唱力もさることながら、君主のもつ経済的、文化的、政治的な絶対権力の誇示にありました。

彼らの戴冠式では、カストラートが発する「天使の声」が儀式の厳粛かつ神々しい雰囲気をいっそう高めました。何日も続く婚姻の祝宴では、カストラートたちが美声を競う歌比べが華を添えます。少年の身体を傷つけることは、世俗法に抵触しかねませんが、君主たちはその去勢手術に対して「暗黙の了解」を与え、「神の与えたもうた人体」の改造を、王権の絶対性と結びつけました。カストラートの起用は、君主が神授された王権を証明するための政治的な演出でもありました。

翻って、ローマ・カトリック教会によるカストラートの採用もまた、権力の演出と密接につながっていました。ヴァティカン宮殿にあるシスティーナ礼拝堂の聖歌隊をカストラートが占めるようになったのは、反宗教改革の勃興期にあたります。一五五五年のアウクスブルクの和議によってプロテスタントが正式に認められると、ローマ・カトリックの権威はそれまでになく失墜しました。カトリック教会は権威回復に向けて大々的な改革をおこない、司祭の資質向上や、ミサや儀式の見直しなどを図りました。前述のシクストゥス五世は反宗教改革の旗手であり、サン・ピエトロ大聖堂やヴァティカンの教皇宮殿を改築し、壮大豪華なローマ・カトリックの威光を取り戻そうとしました。カストラートの寵愛も、教皇による権力の

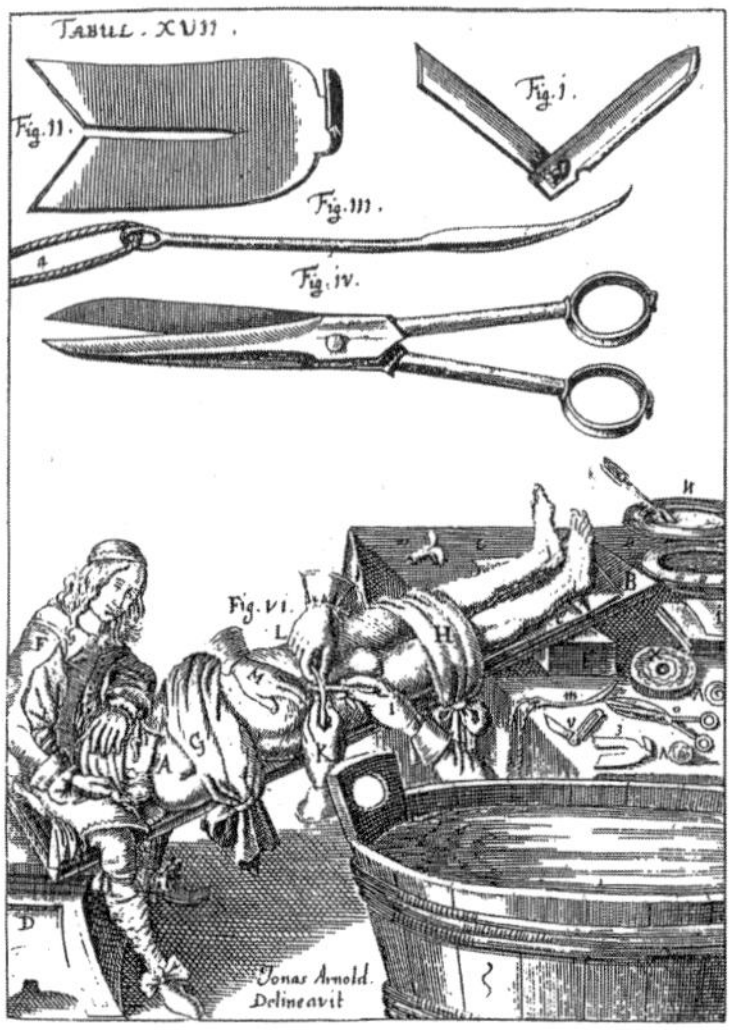

図４　17世紀後半の解剖学書に図解された去勢手術

巻返しという文脈に位置づけられます。プロテスタントには手の届かない「天使の声」を、ローマ教皇の権力はわが物とすることができる。天使とは、字義通り、神が人間界へとつかわせた使者です。カストラートの歌声が響く礼拝堂は、神により近い空間を彷彿させました。

去勢手術は秘密裏におこなわれたため、正確な数字はわかっていませんが、当時の男性オペラ歌手の七割をカストラートが占めていたという概算があります。去勢されたものの、歌手として成功しなかった者はこれに含まれていません。カストラートをめざした者のなかには、今日でいうところのインターセクシュアルもいたかもしれません。

カトリックの聖職者同様、カストラートは表向きは生涯独身を貫くとされました。キリスト教の教義においては、神が認める婚姻の第一義は生殖とされ、ローマ教皇は、去勢手術によって生殖能力を失ったカストラートの結婚を許しませんでした。しかし、彼らはペニスを失ったわけではなく、ア・セクシュアル（無・性的）でもなかったようです。宮廷社会では貴族女性たちの人気を集め、浮名を流すカストラートもおり、女性との婚姻を認めてほしいと教会に陳情したカストラートもいます。近代的な性別二元論からみると、彼らの男性性はこれに収まらない、すっきりしないものでした。

モーツァルトを魅了した「神の声」の衰退

オペラの舞台から彼らの姿が消えてしまうのは、十八世紀末から十九世紀初頭、近代のジェンダー秩序社会が形成されつつある時期でした。カストラートの声は、神性ではなく、権力者の専制性の表れにすぎないのではないか。あたかも当局の権威を刻み込むように、犯罪者の身体が傷つけられたり切断されたりしたように、美声をもった少年の身体もメスを受けざるをえないのではないか。何人たりとも人間としての権利をもち、その身体は不可侵である――自然権に基づくこのような思想がカストラートという制度を批判し、君主の権力の神性もフランス革命の嵐によってはぎとられていきました。

一七九九年にフランス革命軍がナポリを占領すると、多くのカストラートを世に出した音楽院は去勢した少年の入学を拒否するようになりました。ナポレオンは、人間の生まれながらの身体を性的不能にする去勢手術を禁止しました。作曲家たちもまた、カストラートの歌唱技術を生かすような楽曲作りに情熱を傾けなくなりました。W・A・モーツァルト（一七五六～九一）は、カストラートのための声楽曲やオペラを多く書きましたが、一七八〇年代以降はカストラートへの関心を失っていきました。彼が人生最後の年に書きあげたオペラ『魔笛』（初演一七九一年）には、つぎのようなフレーズがあります。

「女と男より気高いものはない。男と女、女と男、二人は神にとどく」

もはやオペラの舞台では、カストラートの声が神にとどくことはなくなりました。女性歌手は、その公的活動については議論を残しつつも、舞台で活躍するようになり、観客は「自然の身体」をもつ男性歌手、女性歌手のパフォーマンスを鑑賞することになったのです（弓削「カストラートの衰退と女性歌手のジレンマ」）。君主の後ろ盾を失い、作曲家の関心も引かなくなったカストラートは揶揄《やゆ》の対象となり、彼らの「天使の声」は「鶏を絞め殺すときの金切り声」とみなされるようになりました。男声でも女声でもない、成人の声でも子どもの声でもない、まさに境界を越えた声をもつカストラートは、性別二元論に基づくジェンダー秩序社会のなかで衰退していきました。

十九世紀において、カストラートは、古巣であるカトリック教会で聖歌隊の一員として歌いつづけます。「最後のカストラート」となるアレッサンドロ・モレスキ（一八五八～一九二二）が一八八三年にシスティーナ礼拝堂の聖歌隊に加わったとき、ほかに数名のカストラートが教皇の歌手として仕えていました。教会音楽におけるカストラートの使用を正式に禁じ、近世以来のカストラートの伝統に終止符が打たれたのは、二十世紀に入ってからでした。

カストラートの消滅には、子どもに対する人道的な配慮、身体への不可侵性の認知と並んで、「近代の男らしさ」の勝利をみることができます。

「近代の男らしさ」を支える装置

「男らしい声／身体」をもたないカストラートは、性別二元論に基づく「近代の男らしさ」の覇権に屈しました。そこには、国民国家の成員という要素が強く働いています。

「近代の男らしさ」は男性の「自然の身体」のうえに成立し、それを証明するのは、国家のために戦うことができる者とされました。「国民」という名の男性の義務として、近代国家は徴兵制を敷き、武器を持ち戦う男らしさが前面に出されます。

十九世紀前半のあるフランス人大佐は、「陰茎あるいは二つの睾丸を失った者は入隊を禁じるよう」呼びかけました。生殖器が正常でも、「ひどく痩せていたり、筋肉が乏しかったり、声がか細かったりする若者」には注意を要するといいます。なぜなら「こうした特徴はすべて、厳密な意味では決して男にならない人間を示している」（ジャン＝ポール・ベルトー「軍隊と男らしさの証明」九五頁）からです。大佐の言う「男」とは、すなわち「兵士」でした。

十八世紀までの軍隊における男らしさの要件は、軍人や民兵の限られた男性にかかわるものでした。ですが、徴兵制の導入や国家の軍事化が進む十九世紀になると、軍隊の徴募は原則としてすべての男性を対象とし、「近代の男らしさ」の規範をなすようになります。

近代男性史研究の主要テーマの一つとして、「市民」や「ネイション（国民／国家）」概念の再考があげられますが、徴兵制は、その根幹にあるものとして、多くの男性史研究者が取り上げてきました。

「近代の男らしさ」を支える装置として、つぎに徴兵制について考えてみたいと思います。

徴兵制の男性史的意味

徴兵制とは、近代国民国家の誕生とともに敷かれた制度です。国家を拡大・防衛しようという考えが国民全体に浸透し、兵役義務は国民統合の要となります。それまでの兵士は、自国民であるという条件さえ不要で、傭兵として、外国人や貧困者、ならず者がパンを得るために集まってきました。

徴兵制が最初に導入されたのは革命期のフランスで、一七九三年のことでした。十八歳から二十五歳までの若者が軍隊に召集されました。ドイツでは、ナポレオン支配に対する解放戦争の際の一八一四年にプロイセンが徴兵制を開始しました。ただし、徴兵制といっても、兵役代理や兵役免除が認められ、裕福な子弟がお金を支払い、最下層の男性たちが兵役を務める「白人売買」が横行しました。また、未来のエリートたちの兵役免除も社会的に認知されていました。

ドイツのジェンダー史家ウーテ・フレーフェルトは、徴兵制が男のジェンダー形成にとって何を意味するのか、いくつもの論点を示していますが(フレーフェルト「兵士、国家公民としての男らしさ」)、ここではそれらを参考にして以下の三点にまとめたいと思います。

第一に、徴兵制は男というジェンダーへの帰属意識を高めるということ。社会的出自や宗教の差異にかかわらず、あるいは都市住民だろうと農村出身だろうと、彼らはただ「男性」に属するということで徴兵の対象となりました。現実には兵役免除や兵役拒否といった事態が起こりますが、声がかかるのは彼らが何者でもない、男性だからでした。

第二に、軍隊の規律的で秩序立った生活、禁欲的な生活とそこで獲得される鍛えられたたくましい身体が、男性としてのアイデンティティを証明するということ。「軍隊は男らしさの学校」と表現されます。その裏返しとして、兵役検査の落後者は「弱き男性」としてネガティヴな視線が生み出されます。

第三に、男女の対極化する性質を助長する社会的装置であるということ。そこには、徴兵されない女性たちの「弱い身体」「繊細な精神」が対置されています。強くて勇敢な男性は、家庭の外に活動領域があり、軍隊の一員になることで国家の成員となります。力強く、健康な男たちが強く健全な国家を建設するというわけです。はたして、女性には国家と直接に結びつく社会的装置はあったでしょうか。

次章の「新しい軍事史」で詳しくみますが、徴兵制は円滑に国民に受け入れられたわけではありません。国民としての権利もままならないのに、生業を中断し、命まで犠牲にしかねない軍務になぜ就かなければならないのか。そのような反発が、さまざまな社会層から噴出しました。

ドイツの哲学者アルトゥール・ショーペンハウアー（一七八八～一八六〇）は、学生時代、フランス解放戦争に動員されることを拒んでつぎのように記しました。

私はいかなる仕方であれ腕力によってではなく、知力によって人類に奉仕するように生まれついていること、そして私の祖国はドイツよりももっと大きいということ、これを深く確信していた。（伊藤貴雄『ショーペンハウアー』一一六頁）

教養市民としての矜持《きょうじ》と、当時の軍隊というものの「軽さ」を感じさせる弁です。フランスでも、徴兵を拒む農民が徒党を組んで森に身を隠すこともあったようです。

十八世紀には、えてして「兵士」の評価は低く、市民的道徳や紳士的素養とは対極的なものでした。ですが、近代の国民国家は、「国民」という名の男性の規範として「戦う男の男らしさ」を求め、市民的道徳を備えた兵士という新たな男性像を形成しました。「軍服をまとう国民」を理想とする言説が創出され、女性たちもまた彼らに称賛と憧憬のまなざしを向けました。「戦う男の男らしさ」は「覇権的な男らしさ」あるいは「規範的な男らしさ」として多くの男性たちを呑み込んでいきました。

男の試練としての決闘

「戦う男の男らしさ」は、徴兵制を通じて一つの男性モデルになりましたが、それは軍隊や戦争を離れた平時においても効力をもちました。決闘という習慣が西洋近代社会において復活し、広くおこなわれていたことにそれを認めることができます。決闘もまた、徴兵制と並んで、近代男性史研究において重要なトピックとなっています。

決闘をおこなった著名人は枚挙にいとまがありません。フランス革命期にイギリスの首相を務めたウィリアム・ピット(小ピット、一七五九〜一八〇六)や、イギリス外相としてラテンアメリカ諸国の独立を承認し、のちに首相となったジョージ・カニング(一七七〇〜一八二七)は、それぞれ要職にありながら決闘を経験しました。ドイツの労働運動の指導者フェルディナント・ラサール(一八二五〜六四)は、婚約相手をめぐって決闘し、四十歳を前に生涯を閉じています。

図5は、フランス第三共和政の首相となるジョルジュ・クレマンソー（一八四一〜一九二九）の決闘の様子を伝えた雑誌の表紙です。パナマ事件において賄賂《わいろ》を受け取っていたクレマンソーは、それを非難した議員のポール・デルレード（一八四六〜一九一四）に対して決闘を申し込みました。クレマンソーは「決闘好き」として知られ、晩年になっても毎朝のフェンシングの練習は欠かさなかったといいます。ハインリヒ・フォン・クライストやスタンダールなど、十九世紀の文学作品のモチーフとして決闘が頻繁に登場していることも、この習慣の広がりを示しています。

決闘という習慣は、古くは中世において裁判手続きの一環として位置づけられていました。法廷の裁きを不服とする場合、決闘に訴えることが神意を問う、神明裁判のように機能しました。しかし近世になる

図５　『プチ・ジュルナル誌』1893年１月７日号

なります。

と、裁判手続きとしての決闘は禁止され、「理性の世紀」である啓蒙の時代には決闘は批判されるようになります。

モンテスキューは、決闘裁判を廃し、決闘禁止令が繰り返し出されてもこの習慣が絶えない様子を、ペルシア人の姿を借りて、「フランス国民の名誉、……なんでもメンツと呼ばれる、ぼくにはわけのわからぬもの」と皮肉っています（モンテスキュー『ペルシア人の手紙』第九〇の手紙）。

ドイツの啓蒙思想家アドルフ・F・フォン・クニッゲは、「決闘は道徳と理性にもとると私は考える。理性的な人間ならみな同意見だろう」と述べ、「決闘の申し出なるものに乗ってしまうと、あとで、しまったというはめになる」（クニッゲ『人間交際術』一八〇頁）と注意を促しています。

こうした法的禁止や「理性的批判」にもかかわらず、ピット首相やカニング外相が在職中に決闘をしたように、この習慣は十八世紀末から二十世紀初頭にかけてのいわゆる知的・社会的エリート男性たちに広がっていました。

ただしイギリスでは、十九世紀半ばにはこの習慣は廃れていきました。一八四三年に「決闘防止協会」が設立され、一〇年もしないうちに「決闘はほとんど廃絶」されたといいます。イギリスにおける決闘の衰退についてはいろいろな理由が考えられていますが、決闘の温床となる軍隊が社会的にそれほど影響力をもたなかったこと（これは、イギリスが第一次世界大戦まで徴兵制をとらなかったこととも関連しています）、エリートを世に送り出す大学で、決闘と親和的なフェンシングより、乗馬や漕艇《そうてい》などのスポーツが盛んであったことなどがあげられます。

他方、十九世紀の大陸ヨーロッパでは、貴族や軍人に限らず、学生や官吏などの教養層を含めて決闘はありふれた出来事でした。フランスではとくに政治家とジャーナリストにおいてその傾向が顕著であり、彼らは自らの主義主張をとおすために剣やピストルを手にとりました。ドイツでは、軍隊はもちろんのこと、決闘を義務づけている学生結社が決闘に挑む多くの男性を生み出しました。ドイツの社会学者マックス・ヴェーバー(一八六四〜一九二〇)は、「僕たちはすべてのことが、何らかの形でメンズール〔学生の決闘〕で解決できると確信していた」と学生時代を振り返り、教壇に立っても毎日「男らしい心と強健な身体をつくる」とフェンシングの練習を続けました。学生も教員も、決闘の際に負った「名誉の傷」を誇る風潮がありました。

決闘は、クニッゲがいったように、「道徳と理性にもとる」ものであり、近代法においては殺人未遂や武器による脅迫として立件が成立する犯罪行為でした。なのに、なぜ暴力で解決しようとするこの行為が社会の上流・中流階級の男性たちに支持されたのでしょうか。

決闘における「男らしさ」の意味

それは、ときに法を犯すことも厭わない「男の名誉〔メンツ〕」ゆえでした。「男の名誉」を重んじることは、法を超えた、リスペクタブルな価値観ですらありました。

啓蒙思想は総じて決闘を非理性的で不法な行為と断罪しましたが、哲学者イマヌエル・カントはややスタンスが異なります。

彼は、軍人による決闘を「死刑に値する犯罪」でありながら、「なお疑問の余地あるもの」として捉えています。軍人は、「生命を危険にさらす決闘」によって、彼らの「勇気が証明される」のであり、軍人という身分の名誉は「本質的にこの勇気に基づいている」と述べます。

貞淑を汚され、未婚の母になった女性が嬰児を殺めた場合、彼女を死刑に処すことには躊躇《ちゅうちょ》してしまう。それと同じように、名誉を汚されたために勇気をもって決闘に立ち向かった男性を糾弾することはできない。カントは、女性の貞淑と男性の名誉は、何としてでも守らなければならない規範だと考えました(カント『人倫の形而上学』一八四〜一八五頁)。

カントは軍人に限定して論じましたが、十九世紀社会、「軍事化された男らしさ」のイデオロギーの広がりと軌を一にして、「男の名誉」を守る場としての決闘は、さまざまな職業にある男性に共有されていきます。

とりわけ上流・中流階級の男性たちは、名誉を重んじて生きており、それが傷つけられ、侮辱されると、名誉回復のために立ち上がるという行為規範をもっていました。この名誉回復の機会が決闘でした。

十九世紀には多くの手引書が出されるなど、決闘のルールが様式化され、感情的にも「高度に規律化され統制された対決へと変貌」していきました。名誉を傷つけられ、侮辱された憤りを覚えて、すぐに武器をとるのではありません。先方に決闘を申し込み、その日時まで冷静に待ち、その儀式には「穏やかで抑制の効いた態度」で臨むのです(フレーフェルト『歴史の中の感情』五六〜五七頁)。侮辱された怒りを本能の赴くままにあらわにするのではなく、「紳士的な振舞い」に還元して「戦う男の男らしさ」を顕示する。

図6　ハンス・テンプレ(1857-1931)**「決闘場面」**(1886年)　男の名誉の証人として立会人と見物人は不可欠だった。

そういうことであれば、決闘は自らの屈辱を晴らす場となるだけではなく、リスペクタブルな男性性を証明する場となります。

決闘者にとってもっとも重要なものは、勝敗の結果ではなく、死をも辞さずに闘いに挑んだ勇気であり、男の名誉を命よりも高く評価していることを示す行為でした。そのためには立会人や見物人の存在が必要でした。決闘者の勇気と名誉を重んじる男らしさは、当事者二人だけの「個人的なこと」ではなく、社会的に認知されるものでした。見物人は決闘のルールが守られているかを監視するだけでなく、当事者二人の「男らしさ」の証人になるのです。

決闘は恋人や家族の名誉を守るものでもありました。妻や娘への侮辱は夫や父への侮辱でした。女性が侮辱されて憤っても、自ら武器をとるのではなく、夫や父親に助けを求めるものとされました。家父長制において、決闘という男性文化は、「戦う性」である男性に守られることを美徳とする「規範的な女らしさ」によっても支えられていたといえるのです。

決闘で必ず武器が用いられたことも、女性に決闘をおこなう資格がないとする要因でした。剣やピストルといった武器の使用は男性の特権であり、「武器を用いず素手で闘うといった、動物性」はご法度でした(フランソワ・ギエ「決闘、そして男らしさの名誉を守ること」一四二頁)。決闘は、ルールのない乱闘や殴り合いとは区別されます。男性にとって誇るべき「名誉の傷」となる決闘による刀傷も、女性の身体が負うとしたら、それは否定的な意味しか与えられないのです。

私的領域における男性

「戦う男の男らしさ」は、国家を牽引するリスペクタブルな男性たちの特徴となり、さまざまな公的領域においていかんなく発揮されました。他方、私的な家庭領域における男性性とはいかなるものだったのでしょうか。

近代を生きた男性もまた、社会的、経済的に家父としての権威や責任をもちつづけ、近代法はそれを定めていました。子どもの教育や将来についても、家父としての最終的な決定権をもっていました。

男性が残した日記や書簡といった「私的記録《エゴ・ドキュメント》」を分析すると、「優しい」父親や「家庭的な」夫の姿に出会うことがあります(アンネ゠シャルロット・トレップ「家庭のなかでの男らしさ」)。彼らは家族に愛情をそそぎ、家庭生活の喜びを表現しています。十九世紀前半は、例えば弁護士や著述家、教師はもとより、市民層の男性の多くが家で仕事をしており、公私領域がまだそれほど分かたれていなかったという事情もありました。イギリスの歴史家、ジョン・トッシュは、著書『男の居場所 *A Man's Place*』(一九九九年)において、ヴィクトリア朝ほど、父として、夫として、そして家庭の守り手として、男らしさの中心に家庭があったことはなかったと述べています。

しかし、職住分離が進み、生産共同体としての機能をもたない家庭生活では、父を子どもから遠ざけ、夫を家庭から離していきました。家庭の外の就業労働という形態が男性のものになるにつれ、家庭における男性の役割は不安定なものとなりました。彼らがどれだけ威厳を示そうとしても、家庭における彼らの不在を埋めるには足りませんでした。

男性史研究のパイオニアである前述のスターンズは、十九世紀半ば以降、家族を論じる書物のなかで父親の義務が語られなくなっていったと指摘しています。トッシュもまた、一八七〇年代以降、植民地への旅立ちや戦争への参加といった「冒険への熱狂」と並んで、男性の「家庭生活からの逃避」が顕著になっていく様子を捉えています。ジェンダー秩序社会において、彼らの本分は家事や育児の「私事」ではなく、公的領域にあり、彼らは家庭性というものを喪失し、あるいは奪取されていきました。

男性に家庭の居場所はあったのか。男性史家は、現代社会の「男性問題」を見据えて歴史に問うています。

「近代の男らしさ」が行きつくところ

問題は父親や夫としての役割にとどまりません。家庭より国家との結びつきを優先させることで、命を育て、慈しむ機会を失った男性に何が待ち構えていたのでしょうか。

各国の帝国主義が激しくぶつかり合う時代になると、軍隊を軸とする「戦う男の男らしさ」はさらに強化されていきます。二十世紀、第一次世界大戦という総力戦において、それまで市民的自由の理念から徴兵制を敷いてこなかったイギリスでも、「すべての男性は兵士である」という原則が制度化されます。

「近代の男らしさ」は暴力性、戦闘性との結合をますます強固なものにしていきました。これを突き詰めると、男性は究極的には国家によって「殺す性」に仕立て上げられたともいえます。戦争は、そうした「男らしさ」が顕示され、試される場でした。どれだけ多くの男性たちが、国のために、そして男としてのプライドのために、敵の命を奪い、自らの命を捧げていったことでしょうか。

西洋近代社会の行きついたところに、二つの世界大戦があるとしたら、「男の性」が「殺す性」に収斂《しゅうれん》されていく「近代の男らしさ」の罪過を直視しないではいられません。

戦争の歴史にジェンダー分析がいかに重要であるのか。この点については、次章の「新しい軍事史」に考察の場を移して、深く掘り下げていこうと思います。

「同性愛」概念成立以前

本章の最後のテーマとして、同性愛を取り上げます。先述したように、社会学者のコンネルは、現代における同性愛を「従属的な男らしさがとる一つの主要形態」としましたが、これは男性史研究の主要テーマでもあります。

よく知られているように、古代ギリシアでは、「同性愛」は必ずしも「逸脱者の行為」とはみなされていませんでした。プラトン（前四二七〜前三四七）の『饗宴』に繰り広げられているのは、少年愛こそが知と徳へと昇華されるエロスとされ、それを賛美する世界です。『饗宴』に登場するソクラテスは、男性の「生産欲」というものを取り上げ、それが女性に向かう場合と男性に向かう場合の違いを論じています。女性に向かう場合、すなわち男女の関係は子孫を生み出し、男性に向かう場合、すなわち同性愛の関係は、美少年へ向ける情熱から出発して、美そのものへの情熱から「多くの美しくかつ崇高な言説と思想」とを生み出すと考えます。

ただし、ここで想定されているのは「少年愛」であって、成人男性同士の行為ではありません。性行為には能動と受動の役割があり、後者は前者に従属するとして、ポリスの男性市民のあいだに不平等が生じることがあってはならないからです。古代のテキストには、ペニスを挿入する成人男性「エラステス」とそれを受け入れる「エロメノス」（少年を意味）という用語が用いられ、両者の役割が交換されることはありませんでした。

時代がくだってキリスト教が西洋社会に浸透すると、少年愛を含め、男性同性愛はタブーとされていきます。

女と寝るように男と寝るものは、両者ともにいとうべきことをしたのであり、必ず死刑に処せられる。

彼らの行為は死罪に当たる。（「レビ記」二〇章一三）

男性同性愛を指弾する言葉に「ソドミーの罪」というのがあります。また、新約聖書には、「男色をする者」が「不信心な者」や「人を殺す者」などと並記され、罪とされます（「テモテへの手紙一」一章九〜一〇）。中世では、スコラ派の神学者によって「自然に反する性行為の罪」が示されました。

宗教改革期には、イングランドのヘンリ八世が、世俗法として最初に男性間の同性愛行為の禁止を法制化しました。イングランドがローマ・カトリックと絶縁し、英国国教会を創立する一五三〇年代、「肛門性交の悪徳を処刑するため」の法律が議会を通過しました。この法律が狙い打ちにしたのは、カトリックの聖職者でした。

プロテスタントのカルヴァン主義者たちもまた、カトリックの修道士や聖職者にソドミーのイメージを重ね、攻撃材料にしました。カトリックの独身制は、容易に男性同士の「自然に反する性行為の罪」と結びつけられたのです。

性道徳の問題は、宗派間の対立やカトリック教会と宮廷という聖俗間の対立に利用されましたが、十八世紀末以降、異性愛主義に基づくジェンダー秩序が打ち出されると、新たな局面に入ります。

ジェンダー秩序社会における「同性愛者」

西洋近代社会では、男女の領域分割が進行し、軍隊を筆頭に、大学などの教育・研究機関や政界、経済界、芸術界など、女性を排し、男性だけの「ホモソーシャル（社会的に同質）」な世界があふれていました。

そこには、男同士の友愛や絆が結ばれ、そこにはエロスが介在する可能性も潜んでいました。

近代における家父長制のなかに男性たちのホモソーシャルで排他的な欲望があると読み解いたのは文学批評家のイヴ・K・セジウィックです。著書『男同士の絆』(一九八五年、邦訳二〇〇一年)において、男性支配の中心には男同士の社会的な絆があり、それは同性愛への嫌悪(ホモフォビア)と女性への嫌悪(ミソジニー)を内包すると指摘しました。

ホモソーシャルとホモセクシュアルの境界は危ういものです。男同士の絆である「同士愛」は男同士の性的な絆である「同性愛」と隣合せです。セジウィックは両者を「途切れのない連続体」と表現していますが、だからこそ「道徳的なわれわれ」を示そうとする男たちは、反動的に同性愛との違いを明確化しようとしたのです。

前述のモッセが指摘したように、一見、「規範的な男性性」とは、動じることのない、安定的なもののように思われますが、同性愛者によって脅かされる存在でもありました。男性同性愛の対象にされてしまうのではないかという「恐れ」があるのです。ホモフォビアの「フォビア」とは「嫌悪」あるいは「恐怖」をも意味します。それは、個々の男性が個人的に抱く恐怖だけではなく、社会的な恐怖ともなります。若者が同性愛の快楽に目覚めると、結婚をしなくなる。既婚者がその行為に耽ると「夫の義務」を果たさなくなる。軍隊のなかで同性愛の関係が結ばれると、「戦う男の男らしさ」がそがれてしまう——こうした恐怖が、ジェンダー秩序社会において増幅されていきました。異性愛との差別化を図ろうと、同性愛に「異常」「狂気」「病理」「犯罪」というレッテルを貼ったのは、こうした恐怖の現れでした。

「ホモセクシュアリティ」という概念がつくられたのは、十九世紀後半のことです。ドイツ帝国成立前夜において、プロイセンの反ソドミー法を批判し、その廃止をめざした匿名のパンフレットにおいて登場しました。ウィーン生まれのジャーナリストであるカール＝マリア・ケルトベニー（一八二四〜八二）によるもので、その後、オーストリアの性科学者で、日本でも大正期に『変態性欲心理』の著者として知られたリヒャルト・フォン・クラフト＝エビング（一八四〇〜一九〇二）らの研究により、「ホモセクシュアリティ」と「ヘテロセクシュアリティ」という対概念は広がっていきました。

性科学者や法学者、法医学者などの同性愛の議論が、もっぱら男性同士の関係を前提にしていたことはジェンダー史的には重要なポイントです。ドイツでは、ケルトベニーらによる反対運動は功をなさず、一八七一年の帝国刑法典において、男性同性愛を禁固刑に処しました。イギリスでは、成人男性による買春から少年を保護するために、一八八五年に刑法が改正され、やがて男性同士の「親密な関係」も犯罪化されていきます。その一方で、女性同性愛は男性同性愛と違って、「社会問題」とはならず、あくまで二次的な扱いでした。

性行為の主体が男性であったと考えれば、これは説明がつきます。男性マジョリティによって定義される性行為とは、ペニスの挿入であり、ペニスのない女性の同性愛行為は、その範疇《はんちゅう》から外されます。また、女性カップルの経済的自立が難しく、彼女たちの多くが結婚という異性愛制度に収束されていったことも、女性同性愛を目立たないものにしました。第四章の身体史で触れた女性の自慰行為についてもそうですが、そもそも女性の貞操規範が強い社会では、女性が自らの性欲を直視する機会は稀でした。女性同士に友愛はあっても、性愛はないものとされ、生殖に結びつく異性愛を求める近代国家にとって、女性はあくまで「産む性」でした。女性の性は受動的にすぎず、容易に規制できるとも考えられました。

とはいえ、歴史家たちもまた、こうした女性規範に惑わされ、歴史における女性同性愛者の無化に無自覚的に加担してきた可能性はあります。

いずれにせよ、社会的に不可視化された女性同性愛者と違って、男性同性愛者は社会秩序の逸脱者として抑圧の対象とされました。彼らにはときに、「女性的な男」という中傷の声が投げかけられました。

同性愛者に対する軽蔑――この同性愛者というのは女性的な男というカテゴリーのもとでなにもかもが一緒になってしまっているものだが――、この軽蔑は実際のところ女性と女性的とされる価値に対する深い軽蔑を示しているのである。(レジス・ルヴラン「同性愛と男らしさ」五一四頁)

男性同性愛者への軽蔑の念は、女性への軽蔑の念と重なっていました。

男性同性愛者の迫害

男性同性愛者への軽蔑が、彼らへの徹底的な迫害と化したのがナチス・ドイツでした。ヒトラーにとって、男性は男らしく、女性は女らしく、すっきりしたジェンダー秩序をもつことが優れた民族の証でした。女性が職を奪われ、家庭領域へと引き戻される一方で、強制収容所には、「社会秩序の逸脱者とされた男性」が全国から集められました。政治犯、刑事犯、共産主義者や社会主義者ユダヤ人、シンティ・ロマ、「エホバの証人」、心身障害者そして同性愛者。ヒトラーは男性同性愛を処罰する刑法一七五条の徹底化を

図7　ブーヘンヴァルト収容所の「ピンク・トライアングルの男たち」

公約に掲げ、何万人もの同性愛者を強制収容所へ送りました。

その「囚人」の一人であるヨーゼフ・コーホートの取材をもとに、オーストリアの著述家、ハインツ・ヘーガーによってまとめられた『ピンク・トライアングルの男たち』（一九七二年、邦訳一九九七年）は、ナチ収容所において「異性愛」と「同性愛」が決して懸絶したものではなかったことを伝えています。コーホートが目にしたものは、囚人服にピンク・トライアングルの印をつけられた「ホモ集団」を相手に、看守たちが同性愛行為を楽しむ姿でした。コーホートもまた、彼らの情夫となることで収容所を生き延びました。ナチスの看守とピンク・トライアングルをつけられた者とのセクシュアリティには、はたしてどのような違いがあるのでしょうか。

二〇〇三年に日本西洋史学会でゲイであることをカミング・アウトした星乃治彦は、「「同性愛者」ホロコースト？」と疑問符をつけてつぎのように述べます。

> 同性愛者という客観的実在がいたのではなく、様々なパフォーマティヴ、恣《し》意《い》と表象が交錯しながら形成される「同性愛者」と見なされた人がいたのであり、戦況が悪化するとそれさえ解除され

ることがあった。強制収容所に送られた同性愛者の人数が五〇〇〇人から一万五〇〇〇人とかなりの幅をもたされているのも、「同性愛者」なるものが特定できないからと考えられる。（星乃『男たちの帝国』一七四頁）

星乃は、同性愛者を「彼ら」ではなく「われわれ」と呼び、そのポジショナリティからドイツ近現代史の「性政治」に切り込み、日本の男性史研究およびクィア・ヒストリーを開拓していきました。クィア・ヒストリーとは、「変態、奇妙」という意味の英語（queer）が同性愛者を侮辱するのに用いられてきた事実を逆手にとり、彼らを歴史的主体として立ち上げ、異性愛主義に基づく社会の「奇妙」を描き、異性愛者によって解釈されてきた歴史叙述を問うものです。

周知のように、WHO（世界保健機構）が「国際疾病」の項目から同性愛を削除したのは二十世紀末のことです。二〇〇〇年には、EU基本権憲章において性的指向を理由とする差別の禁止が明記されました。パートナー法が施行され、同性婚の承認も進められている二十一世紀には、「断罪すべきは、同性愛ではなく、同性愛への差別」というメッセージも発せられています。

現代のリスペクタブルな人物とは、十九世紀のような異性愛主義者ではなく、多様なセクシュアリティを認知する人物ということになるでしょう。「近代的な男らしさ」は「危機」に瀕しているといわれますが、それは「より成熟した人間社会」への接近というポジティヴな動きだと評価できるのではないでしょうか。

参考文献

石井香江「ドイツ男性史研究の展開と課題——近年のドイツ近現代史研究を事例として」『歴史学研究』八四四号、二〇〇八、三二～四一頁
伊藤公雄『〈男らしさ〉のゆくえ——男性文化の文化社会学』新曜社、一九九三
伊藤公雄・海妻径子「メンズリブと歴史認識——近代の病としての男らしさ、その克服のために」『情況』五号、二〇〇四、八八～一〇七頁
伊藤貴雄『ショーペンハウアー　兵役拒否の哲学』晃洋書房、二〇一四
ヴァンサン゠ビュフォー、アンヌ（持田明子訳）『涙の歴史』藤原書店、一九九四
ウィークス、ジェフリー（上野千鶴子監訳）『セクシュアリティ』河出書房新社、一九九六
オールドリッチ、ロバート編（田中英史・田口孝夫訳）『同性愛の歴史』東洋書林、二〇〇九
兼子歩「男性性の歴史学——アメリカ史におけるジェンダー研究の展望」『歴史評論』六七二号、二〇〇六、四一～五三頁
カント、イマヌエル（樽井正義・池尾恭一訳）『人倫の形而上学』（『カント全集11』）岩波書店、二〇〇二
ギエ、フランソワ（和田光昌訳）「決闘、そして男らしさの名誉を守ること」アラン・コルバンほか監修（小倉孝誠監訳）『男らしさの歴史』Ⅱ、藤原書店、二〇一七
キューネ、トーマス編（星乃治彦訳）『男の歴史——市民社会と〈男らしさ〉の神話』柏書房、一九九七
クニッゲ、アドルフ・F・フォン（笠原賢介・中直一訳）『人間交際術』（講談社学術文庫）講談社、一九九三
『現代思想（特集　男性学の現在——〈男〉というジェンダーのゆくえ）』四七巻二号、二〇一九
コルバン、アラン／クルティーヌ、ジャン゠ジャック／ヴィガレロ、ジョルジュ監修（鷲見洋一ほか監訳）『男らしさの歴史』全三巻、藤原書店、二〇一六～一七
コンネル、ロバート・W（森重雄・菊池栄治・加藤隆雄・越智康詞訳）『ジェンダーと権力——セクシュアリティの社会学』三交社、一九九三
サルトル、モーリス（後平澪子訳）「古代ギリシア人にとっての男らしさ」アラン・コルバンほか監修（鷲見洋一ほか監

訳）『男らしさの歴史』Ⅰ、藤原書店、二〇一六
ストルテンバーグ、ジョン（蔦森樹監修／鈴木淑美訳）『男であることを拒否する』勁草書房、二〇〇二
セジウィック、イヴ・K（上原早苗・亀澤美由紀訳）『男同士の絆――イギリス文学とホモソーシャルな欲望』名古屋大学出版会、二〇〇一
ダヴィドフ、レオノーア／ホール、キャサリン（山口みどり・梅垣千尋・長谷川貴彦訳）『家族の命運――イングランド中産階級の男と女　一七八〇〜一八五〇』名古屋大学出版会、二〇一九
田中俊之『男性学の新展開』青弓社、二〇〇九
テーヴェライト、クラウス（田村和彦訳）『男たちの妄想』１・２、法政大学出版局、一九九九、二〇〇四
ドーヴァー、ケネス（中務哲郎・下田立行訳）『古代ギリシアの同性愛』青土社、二〇〇七（初版はリブロポート、一九八四）
トレップ、アンネ＝シャルロット「家庭のなかでの男らしさ」トーマス・キューネ編（星乃治彦訳）『男の歴史――市民社会と「男らしさ」の神話』柏書房、一九九七
西川祐子・荻野美穂編『共同研究　男性論』人文書院、一九九九
野田恵子「イギリスにおける「同性愛」の脱犯罪化とその歴史的背景」『ジェンダー史学』二号、二〇〇六、六三〜七六頁
バウムリ、フランシス編（下村満子訳）『正しいオトコのやり方――ぼくらの男性解放宣言』学陽書房、一九九一
バダンテール、エリザベート（上村くにこ・饗庭千代子訳）『ＸＹ　男とは何か』筑摩書房、一九九七
ハーバーマス、ユルゲン（細谷貞雄・山田正行訳）『公共性の構造転換――市民社会の一カテゴリーについての探究（第二版）』未來社、一九九四
バルビエ、パトリック（野村正人訳）『カストラートの歴史』筑摩書房、一九九五（ちくま学芸文庫、一九九九）
ファレル、ワレン（久米泰介訳）『男性権力の神話――《男性差別》の可視化と撤廃のための学問』作品社、二〇一四
フォース、クリストファー・Ｅ（高橋博美訳）「英語圏の男性性と男らしさ」アラン・コルバンほか監修（岑村傑監訳）『男らしさの歴史』Ⅲ、藤原書店、二〇一七

藤野裕子「ジェンダーI　男性史とクィア史」歴史学研究会編『第四次現代歴史学の成果と課題』績文堂出版、二〇一七
プラトン（久保勉訳）『饗宴』（岩波文庫）岩波書店、二〇〇五
フレーフェルト、ウーテ「兵士、国家公民としての男らしさ」トーマス・キューネ編（星乃治彦訳）『男の歴史』柏書房、一九九七
フレーフェルト、ウーテ（棚橋信明訳）「市民性と名誉――決闘のイギリス・ドイツ比較」ユルゲン・コッカ編（望田幸男監訳）『国際比較・近代ドイツの市民――心性・文化・政治』ミネルヴァ書房、二〇〇〇
フレーフェルト、ウーテ（櫻井文子訳）『歴史の中の感情――失われた名誉／創られた共感』東京外国語大学出版会、二〇一八
ペイン、ブランシュ（古賀敬子訳）『ファッションの歴史――西洋中世から一九世紀まで』八坂書房、二〇〇六（新装版、二〇一三）
ヘーガー、ハインツ（伊東明子訳）『ピンク・トライアングルの男たち――ナチ強制収容所を生き残ったあるゲイの記録一九三九〜一九四五』パンドラ、一九九七
ベルトー、ジャン＝ポール（真野倫平訳）「軍隊と男らしさの証明」アラン・コルバンほか監修（小倉孝誠監訳）『男らしさの歴史』Ⅱ、藤原書店、二〇一七
ペレーズ、スタニス（片木智年訳）「ルイ十四世もしくは絶対的男らしさ?」アラン・コルバンほか監修（鷲見洋一監訳）『男らしさの歴史』Ⅰ、藤原書店、二〇一六
星乃治彦「ナチズムとホモセクシュアリティ」『思想』九五五号、二〇〇三、八五〜一〇三頁
星乃治彦『男たちの帝国――ヴィルヘルム2世からナチスへ』岩波書店、二〇〇六
三成美保編『同性愛をめぐる歴史と法――尊厳としてのセクシュアリティ』明石書店、二〇一五
モッセ、ジョージ・L（細谷実ほか訳）『男のイメージ――男性性の創造と近代社会』作品社、二〇〇五
森田直子「ドイツ近代の決闘――エリアスとフレーヴェルトを中心に」『立正史学』一一三号、二〇一三、四三〜六三頁
森田直子「メディアにみる近代ドイツの「決闘試合」上・中・下」『立正大学文学部論叢』一四〇・一四一・一四二号、二〇一七〜一九

モンテスキュー（大岩誠訳）『ペルシア人の手紙』（岩波文庫）岩波書店、一九九七
弓削尚子「カストラートの衰退と女性歌手のジレンマ——近代市民社会のジェンダーから考える」丸本隆編『初期オペラの研究——総合舞台芸術への学際的アプローチ』彩流社、二〇〇五
弓削尚子「君主が求めた去勢者の歌声——近世社会の権力とカストラート」丸本隆ほか編『オペラ学の地平——総合舞台美術への学際的アプローチⅡ』彩流社、二〇〇九
ルヴラン、レジス（寺田寅彦訳）「同性愛と男らしさ」アラン・コルバンほか監修（小倉孝誠監訳）『男らしさの歴史』Ⅱ、藤原書店、二〇一七
Dudink, Stefan, Karen Hagemann and John Tosh (eds.), *Masculinities in Politics and War: Gendering Modern History*, Manchester University Press, 2004.
Frevert, Ute, *Ehrenmänner: Das Duell in der bürgerlichen Gesellschaft*, München, 1991.
Stearns, Peter N., *Be a Man! Males in Modern Society*, New York, 1979.
Tosh, John, *A Man's Place: Masculinity and the Middle-Class Home in Victorian England*, New Haven, 1999.
Weeks, Jeffrey, *Coming Out: Homosexual Politics in Britain, from the nineteenth century to the present*, London, 1977.

第六章　「兵士であること」は「男であること」なのか　――「新しい軍事史」

軍隊は男のもの？　兵士は「男らしい」もの？

男性領域の最後の砦は、軍隊だといえるのではないでしょうか。

ＮＯＷ（全米女性機構）は軍隊にも男女平等を求め、ベトナム戦争時には、女性にも兵役登録を呼びかけましたが、政府はもちろん女性にとってもこうした主張は必ずしも共感を呼んだわけではありませんでした。一九七〇年代の西ドイツ（ドイツ連邦共和国）のように、医者や獣医などの女性が衛生兵として軍隊に参画することが認められ、女性の「職場」として軍隊が開かれるようになりましたが、戦闘職をはじめ軍隊における女性の進出についてはフェミニストのあいだでも一筋縄ではいかないテーマでした。

女性史研究においても、どこかで軍隊は男の領域という固定観念が働き、軍隊のなかに女性を探ろうとする研究は稀でした。「銃後（戦争の後方支援）の女性たち」とか「戦争と女性」といった観点から、戦う男性のサポーターとして、あるいは戦争の犠牲者としての女性にスポットをあてる研究はあっても、軍隊や兵士をジェンダーの視点から根本的に問い直す問題意識は長らく希薄であったといえます。一九九二年にフランスで刊行された『女の歴史』(第五巻、二十世紀。邦訳一九九八年)では、「残された課題」のなかに、女性の市民権の問題やフェミニズム運動、生命倫理といったテーマが提示されますが、軍隊や徴兵への参加についてはテーマとしてあがりませんでした。

軍隊そのものを分析しているわけではありませんが、『女の歴史』第五巻には、第一次世界大戦やイタリア、ドイツ、スペインのファシズムを女性の視点から論じる研究は収められています。『女の歴史』の監修者の一人、フランソワーズ・テボーは、第一次世界大戦時の総動員体制において、「男は戦争、女は平和?」と疑問符をつけて、女性が男性役割をこなしたことの評価を検証しています。結局、戦争は「根底から保守的な性格」をもっており、各国の戦時体制の違いはあれど、「性別の果たした本質的な役割」が強調されたとみています。

他方、軍隊が男性の領域だとされながらも、それが男性ジェンダーの観点から分析された研究もありませんでした。多くの軍事史家にとって、男性ジェンダーという発想はなく、「兵士であること」は「男であること」と同義であり、軍事史家にとって問うまでもないことだったようです。

彼らが書く戦争の歴史は、政治家や軍人らによる調略、戦略、戦術、武器、補給といった戦場の駆引きとその勝敗が中心でした。兵役から免れたり、兵役を拒否したり、脱走したり、「精神異常」を呈した兵士たちは、「男らしさの歴史」においては大変興味深いテーマですが、旧来の軍事史においては周縁的なものでした。

軍隊をめぐる認識の変化

ですが一九九〇年代半ば頃から、軍隊をめぐるジェンダー構造もまた歴史的構築物の一つではないかという問題意識が生まれ、軍隊にジェンダー史的関心がそそがれるようになりました。それを後押しした要因を、ここでは三点押さえておきたいと思います。

第一に、国際的な潮流の変化があげられます。一九八九年に東西冷戦の終結が宣言され、アメリカ軍、ソ連軍の基地が各地で整理・縮小されると、西洋諸国では徴兵制を拒否する若者が急増し、徴兵制廃止の議論がかまびすしくなりました。(男性)国民は国防の義務を負うというテーゼは揺さぶられ、兵士や軍隊の歴史研究がナショナル・ヒストリーの再考とともに着手されていきます。

二十一世紀に入ると、フランス、ベルギー、オランダ、スウェーデン、ドイツと矢継ぎ早に徴兵制が廃止または停止されました。スウェーデンは「ロシアの脅威」に対して、二〇一八年に徴兵制を復活させますが、ノルウェー同様、男性だけでなく女性も対象としています。多くの国々で戦闘職における女性の制限が緩和され、数値目標を掲げて軍隊における男女共同参画が図られています。徴兵制の廃止と女性兵士の広がりは同時に起こりました。

各国で国防相に女性が就任したことも、従来の軍隊イメージに新風をもたらしました。二十一世紀に入って、ノルウェー、スウェーデン、フランス、スペイン、ドイツなどで女性の国防相が誕生しました(日本でも二〇〇七年に史上初の女性防衛大臣が生まれました)。なかでも強いインパクトをもったのが、二〇〇八年にスペインの第二次サパテーロ内閣で国防相に就任したカルマ・チャコンでしょう。就任時、妊娠七カ

図１　2008年にスペイン初の女性国防相となったカルマ・チャコン　2017年に46歳の若さで病死したチャコンの追悼記事にも，多くのメディアでこの写真が用いられた。

月であった彼女は、就任記念式典の際、軍服を着た隊列の前を、マタニティ姿で歩きました。その写真は日本の新聞にも掲載され、「産む性」であるゆえに女性を軍隊から退けた近代のジェンダー・イデオロギーを一蹴する印象深いものでした。

軍隊をめぐるジェンダー認識に変化をもたらした第二の要因は、男性学や社会学、政治学といった歴史学に隣接する諸科学の動向によるものです。そもそも、アメリカ合衆国で誕生した男性学の主要テーマの一つは徴兵制の問題でした。

メンズ・リブが噴出したのがベトナム戦争のさなかであったのは偶然ではありません。男という理由だけで徴兵され、これを拒めば刑務所行きか、追放の身となってしまう。一九六九年に制定された徴兵抽選制度によって

（男性）国民皆兵制は崩れましたが、男性のみが徴兵の対象であることに変わりはありませんでした。「産む性」の押しつけに憤慨する女性が、「産む性」であることを理由に徴兵を拒むことは不条理であり、また男性であることを理由に徴兵されるのは不当な「差別」だと、メンズ・リブは論じました。

ジーン・ベスキー・エルシュテインやシンシア・エンローのようなフェミニズム政治学者による研究も、過去における戦争・軍事とジェンダーの問題に鋭く切り込み、多くの示唆を与えました。

エルシュテインは、『女性と戦争』（一九八七年、邦訳一九九四年）において、「女性を平和、男性を戦争、という結び付きを当然のことと考える伝統」を捉え、神話や数々の記憶によって、この言説が創られていく過程を分析しています。歴史家でもあるエルシュテインは、この伝統が戦争をめぐる男と女の実相を映し出していないと主張します。

『策略——女性を軍事化する国際政治』（二〇〇〇年、邦訳二〇〇六年）を著したエンローは、歴史家もまた、軍隊は男の領域という価値観から自由ではなかったと指摘し、「大半の軍事史において、女性は、最悪の場合はいないも同然のもの」とみなされてきたといいます。後述するように、伝統的な歴史家たちの仕事によって、軍隊に生きた女性たちの存在は長いあいだ不問に付されていました。

ジェンダー史家が軍隊に向き合うようになった第三の要因は、「新しい軍事史」との出会いです。一九八〇年代に始まり、九〇年代に徐々に認知されていった歴史領域です。

以下、歴史学に起こったこの第三の要因を詳しくみていきたいと思います。「新しい軍事史」の登場はもちろん、冷戦終結という時代の趨勢（第一の要因）と、男性学やフェミニズム政治学といった諸科学の動向（第二の要因）とも関係しています。

「新しい軍事史」

「新しい軍事史」と表現されるのは、かつての軍事史と区別されるからです。「戦史」という言葉もありますが、旧来の軍事史は、戦略や戦術、軍事技術や軍隊制度の変遷、英雄などに焦点が絞られ、軍事学の一分野として、研究する者も学ぶ者も、軍隊という男の世界の住人であり、読者の士気を高めようとする意図も垣間見られました。

「新しい軍事史」の萌芽は、イギリスの歴史家マイケル・ハワードにみえてきます。

ハワードは、かつての軍事史は「将来の戦争指導をより効果的なものにする指針として利用するために、戦争の発展形態を見出すこと」を主眼としていたと述べています。これに対して彼がめざすのは、「行為規範を引き出すためではなくて過去の理解を深めるために戦争を研究する」ことであるとします。こうしてハワードは「戦争と社会」というテーマに向き合い、戦争をとおして「ヨーロッパ社会を一つの全体として概観するという、途方もない野心的な仕事」にとりかかります（ハワード『ヨーロッパ史における戦争』五～六頁）。

「はじめに」でみた「新しい歴史学」の動向に伴走するように、「新しい軍事史」は社会史的な広がりのなかで生まれました。軍隊を孤立した集団としてではなく、国家や社会との文脈のなかで捉え、「普通の兵士」の日常生活や一般市民への影響、軍隊の社会的・経済的構造分析などをも射程とする「軍隊の社会史」です。ですから、戦時だけを対象にするわけではありません。

軍隊は、近代国家における「国民」の創出とその規律化のプロセスにおいて、学校や病院と並ぶ重要な制度でした。ドイツの歴史家ベルント・ヴェーグナーが述べているように、軍事史は過去の戦争賛美をするのではなく、「むしろ兵士や政治家やイデオロギーについて築かれたあらゆる歴史像を批判的に修正する役割を果たす」歴史研究です（ヴェーグナー「マルスとクリオの間で」）。ハワードに続く英米系の研究者たちが、一九八〇年代に「戦争と社会」というアプローチを展開して以来、軍事史は再構築され、「戦争・軍事マニアだけが軍事史を語る時代はすぎた」とも表現されるようになりました。

ジェンダー史との融合

「戦争・軍事マニア」ではない者のなかには、ジェンダー史家たちも含まれていました。彼ら、彼女らは、従来の軍事史が男性（兵士）についての男性（歴史家）による研究であったにもかかわらず、男性性というものには無意識・無関心であったと指摘します。いや、「二重の意味での男の歴史」であり、男性の歴史家というものは、おうおうにしてジェンダーに無頓着であったからこそ、男性ジェンダーという視点も欠けていたのです。

そもそも、軍隊ははたして時代を超えて「男の世界」であり、戦場は男性兵士のホモソーシャルな空間だったのでしょうか。

ハワードの『ヨーロッパ史における戦争』は、現在もその改訂版が日本で読み継がれている名著ですが、軍隊は女性が不在であったと答えているかのようです。中世から二十一世紀までを概観するその記述に登場する女性は、「ジャンヌ・ダルクの所業」「メアリ女王の迫害」「エリザベス女王に巧みに口説いた、戦略」「ヴィクトリア女王即位六十周年祝典」という小見出しにあげられているものにすぎません。

中世では、十四世紀から十五世紀にかけてフランスの傭兵団が「強姦」をおこなったこと、第一次世界大戦時には「婦人が工場と畑で男に代わっ〔て働くようになっ〕た」と述べられていますが、それ以上深く掘り下げられることはありません。

ですが、現実には、例えばジャンヌ・ダルクの時代も、エリザベス女王の時代も、軍隊に生きた女性たちを見出すことができます。彼女たちは、兵士の妻や愛人、売春婦、洗濯女、料理女、女性兵士として、同時代の人びとによって記録されていました。しかし、(男性)軍事史家にとっては関心の対象とはならず、あるいは些事として注意を払われませんでした。戦争は彼らにとって「男たちの物語」だからです。「新しい軍事史」とジェンダー史が出会い、軍隊における「男たちの物語」が脱構築されるなかで、軍隊に生きた女性たちはようやく脚光をあびるようになりました。

近世ヨーロッパの軍隊を研究したアメリカの歴史家ジョン・A・リンは、「女性たちは軍隊共同体に必要な住人だった」とし、こうした女性たちの存在を埋没させておくことは、「近世の軍隊の本質を偽って伝えることになる」と断じています(Lynn, *Women, Armies, and Warfare in Early Modern Europe*. p. 132)。軍隊に生きた女性たちを歴史のなかからすくいとることは、過去の女性たちの多様な生を提示するだけでなく、「男の領域としての軍隊」の構築過程を捉え直すことにつながります。

さらにいえば、「新しい軍事史」とジェンダー史の融合は、近代以降の「ネイション（国民／国家）」や「市民」といった概念の再考を促します。

第五章の男性史の考察においてすでに触れましたが、「国民」「市民」といった概念にはすでに一定のバイアスがかかっていて、兵役の義務を果たし、武器をとる男たちを前提としていたことが明らかにされています。

女性が国民としての権利を享受できなかったのはなぜなのか、兵役を拒否した男性が市民権を剝奪されるのはなぜなのか。その答えは、「ネイション」の概念が「ジェンダー化」されていることにあらわれています（Blom, Hagemann and Hall (eds.), *Gendered Nations*）。

プロイセンの常備軍にみる近世の軍隊

ここでは、まず「ネイション（国民／国家）」概念が成立する以前の時代に重点をおいて、兵士や軍隊にジェンダーの視点からアプローチしたいと思います。兵士や軍隊については、近代以降の一律的なステレオタイプが強く、その呪縛から思考を解き放つことが求められるからです。

前近代の軍隊は、十九世紀以降の諸国家が保持した軍隊とは様相が異なっていました。何よりも傭兵制が中心であったことが特徴です。傭兵とは、報酬契約によって雇用される兵士のことで、生まれ育った地域やその君主のために戦うというより、生活のために戦うという経済的動機で雇われる兵士です。もっとも、イギリスやその北米植民地のように、一般の民衆が戦時において民兵となって重要な役割を果たすこともありました。こうした民兵に対して、傭兵は「ならず者」や日雇い人夫など社会の下層民が中心で、外国人も多くいました。軍隊内の規律の維持が困難だったことは容易に想像できます。

傭兵になった下層民の語りを記録する貴重な史料が残されています。プロイセン王フリードリヒ二世の傭兵になったスイス人、ウルリヒ・ブレーカー(一七三五〜九八)によるものです。彼は貧しい農家の出でしたが、独学で読み書きを習得し、ルソーの『告白』やゲーテの『若きウェルテルの悩み』を読むような教養人でした。なぜ彼はプロイセン軍の傭兵になったのでしょうか。

募兵は国境を越えておこなわれました。中隊長から任命された募兵係の将校が、下士官を連れて町の広場にあらわれ、太鼓を叩いて人を集め、酒を振る舞って勧誘したようです。ブレーカーは父親が懇意にしていた熊手作りの職人から話をもちかけられ、心を決めます。寒村の貧しい農家で一一人兄弟のウルリヒにとって、大金を稼げる軍隊は、「バラ色の未来」を感じさせました。

ですが、ベルリンで彼を待っていたのは、体罰や非道な行為が横行する軍隊生活でした。脱走兵も多く、「ほとんど毎週のように、収監された脱走兵たちの身も凍るような話を耳にした」ブレーカーは、つぎのような体験談を残しています。

二〇〇人の兵士が二列になってつくる長い小道を、脱走兵が鞭で打たれながら八回も行ったり来たりして、息も絶え絶えになって倒れるまでの一部始終を、われわれは傍観せねばならなかった。(ブレーカー『スイス傭兵 ブレーカーの自伝』一一六頁)

ダニエル・ホドヴィエツキによる銅版画(図2)は、まるでブレーカーの半生記の挿絵かと思われるもの

図2　1774年，ダニエル・ホドヴィエツキ(1726-1801)によって描かれた軍隊の鞭打ち刑　左側前方には，背中を鞭打たれた人物が上半身裸で隊列のなかを歩かされている。

です。脱走兵の多さは近世の軍隊の特徴といえるものでした。
翌日も脱走兵の鞭打ちはおこなわれ、彼らの体から滴り落ちる血を目にして、ブレーカーは恐ろしさで震え、小声でこう囁きます。「とんでもない野蛮人め！」（同、一一七頁）。

評判の悪い軍人像

ブレーカーの罵倒《ばとう》の言葉は、「鞭打ちにとりつかれた貴族の若造」である将校に向けられたものです。軍隊における将校と兵士の関係は、貴族と農民・下層民という身分制の構造を反映していました。連隊長レベルともなるとその裁量権は大きく、軍事裁判権を有し、生死を含む制裁や結婚許可など、兵士の生活の隅々にまで及んでいました。

ブレーカーが生きたのは、啓蒙《けいもう》主義の人権的観点から、将校の資質や兵士の境遇について改善を図ろうとする動きがみられた時代でもありました。また、おもに貴族階級である将校の専門教育機関が、フランス、プロイセン、イギリス、オーストリアなど各地に設立され、専門知識を有する将校が輩出されつつある時代でもありました。

とはいえ、概して十八世紀の将校の評判は良いものではありませんでした。例えば、メアリ・ウルストンクラフトは、軍人を「知性なき存在、外見ばかりを気にする愚者」と評しています。おもしろいことに、彼女は、知性を磨こうとせず容姿ばかりを気にかける女性を皮肉って、軍人との類似性を指摘しています。

知性の深さについていえば、軍隊の中には、女性におけるのと同様、そんなものは稀にしか見出し得ない、と私はあえて断言しよう。……さらにその上、将校たちは、女性が容姿を気にするように、自分たちの風采を特に気にするし、ダンスや人の集まる部屋や冒険や愚にもつかぬことを好むものだということが観察されよう。（ウルストンクラフト『女性の権利の擁護』五三頁）

支配階層の軍人と女性は類似している――十九世紀以降の軍国主義国家では考えられない比較です。ウルストンクラフトが生きた時代は、それだけ軍人の評価が低く、「彼らの優秀な点をどこかに見つけることは難しい」と厳しい言葉が投げかけられます。

ウルストンクラフトは常備軍の兵士についてもつぎのように書いています。

常備軍が勇猛果敢な男性によって構成されているということは決してありえない。それは良く訓練された機械であるかもしれぬが、その中には強い情熱に動かされた男性、あるいは非常に力強い才能をもった男性などはほとんどいない。（同）

「戦わない男」

概して十八世紀までの軍隊は、理想的な男性モデルが宿る場所ではありませんでした。それどころか、多くの男性たちは軍隊を軽蔑し、近代の軍隊がもつ男らしさとは無縁に生きていました。歴史家たちはこの点で一致しています。

戦争は王の戦争であった。善良な市民の役割は税を払うことであり、健全な政治経済学も、これらの税を払うための金を作るように、市民は放っておくべきだと指示した。……彼ら〔ブルジョワジー〕は、彼らの社会における、貴族の将校と脱落者の兵をともなう軍事的要素を、およそ共感など持たずに見ていた。良くても、自分達には関係ない問題の専門家集団として、悪ければ、嘲笑と軽蔑の対象として見ていた。（『ヨーロッパ史における戦争』一二五〜一二六頁）

一八世紀を通じて軍隊と社会とのかかわりは増大し続けるとはいえ、大半の人々は軍隊との接点をほとんどもつことがなかった。多くの男性、特に中間層や上層の圧倒的多数の男性は、兵士にならなかった。軍人への関心は皆無に等しかった。……結局のところ、自らの意志に反して兵役を強要される場合は別にして、兵隊稼業は男たちにとって、景気の好不況に左右される家計の苦境を乗り切るために、期間限定で従事する一時的副業のようなものだったのである。（ラルフ・プレーヴェ『一九世紀ドイツの軍隊・国家・社会』六頁）

きたるべき近代市民社会のジェンダー秩序について十八世紀末に展開された議論でも、「武器をとる男らしさ」が強調されることはありませんでした。

国家官吏や法曹、教育者、企業家、商人といった市民層には、軍隊や戦争への直接的な関与よりも、それぞれの分野で職業人として功をなし、それによって「国家」に貢献することのほうがリスペクタブルな営みと考えられていました。

彼らにとって、「国家の敵」とは「軍隊の敵」であり、自分が直接かかわるものとは考えなかったのです。軍隊にお金を出したり、代理の者を立てたりして兵役を免除してもらうことは「恥」ではなく、それを補って余りある行為がそれぞれの職業分野にあればよかったのです。軍隊はならず者の集団とはいわないまでも、ことさら男性として惹かれるような組織ではありませんでした。

「軍隊に生きる女」あるいは「肝っ玉おっ母」

近世社会における軍隊と女性の関係も、十九世紀後半以降の社会とは異なっています。二つの観点からみていきましょう。第一は、軍隊がさまざまな女性の生活と就業の場であったこと、第二は、女性が武器をとり、なかには軍功を収めて賞賛さえあびる者までいたことです。

英語に「キャンプ・フォロワー camp follower」という言葉があります。主として軍隊に随行する女性たちのことをさします。近世社会の軍隊には、兵士のために料理や洗濯をする女、兵士の妻や「事実上の妻」、あるいは売春婦、看護師、酒保を生業とする女性などがいました。「酒保」とは、軍隊内で酒など日用品を販売する者のことで、二十世紀を代表する劇作家の一人、ベルトルト・ブレヒト（一八九八～一九五六）は、十七世紀の三十年戦争時に従軍した酒保商人の女を主人公にした戯曲を書いています（『肝っ玉おっ母とその子どもたち』）。父親の異なる三人の子を育てる主人公は、夫や子の命を奪う戦争を呪いながらも、軍隊から離れて生活することはできません。

近世の軍隊は戦闘員だけで成り立っていたわけではなく、また男性しかいなかったわけでもありません。食糧の確保や行く先々の土地の情報収集などでも女性は活躍しました。彼女たちが略奪に参加し、荷台いっぱいに略奪品を詰めて軍隊へと戻ってくる様子も記録に残されています。三十年戦争の終り、十七世紀半ば頃までは、野営地の女性は、軍の食糧確保など兵站《へいたん》システムにおいて不可欠な存在でした。

図3　17世紀半ばの野営地　コルネリス・デ・ヴァエル(1592-1667)の絵の一部。左には兵士と談笑する女性の後ろ姿，右端中央には赤ん坊に授乳している女性が描かれている。右側後方には大鍋で料理している女性や給仕している女性もみられる。

軍隊に生きる女性の数は徐々に減少していきますが、十九世紀初頭のナポレオン戦争においてはまだ多くの女性が従軍していました。ナポレオンの宿敵、イギリス軍のアーサー・ウェルズリー(一七六九〜一八五二)が六万の兵を率いてイベリア半島に上陸したときには、四五〇〇名の「兵士のイギリス人妻」のほか、酒保商人や洗濯女としてポルトガル人女性七〇〇名、スペイン人女性四〇〇名が加わっていました。三十年戦争に比べると割合は少なくなりましたが、それでも一割近い女性が従軍した計算になります(Lynn, *Women, Armies, and Warfare in Early Modern Europe*, p. 14)。

また、兵舎が整備されるのは十九世紀以降のことで、それまでは軍隊は常に移動するもので、都市や農村の住民が兵士に宿を提供していました。軍隊は一般住民の生活から隔絶された存在ではありませんでした。随行する女・子どもたちは、軍隊と外の世界を造作なく行き来し、つないでいました。

武器をとる女性兵士

近世の軍隊には、武器をとる女性兵士も確認されます。ヨーロッパ全体を巻き込んだ三十年戦争やスウェーデンとロシアの覇権が衝突した北方戦争から、十八世紀後半のアメリカ独立戦争、フランス革命戦争、ナポレオン戦争にいたるまで、数のうえではわずかにすぎませんが、女性兵士の姿を認めることができます。

先にあげたブレヒトの『肝っ玉おっ母とその子どもたち』は、十七世紀ドイツ最大の作家で、自ら軍人として三十年戦争を戦ったグリンメルスハウゼン(一六二一/二二〜七六)による『放浪の女ぺてん師クラーシェ』という悪漢《ピカレスク》小説に着想を得ています。この小説の主人公は、軍隊内で結婚、夫の戦死、再婚を繰り返しながら、ときに自らも武器をとって戦う女性でした。騎兵銃や背負銃を巧みに扱い、軍刀さばきもお手の物で、「敵に向かえば男に負けず勇ましく」、略奪では「(男性の)兵隊も顔負けに分捕品を稼ぎまくる」クラーシェのたくましさとしたたかさが描かれています。

第三章で紹介したルドルフ・M・デッカーとロッテ・C・ファン・ドゥ・ポルの研究が考察しているように、北西ヨーロッパには男装した女性兵士がいました。彼女たちが兵士になった主要な動機の一つは貧困でした。男性は兵士になることでパンを稼ぐことができましたが、女性の就業機会は限られ、娼婦になるくらいなら男装して軍隊に行くと考えた者もいました。

女性の貞操という観点に立てば、娼婦を避けて男装して兵士になった女性は、「女の鑑」といえるかもしれません。とはいえ、「女性の貞操」というものが、どれだけ彼女たちにとって意味あるものだったのか、そもそも彼女たちの性自認や性的指向はどのようなものであったのか、史料は明確な答えを示してくれません。第三章でみたマリア・ファン・アントウェルペンの兵士としての生活は、女性との「結婚」の前後の時期にわたり、合わせて一三年間におよびました。

一七四七年に男装してイギリス王立海軍にあったハンナ・スネルは、マリアとは異なる動機で兵士になりました。オランダの水兵であった夫が、身重のハンナを捨て、生まれた子どもが亡くなると、彼女は海軍に入隊して夫を捜すことを決意します。海軍兵士の一員としてインドでの戦争に参加しますが、夫がすでに死んでいたことがわかると、自ら女性であることを明かし帰国しました。

図4　ハンナ・スネル(1723-92)　ロンドン・ナショナル・アーミー・ミュージアム蔵。

ハンナについては当時『女性兵士 *The Female Soldier*』と銘打った伝記が書かれたことで話題となり、さまざまな雑誌メディアが取り上げ、彼女自らが舞台に立って兵士を演じることもあって広く知られました。先にドイツの作家グリンメルスハウゼンの作品に触れましたが、イギリス文学研究者の川津雅江によると、イギリスでも十七世紀には、女性戦士をテーマにした多くのバラッド(伝承された物語などを韻とともに詩の形式で語り歌う民衆芸能)が書かれ、「女性が戦争で闘う話は、『女性兵士』が出版された一七五〇年頃には民間伝承としてすでに確立したテーマだった」(川津『サッポーたちの十八世紀』六七頁)ようです。『女性兵士』には男装しても失われない女性の美徳が強調される一方で、ハンナ自身のセクシュアリティは異性愛の枠組みでは捉えきれないと川津は示唆しています。マリア・ファン・アントウェルペンのケースでもそうですが、女性兵士のセクシュアリティに迫ることは難しいものの、ここでは、「女性の貞操」が、性別二元論に基づく「女らしさ」にも異性愛主義にもなじまない局面が見て取れます。

いずれにせよ、女性兵士というテーマは、近世社会において人びとが想像だにしえないもの、とはいいがたいようです。

マリアやハンナは女性であることを隠して兵士となりましたが、スイスのレグラ・エンゲル（一七六一〜一八五三）は違っていました。プロイセン軍の将校の父をもち、十七歳でナポレオン軍のスイス部隊の士官と結婚したレグラは、革命期のフランス、イタリア、エジプトに夫とともに従軍し、一八〇五年のアウステルリッツの戦いで自らサーベルをとり参戦しました。

兵士の妻や娘が従軍の過程で武器をとる術を身に着け、戦場に立つということは稀ではなかったようです。一八一五年のワーテルローの会戦で、レグラの夫と二人の息子は戦死し、レグラは首を撃たれ、横腹を銃剣で突かれて重傷を負います。レグラがブリュッセルへ運ばれたとき、彼女は士官の軍服をまとっていました。レグラは還暦を過ぎて自叙伝を発表し、夫とともに従軍した日々を綴ったことで、「ナポレオン軍の女性兵士」として知られることになります。

女性であることを隠して兵士になった者にしろ、女性であることが周知されたうえで武器をとった者にしろ、十九世紀初頭には、まだこのような女性たちが兵士として入り込む余地がありました。ですが、「軍隊の近代化」が進むにつれて、そうした余地は失われていきます。

「戦う男」と「銃後の女」の二元化

国民国家という概念が打ち立てられると、軍政改革がおこなわれ、徴兵検査という（男性）国民の身体を管理するシステムが徹底しました。女性の身体は軍服で覆い隠そうがいまいが、否が応でも弾き出されます。戦闘部隊の後方にあって、兵器や食糧、物資の調達を担う兵站が整備されていくにつれて、料理女や酒保の女性も姿を消し、兵舎が設営されることにより、軍隊社会と市民社会は分離していきます。軍隊社会は質実ともに「男の世界」となっていきます。

近代国民国家では女性は非戦闘員と指定されている。しかし、近代以前、つまり男性と女性の社会生活での活動や領域の相違が規格化され、決定的に研ぎすまされる以前には、潜在的戦闘員としてのある年齢の全男性と、非戦闘員としてのあらゆる年齢の全女性とを区分けする必要はなかった。戦争と社会生活との絶対的分裂という前提そのものが、まさにブルジョア社会の本質的特徴である。（エルシュテイン『女性と戦争』二八一頁）

「戦わない男」と「軍隊に生きる女」はこうして後景に退いていきました。代わってナショナル（国民国家的）なモデルとして、「戦う男」と「銃後の女」が前景にでてきます。

すでに述べたように、徴兵制は革命期のフランスで始まりました。国民主権の原則が打ち出されると、国民のための国家は、王の軍隊ではなく、国民自身が守らなければならないとされるようになります。一七九三年、ルイ十六世の処刑のあと、フランス共和国防衛のための「総動員法」が敷かれました。第一条には、「若者は戦いに行き、既婚の男性は武器を作り糧食を運ぶ。女性はテント・衣服を作り、病院で働く」とあります（河野健二編『資料フランス革命』三九一頁）。

総裁政府はこの総動員法の徴兵原則を制度化しました。一七九八年に出された法令の第一条には、「フランス人男子はすべて兵士であり、祖国の防衛に就く義務を負っている」（同、五六六頁、傍点は筆者、以下同）とあります。原文を確認すると、「フランス人男子」とは Tout Français となっています。直訳すると「フランス人はすべて兵士であり、祖国の防衛に就く義務を負っている」となります。「人権宣言」で「市民 citoyen」は男性であることを前提としていたことはすでにみました。ここでも「フランス人 Français」は「フランス人男性」であることが前提とされています。この法令に先立って、一七九二年に三〇〇名余りの女性が集まって請願書を出し、武器をとる権利を要求しました。ですが、立法議会はこれを拒否しました。「総動員法」が謳うように、女性たちは銃後に配置されるのです。

プロイセン・ドイツは、一八〇六年にナポレオン軍に敗れ、領土と人口の半分を失うという国家存亡の危機のなか、軍制改革に着手します。近代国家においては、「国民」に愛国主義を醸成することによって、すべての男性に兵役義務を課することができ、ナショナルな戦争が遂行可能になるという認識が生まれます。これは外国人募兵を廃止し、一般兵役義務制を整える改革の骨子となりました。一八〇八年に告示され、一四年に最終的な「兵役義務に関する法律」が公布されたことで、二十歳以上の「すべての住民 jeder Eingeborene」はなんらかの形で軍隊に動員されることになります。ここでいう「すべての住民」もまた「すべての男性住民」を意味します。

他方、フランス・ナポレオン軍占領下のドイツ女性たちは、地域共同体のなかで募金や戦争未亡人・遺児の世話など、銃後の活動に従事しました。彼女たちの活動は愛国女性協会として全国各地で組織化され、その数は六〇〇を超えます。プロイセン王フリードリヒ・ヴィルヘルム三世(在位一七九七〜一八四〇)は、兵士の軍功を讃える鉄十字勲章を創設し、銃後の活動に貢献した女性には、亡き妻の名を冠したルイーゼ勲章を創設します。二つの勲章は、二十世紀まで「戦う男」と「銃後の女」を讃えつづけました。

リスペクタブルな兵士モデルの創出

フランス革命とナポレオン戦争を経験して、ヨーロッパの戦争のあり方は変化しました。

戦争は全体的になりはじめたのである。すなわち、軍隊の対立ではなくて、国民の対立になりつつあった。(『ヨーロッパ史における戦争』一五五頁)

とはいえ、あらゆる社会層の男性に、国民の義務として軍隊へ参加させることは困難をともないました。フランスにおいても、ドイツにおいても、兵役を逃れようとする者は多く、制度としても、十九世紀後半まで多数の兵役免除の抜け道が用意されていました。

ジェンダーの観点から考えると、徴兵制が広く受け入れられるためには、軍隊的な「男らしさ」のモデルが必要となります。十九世紀には、そのために民族的・国家的《ナショナル》な英雄物語や神話、偶像《アイドル》が創られていきます。

フランスでは、ナポレオンが称揚したラトゥール・ドーヴェルニュ(一七四二〜一八〇〇)がそのような人物の一人でした。彼は法律家の家庭に生まれながら早くに軍隊に入り、深い教養を重ね、勇猛な擲弾《てきだん》兵

図５　生地ドレスデンに立つテオドーア・ケルナー像　普仏戦争に勝利してドイツ帝国が誕生した1871年に建立された。ナポレオン戦争で命を落とした若き兵士へのレクイエムが，国民の記憶に刻まれていく。

（敵陣深くに攻め入り、手榴弾《しゅりゅうだん》を投げる歩兵の一種）として活躍し、一八〇〇年の戦いで戦死します。

「勇気と慎重さを兼ね備え、部下の兵士たちの生命を大切にし、人間の権利を重んじるといった偉人の資質に加えて」、「哲学者軍人の資質を備えていた」ラトゥール・ドーヴェルニュは、共和国のために文字通り命を捧げたとされ、「名誉の戦死」を遂げた彼の骨はナポレオンによる大規模な葬儀によって廃兵院に納められました。

ナポレオンはその後、レジオン・ドヌール勲章を創設しますが、その対象はまず「自由のための戦争で国家に重大な貢献をもたらした軍人」であり、ついで「知識や才能や美徳によって共和国の原理の確立や擁護に貢献した、あるいは司法や行政に対する敬愛をもたらした」市民という順でした（ジャン＝ポール・ベルトー「軍人の男らしさ」二三〇～二三三頁）。

ドイツでも、教養人にして兵士というアイドルがあらわれます。ナポレオン軍とのささいな遭遇戦で命を落とした二十一歳の志願兵、テオドーア・ケルナー（一七九一～一八一三）です。ドーヴェルニュと違い、兵士としてではなく、彼が残した多くの解放叙事詩によって、ドイツの若き市民男性のモデルとなりました。彼の父親がシラー、ゲーテらと交友をもつ教養市民で、息子を「完全な人間であり国民」と讃えたことも大きかったようです。

フリードリヒ・ヴィルヘルム三世により彼に与えられた鉄十字勲章は、「国民の英雄」であることを証明する兵士の名誉となりました。ケルナーはたんなる「戦争の英雄」ではなく、「公共善のために自らの義務を果たし、武器をとった教養市民の英雄」として理想化されていきます。

同時期に各国で将校の養成機関の設立や再建が進んだのは偶然ではありません。前世紀までにすでに啓蒙的な軍人教育は始まっていましたが、いまや軍人は軍隊の外においても「男らしさ」の模範となることが期待されました。

イギリスでは海軍の活躍で陰が薄くなっていた陸軍に、王立士官学校が一七九九年に設立されます。フランスではナポレオンによって現在まで続くサン・シール陸軍士官学校が一八〇二年に設立され、プロイセンでは軍制改革者ゲアハルト・フォン・シャルンホルスト（一七五五〜一八一三）によってベルリンに一八一〇年に士官学校が創設されています。士官学校の卒業者は軍隊を統率するエリートであり、男性の鑑となることが期待されました。

兵役拒否者の「男らしさ」

軍隊の集団的な規律に従って武器をとり、戦場で勇気をみせることが「男らしさ」の模範とされるようになります。

戦場では、国家のため、正義のためという大義のもとに、殺し殺されることをいとわない勇気が鼓舞されます。すでに繰り返し指摘しているように、ジェンダー秩序を基盤とする近代社会が究極的に男性に求めたものは「殺す性」になることでした。

現実には、「殺す性」になることを拒み、それに背を向けた男性たちも少なからずいました。彼らの存在は、英雄を讃える軍事史においては否定的な評価を与えられ、あるいはとるに足りない存在として脇に追いやられました。ですが、些事として周縁化された女性兵士と同じように、兵役を拒んだ男性たちもまた、「新しい軍事史」とジェンダー史の融合にあっては、すくいとるべき重要な研究対象です。

「汝、殺すことなかれ」というキリスト教の教えに従う「良心的兵役拒否者」、反戦運動を展開した社会主義者、国家主義的《ナショナル》な戦争に反旗を翻す反体制派、思想信条はないが戦場をきらう兵役忌避者などは、時代がくだるにつれて、とくに二十世紀前半の総力戦体制において、あるべき男性像の落伍者の烙印を押され、「非国民」となじられるようになります。

第一次世界大戦のさなか、イギリスでは、軍服を着ていない男性に「臆病者の印」として女性たちが街頭で白い羽を手渡すという運動が起こっています。尾に白い羽をもつ雄鶏は闘鶏に弱いという言い伝えがあることにちなむそうです（林田敏子『戦う女、戦えない女』三一～三八頁）。イギリスは長らく志願兵制でしたが、戦局の悪化によって一九一六年に徴兵制を導入します。兵役拒否者たちに突きつけられたのは市民権の剝奪でした。

国民の多くは兵役を拒むことができず、「殺す性」に加わる男性が大半でした。その反面、「殺す性」になる勇気より、それを拒む勇気をもっていた者もいました。そのような勇気をもつ者は、「男らしくない」のでしょうか。

また、「兵役拒否者」といっても一律ではありません。戦争にいっさいかかわらないとして投獄される者ばかりでなく、いったん入隊するも軍から脱走する者、入隊を拒否して軍用道路の建設や輸送などの代替業務に就いた者もいます。前線に立った兵士が銃口を敵に向けることを拒み、極限状態のなかで「殺さない」選択をした者もいました。服従することが兵士の義務であるとすれば、それに背く軍律違反、「抗命」には並々ならぬ覚悟を要します。

ドイツ史家の對馬達雄は、ヒトラーの「絶滅戦争」に抵抗すべく、軍を脱走した兵士たちが、戦後、名誉回復に半世紀以上の時間を要した苦難の歴史を書きました（對馬『ヒトラーの脱走兵』）。脱走兵を「臆病者」として「勇敢な兵士」に対置し、「男同士の絆」で結ばれた戦友への裏切り者とする考えは根深いです。他方、「男性的なのは脱走兵のほうである」と言い切る男性史家もいます（ベルトー「軍人の男らしさ」二一三頁）。「兵役拒否者」の「男らしさ」についてはさらなる研究の深化が待たれます。

兵士のセクシュアリティあるいは性暴力

「新しい軍事史」とジェンダー史の融合において、すでに大きな成果を出しているのは、兵士のセクシュアリティおよび性暴力に関する研究です。

一九九〇年代以降、日本の「慰安婦」問題に対するフェミニストたちのアクションは、西洋の歴史家を含め国際的な関心を喚起しました。『戦場の性――独ソ戦下のドイツ兵と女性たち』（二〇一〇年、邦訳二〇一五年）の著者レギーナ・ミュールホイザーは、二〇〇〇年十二月に日本で開催された「女性国際戦犯法廷」に参加し、そのことがナチス・ドイツの戦時性暴力を研究する決定的な契機になったと述べています。「慰安婦」問題の責任者を民衆法廷で裁くという試みは、日本国内よりも海外のメディアで多く取り上げられました。

一九九〇年代に戦時性暴力の関心が高まるのは、国際司法上の動向にも見て取れます。一九九八年に採択された国際刑事裁判所ローマ規程では、ユーゴスラヴィアやルワンダの内戦における性暴力が、「人道に対する罪」として国際法上新たに確定されました。二〇〇〇年十月には、国際連合安全保障理事会決議で、女性に対する性暴力は戦争犯罪として、責任者への不処罰は認めないことが採択されます。

西洋ジェンダー史研究においては、恋愛から性暴力まで、ドイツ兵と旧ソ連地域の女性とのさまざまな性的関係を描き出したミュールホイザーの研究に加え、メアリー・ルイーズ・ロバーツの『兵士とセックス――第二次世界大戦下のフランスで米兵は何をしたのか？』（二〇一三年、邦訳二〇一五年）が注目されます。

一九四〇年にナチス・ドイツに敗北し、占領されたフランスは、戦勝国によって「不名誉な女性化された国」の地位に転落します。一九四四年のノルマンディ上陸作戦では、連合軍のアメリカ人男性が、暴力的なナチス・ドイツからフランス人女性を救い出すと位置づけられました。アメリカ軍は、この作戦で、「男らしい兵士――破壊や殺戮だけでなく救出や保護もする――になりたいアメリカ兵たちの願望をかき立て利用した」といいます（ロバーツ『兵士とセックス』一九頁）。

ロバーツは、アメリカ人男性兵士とフランス人女性との性的関係が、アメリカとフランス両国の力関係を投影していたことを明らかにしました。と同時に、こうした性的関係が両国間の力関係の折合いをつけるために利用されたと指摘します。

他方、フランスの男性(兵士)はこれをどう捉えたのでしょうか。「フランス人男性は男の特権を、最初はドイツ人に、そして次にアメリカ人に譲渡せざるを得なかった」苦渋を味わい、「敗北の必然の結果として彼らは自国の女性に対する性的所有権を失ったのではないかとも危惧していた」(ベルトー「軍隊と男らしさの証明」一一二頁)。アメリカ兵と「恋愛」し、あるいは彼らからレイプされ、あるいは彼らを相手に売春行為に身を落とすフランス人女性を前にして、フランス人男性は自らの手で自国の女性を救えず、「男性としての無力」にさいなまれました。そうした不甲斐なさは、フランスがおかれた国際的な立場を象徴するものでもありました。

ミュールホイザーの研究もロバーツの研究も共通しているのは、ナショナリズムとセクシズムに加えて、レイシズム(人種差別主義)と性暴力との関わりです。

ドイツ兵によるロシア人女性やユダヤ人女性へのレイプは、ナチ政府によって「人種的に望ましくない結果を生む」とみなされつつも、兵士自身が勇敢であり、軍功が認められれば、この性犯罪についての裁判官の温情が期待できたといいます。実際、「東部戦線での女性に対する性暴力は、西部戦線と比べて明らかに法廷で訴追されることが少なかったし、その処罰も全体として軽いものであった」のです(ミュールホイザー『戦場の性』八頁)。いうまでもなく、東部戦線とは東欧・ロシアの戦場で、西部戦線とはフランス、ベルギー、オランダなどの戦場をさします。被害女性の「人種」によって、処罰の程度が左右されました。

一方、一九四四年のノルマンディ上陸作戦以降、アメリカ兵によるフランス女性のレイプが問題視されるようになると、加害兵士の「人種」が問われるようになりました。レイプ犯としてアメリカ黒人兵の有罪判決が急増しましたが、それはアメリカ軍が彼らをスケープゴートにしたからといえます。こうしたアメリカ軍司令部の動向は、黒人に対する人種差別意識を共有するフランスの一般市民からの「協力」もありました（『兵士とセックス』二一一頁）。

ミュールホイザーもロバーツも、従来の軍事史家たちが目をそらしてきた兵士のセクシュアリティや性暴力を直視しました。そして、戦争および兵士の歴史に肉薄するためには、セックスというテーマが必要不可欠であることを明示しました。セックスやレイプが「兵士たちの日常の一部」であるにもかかわらず、これまで過小評価されてきたといえるでしょう。イギリス軍は、諜報活動として数千人のドイツ兵捕虜の会話を盗聴しましたが、その膨大な記録を分析した軍事史家のゼンケ・ナイツェルと社会心理学者ハラルト・ヴェルツァーも、レイプに関する話は、射殺や略奪に関する話と同じく、「戦争の語りにおいて日常的になされる一般的なものであった」（ナイツェル／ヴェルツァー『兵士というもの』六一頁）と述べています。

こうした研究によって、軍による売春施設の設立や占領地の女性への集団レイプ、命乞いする女性のレイプと射殺など、おぞましい語りの数々が、回想録や日記、盗聴された会話から浮かび上がります。一般市民が兵士となることで、ここまで人間性を破壊できるのはなぜか。その答えの一つが、「男らしさと男性の名誉の証明」ではないでしょうか。

軍隊という男性同盟の内部では、レイプは徹底して男らしさと——厄介なことに——男性の名誉の証明と見なされる。(『戦場の性』五二頁)

性暴力という共犯関係が男同士の絆を強め、それに同調しないことは仲間への「背反」であり、「臆病者」として排除される。戦場において、仲間からの排除は死を意味します。さらに、明日は死ぬかもしれないという極限的な非日常を送る兵士にとって、性的快楽はせめてもの「報酬」であり、「慰め」であり、さらに「強者」としての自分／男性を実感できるものでした。

戦争に性暴力はつきものであり、兵士もまた戦争によって非人間化された被害者であるという主張があります。これに対して、ナイツェルとヴェルツァーは、「性暴力は戦争によってつくり出された例外状況によってのみ生じたのだ、と考えてはならない」と強調しています。兵士のセクシュアリティは、戦時ゆえに特別に暴力性を帯びるのではなく、「性的な現実逃避や身体的暴力、放埒《ほうらつ》は、総じて日常生活にしっかりと根を下ろしている」と断言します(『兵士というもの』一九六頁)。問うべきは、戦時のセクシュアリティだけではないのです。

「兵士であること」は「男であること」なのか

このように兵士のセクシュアリティおよび性暴力について考えてみると、「兵士であること」と「男であること」を切り離すことはできないように思えてきます。

少なくとも男性同盟としての軍隊をもった近代社会では、これは問うまでもないことでした。フランスの男性史研究を編纂したアラン・コルバンは、軍隊に入る徴兵検査そのものが「男性にとってみずからの男らしさを、時には勃起力を誇示する機会だった」と述べています（『男らしさの歴史』Ⅱ、二一四頁）。そして、社会もまた軍隊が男らしさの学校であることを認めていました。

フランスにおいてもヨーロッパの他の国においても、十九世紀の世論は本物の男は兵営で作られると認めていたのである。（ベルトー「軍人の男らしさ」二一三頁）

兵営でつくられ、訓練された兵士の「男らしい身体」は、しかし多くの場合、戦場から生きて帰ることができても無傷ではすまされず、四肢の一部を失う者、精神疾患に陥った者もいました。戦場での負傷や戦死は、戦勝国家において「名誉」とされます。しかし「男らしい身体」を失い、戦後社会にうまく復帰できず、「落伍者」とみなされた者もいました。

第一次世界大戦における「戦争障害者の男性性」にアプローチした北村陽子によると、「顔面に損傷を負った者、戦争神経症など精神障害をもつようになった者、そして生殖能力を喪失した者」は、「男らしくない」と認識されました（北村「第一次世界大戦と戦争障害者の男性性」）。

顔面だけでなく、そもそも五体満足の身体を失った場合、就業の機会も狭まり、一家の大黒柱という男性役割に支障をきたすこともありました。「戦争神経症」は「男性のヒステリー」現象とみなされ、それは本来、「女性の病気」とされていたことから、「男性の女性化」とも理解されたようです。生殖器を負傷した者のなかには、男性ホルモンの分泌が低下し、声が高くなるなどの「症状」がみられ、戦間期のドイツでは、彼らの「科学的調査」もおこなわれました。

兵士は退役してからも、自他ともに「男らしさ」という評価の枠がつきまとうことがあらためて認識されます。「兵士であること」が「男であること」の基準ならば、戦えなくなった兵士は、「男であること」からの落伍者となるわけです。

女性を排除する近代の軍隊

近代の軍隊が女性を排除したことについて、ジェンダーの観点からもう少し掘り下げてみたいと思います。

女性を排除するということは、「産む性」すなわち「命を与える性」を外すことであり、これにより軍隊は「殺す性」すなわち「命を奪う性」からなる男性たちのホモソーシャルな組織に「純化」しました。

第一次世界大戦中、イギリスのある母親はつぎのように書きました。

女性は生命を与える目的で、そして男性は生命を奪う目的で創られております。（『女性と戦争』二九九頁）

前章の男性史で触れたジョージ・L・モッセの概念を用いれば、「産む性」を「カウンタータイプ」として、「殺す性」という模範的男性像が想定されます。

「産む性」は「殺す性」にはなりえない、女性が兵士となることは、「産む性」からの逸脱であり、「母性への裏切り」である。二十世紀に入って二つの世界大戦で総動員体制がとられ「女性兵士」が登場したとき、このことがはっきりと言語化されました（佐々木陽子『総力戦と女性兵士』）。

「女性兵士」は「母性への裏切り」だけでなく、純化された男性組織の侵入者でもありました。前述のミュールホイザーは、旧ソ連の軍隊と対ナチパルチザンに計一〇〇万人の女性がいたことに言及し、ドイツ国防軍や保安警察が彼女たちに強い憎悪を抱いたと述べています。当時、ドイツでは共産主義への憎しみがあおられましたが、これに輪をかけて「武装した女性」への嫌悪感が彼らを苛立たせました。

近代の軍隊が模範的な女性像としたのは、入隊する女性ではなく、夫や息子、兄弟を兵士として送り出し、「戦う男たち」の勇気を称賛する女性でした。実際、大半の女性たちは「〈正義の戦士〉の良き伴侶であり、「戦時には市民のチア・リーダーとして、銃後の同胞として」生きたのです（エルシュテイン『女性と戦争』二一七〜二一八頁）。

しかし、第一次世界大戦、第二次世界大戦では、「銃後の性」は後方支援にとどまらず、ソ連軍だけでなく、アメリカ、イギリス、ドイツにおいても、何万人もの女性が前線に送られました。軍の「女性補助員」といいながら、戦場で命を落とした女性や捕虜となって消息を絶った女性も少なくありません。十九世紀以降、軍隊は男性のホモソーシャルな領域とされてきましたが、それは貫徹されませんでした。二元化されたジェンダー秩序の限界ともいえるでしょう。

クラウゼヴィッツの『戦争論』にあらわれるジェンダー

本章の締めくくりとして、戦争を論じる不朽の名作とされる著作を取り上げ、ジェンダーの観点からテキストの批判的読解を試みたいと思います。

図6　クラウゼヴィッツ　『戦争論』は彼が亡くなった翌年に刊行された。

カール・フォン・クラウゼヴィッツ（一七八〇～一八三一）の『戦争論』は、西洋軍事学の金字塔とされています。クラウゼヴィッツは、十二歳で入隊し、フランス革命時の対仏戦争、対ナポレオン戦争、ワーテルローの会戦など数々の戦場に立った軍人で、ベルリン士官学校校長を務めるかたわらこの書を執筆しました。戦略と戦術の差異や戦争の精神論など、幅広い視点で戦争を冷徹に理論化し、政治の延長として戦争を捉える方法は、軍人はもとより、数多くの政治家や知識人に影響を与えてきました。

二つの論点に絞ります。第一は、『戦争論』の出版の経緯に立ちあらわれるジェンダー、第二は、『戦争論』の受容に付与されるジェンダーです。

『戦争論』が世に出されたのは、一八三二年のベルリンです。クラウゼヴィッツは一八三〇年、ナポレオン戦争後の反動復古に反旗を翻す暴動がポーランドで起こると参謀長として現地に赴きますが、現地でコレラに感染、一八三一年に亡くなります。彼の遺稿は膨大な量で、それを全一〇巻の著作集にまとめたのが妻マリーでした。『戦争論』はこの著作集の最初の三巻にあたります。

女でありながら、本書のような内容の著作の序文を書くなど、まったく奇妙なことだと考える人もいるでしょう。私の親しい友人たちにはあらためて弁明する必要はないのですが、私を知らない方々のために、私がこの序文を書くようになった理由を簡単に説明して、このような僭越な行いを了承いただきたいと思います。（Clausewitz, *Vom Krieg*, S. 3）

『戦争論』は、「序文」のこの文章から始まります。マリーは、夫が長年、精魂を打ち込んで執筆している姿を見て、生前からその刊行を促していました。ですが夫カールはそれを拒み、「なかば冗談に、しかしなかば自分の早世を予感してか、「これは君に出版してもらうよ」とよく言っていた」と記されています。こう弁明して、マリーは「最愛の夫の遺作」を出版することを読者に説明します。

女として差し出がましい振舞いをするのは大変気が重いのですが、それを押し切ってまでしなければならない私の心苦しさをわかってもらえればと思います。（同）

「女でありながら」「女として差し出がましい振舞い」といった表現は、戦争は男性の領域であり、それを論じるのも男性であるという社会の価値規範を映し出しています。

マリー・フォン・クラウゼヴィッツ（一七七八〜一八三六）は伯爵家の出身で、プロイセン宮廷の女官として勤務し、結婚後も宮廷の職にあり、戦地にあって遠く離れている夫に宛てて頻繁に手紙を書いています。

彼らの往復書簡からうかがえるのは、マリーが夫の良き相談相手を務めるだけの教養を備えた女性であったということです。マリー自身、序文のなかで「私に相談することなく夫がこのような仕事に取りかかることなどありません」と書いています。『戦争論』の刊行は、マリーの「内助の功」の賜物です。男は戦争を論じ、女はそれをサポートする。「私は本書の出版に際して、ただ介添え役として役に立ちたいのです。この役なら私が務めても差し支えないでしょう」(同)。

前述のエルシュテインは、クラウゼヴィッツの『戦争論』がその後の戦争の理論化に与えた影響力を随所で評価しながら、妻マリーの立ち位置に注意を払います。「私の能力を超えたこの種の著作」と表現するように、マリーはどこまでも控えめです。エルシュテインはこうしたマリーの序文を、「夫に名誉を与えるため、彼女は自分と自分の貢献を小さく感じさせるような表現をしている」(『女性と戦争』一二〇頁)とし、「戦争とその言説の巨匠たる彼女の夫との関係において彼女が取る位置を再確認させるように構成されている」(同、一二二頁)と読み解きます。

マリーは、戦争に関するテキストにおいても、女性は後方に控えるべきだと理解していました。そして、夫を支え、応援する「チア・ガール」でありました。少なくとも彼女は、公の場に出るにはそのようなポーズをとることが賢明だと認識していました。

マリーは序文のなかで、カールとの結婚生活を「夫に手をとられてこのうえなく幸せ」であったと述べ、類まれな才能をもった夫の功績が広く認められることは「自分にとっても最高の幸せ」と記しています。「偉人」クラウゼヴィッツの妻は、幸福な結婚生活を送り、夫の仕事を支え、夫の名声を自分の幸せと感じる「理想的な女性」であったわけです。

『戦争論』を手にとる（男性）読者たちは、序文にあらわれるマリーのこのような姿勢にことさら気をとめることなく読み流したことでしょう。あるいは、読者／男性としての心地よさを漠然と感じたかもしれません。クラウゼヴィッツの著作を読みたいと願う読者が最初に目にするテキストの力は大きいものです。戦争を語ることについてマリーがとった位置、すなわち女性がとるべき位置が、（男性）読者によって無自覚のうちに受け止められていきます。

『戦争論』の翻訳にあらわれるジェンダー

『戦争論』のジェンダー分析における第二の論点は、その男性読者たちの問題です。

ドイツ・プロイセンの軍制を範とした明治期以降の軍隊では、多くの日本人（男性）もまたクラウゼヴィッツの読者でした。ドイツ語の原文を読むインテリもいたでしょうし、陸軍、海軍の学校で邦訳本を手にした者もいたでしょう。最初の翻訳が日露戦争前夜の一九〇三年に刊行されて以来、現在までに五種類を超える全訳が出されています。二十一世紀に入っても版を重ね、抄訳や解説本など、クラウゼヴィッツ論はとどまるところを知りません。

『戦争論』は三部八篇、計一二四章で構成される大部なもので、本人による原稿の整理も未完のままでした。難解な内容のうえに、政治を軍事に反映させるべきだというクラウゼヴィッツの提言が、第二版では軍事を政治に反映させるべきだと内容が書き換えられるなど、混乱もあります。そのような事情のなかで、彼自身は「第一部の第一章だけが私が完全であると認めうる唯一のものである」と遺稿に書いています(Clausewitz, *Vom Krieg*, S. 10)。

「第一部　戦争の性質について」の「第一章　戦争とは何であるか?」と題する章で、クラウゼヴィッツは、戦争では暴力が無制限に行使されるという撃滅戦論を展開します。そのなかにつぎのようなくだりがあります。

> さて博愛主義者たちは、敵に必要以上の損傷を与えることなく巧妙に武装を解かせたり屈服させたりすることができ、それこそが戦争技術の求めてきた真の方向であると考えたがるだろう。なるほどこの説は、いかにももっともらしく見えはする。しかしわれわれはその誤りを断乎として粉砕しなければなるまい。なぜなら戦争とはそもそも危険なものであって、これを論ずるのに婦女子の情をもってするほど恐るべき誤りはないからである。（クラウゼヴィッツ〈清水多吉訳〉『戦争論』上巻、三五頁、傍点は筆者）

一九六六年に翻訳され、二〇〇一年からは文庫本として広く読まれている清水多吉の訳です。ここで前提とされるのは、暴力が無制限に行使される戦争は男の領域であって、「婦女子の情」はそこに相容れないと拒絶するジェンダー認識です。なるほど、読者は、妻マリーが戦争を語るのに控えめな姿勢をみせたのと同様、夫カールもまた戦争を男の世界として明示するのだと納得します。『戦争論』のなかでは古代からの戦史がひも解かれていますが、女性兵士を含め、軍隊に生きた女性たちについて、クラウゼヴィッツは触れることはありません。

では、「婦女子の情」とはそもそも何なのでしょうか。

原文をみると、Gutmütigkeit という語を訳者の清水が「婦女子の情」と意訳したことがわかります。Gutmütigkeit とは、「人の良さ」「お人よしなこと」といった意味です。『戦争論』の英訳をみてみると、清水訳とほぼ同時期に発表されたペンギン・クラシックス版は、a spirit of benevolence（*On War.* 1968. p. 102）、プリンストン大学出版局の版は kindness（*On War.* 1976. 1993. p. 84）と訳しています。つまりドイツ語も英語もジェンダーの含意はなく、日本でクラウゼヴィッツのテキストが受容されるにあたって、「戦争とは婦女子の情と相容れないもの」という価値観が翻訳者によって付与されたのです。

クラウゼヴィッツの文章をこのように解釈したのは、清水一人ではありません。一八八〇年代の帝政期ドイツに留学した森林太郎（鷗外）は、明治三十六（一九〇三）年、陸軍軍医監としてクラウゼヴィッツの『戦争論』を『大戦学理』として訳して発表しました（森による翻訳は第一篇、第二篇のみで、残りは陸軍士官学校でフランス語訳から重訳されました）。先のくだりの最後の一文は、つぎのように訳されています。

……戦争は危険なる事なり若《も》し之を論ずるに婦人の仁を以てせば、其《その》迷、蓋《けだ》し焉《これ》より大なる莫《なきこと》から

（『大戦学理』三頁、読点・ルビ・傍点は筆者）

森は、訳者前書きに「其際《そのさい》一字一句妄《みだ》りに増減することなかりしは予の責任を帯びて言明することを得る所なり」（二頁）と書き、ドイツ語の原文に忠実に訳したことを表明しています。森にとっても、清水にとっても、そして彼らの訳本を手にとった（男性）読者たちにとっても、真の戦争とは、「婦人の仁」や「婦女子の情」を受け入れないものとイメージされたのです。

森の『大戦学理』以来、日本の翻訳者たちが皆、このような意訳をしてきたわけではありません。一九三三年に岩波文庫で出された馬込健之助の訳は、「宋襄の仁」という中国の故事を訳語にあて、敵に情けをかけて敗北した宋の襄公の物語を読者に喚起します。

……戦争は実に危険なる事業であって、このような危険な事業にあっては、宋襄の仁ほど恐るべき誤《ご》謬《びゅう》はないからである。（『戦争論』上巻、五二頁、傍点は筆者。旧字体を新字体へ修正）

現在の岩波文庫の版は一九六八年の篠田英雄による翻訳ですが、「……戦争のような危険な事業においては、善良な心情から生じる謬見こそ最悪のものだからである」となっています（二〇〇六年第五二刷、上巻、三〇頁）。淡徳三郎の訳は「お人好し」（徳間書店、一九六五年、一八頁）、日本クラウゼヴィッツ学会訳は「善良な心情」（芙蓉書房出版、二〇〇一年、二三頁）、加藤秀治郎の訳は「善良な気持ち」（日本経済新聞出版社、二〇二〇年、四〇頁）とあります（引用文の傍点はすべて筆者）。

これら数々の訳文を前にして、女・子どものレトリックを用いた森と清水の訳のほうが、戦争における暴力の極限状態を際立たせるのに適っていると感じる読者がいるかもしれません。

著名な美術史家で、日本のジェンダー史研究の隆盛にも寄与した若桑みどりは、二〇〇五年に出版した『戦争とジェンダー』という著作のなかで、クラウゼヴィッツの『戦争論』に言及しています。「近代の戦争論はここからはじまる。戦争にかかわる文献で、これを参照しない者はひとつもない」（若桑『戦争とジェンダー』一三七頁）と位置づけたうえで、ほかでもない、清水多吉の訳文に依拠して、クラウゼヴィッツの戦争の定義をつぎのようにまとめます。

戦争とはなにか？　戦争とは無際限な暴力である。平和的な交渉は「婦女子」の情として断乎として拒否しなければならない。（同）

若桑は、清水訳を用いたことによって、原文以上にクラウゼヴィッツのテキストにジェンダーを読み込んでいます。

さらに若桑は、『戦争論』第一部第一章の別の箇所も取り上げ、クラウゼヴィッツの（正確には訳者清水の）ジェンダーのレトリックに着目します。

……戦争哲学のなかに婦女子の情を持ちこもうなどとすることは愚劣と評する以外に言葉がない。

（清水多吉訳、上巻、三六頁、若桑『戦争とジェンダー』一三七頁、傍点は筆者）

ここでのドイツ語の原文にもまた、女・子どもという単語は見当たりません。ein Prinzip der Ermäßigung を意訳したものですが、直訳すると「軽減の原則」となります。日本クラウゼヴィッツ学会訳では、「緩和の原則」（二四頁）となっており、森林太郎訳や岩波文庫の篠田訳などもこれに似た表現をしています。「婦女子の情」と訳す清水は、ここでは孤立しています。

前述したように、清水訳の『戦争論』は、二〇〇一年に文庫本となって現在も読まれています。同書上巻の表紙折込みに付された内容紹介には、「ミリタリズムの域を超えて、あらゆる組織における決断とリーダーシップの永遠のバイブルである」とあります。たしかに、クラウゼヴィッツが論じる戦略論や戦術論は軍事史の枠を超えて読まれており、ビジネスマンの戦略書として経営法や会社哲学、指導法で成功するためのヒントを与えているようです。

たかだか二箇所の訳文ですが、『戦争論』のエッセンスが凝縮された第一章の文章であり、軍事史的関心であれ、企業戦士の関心であれ、清水訳の『戦争論』の読者は、「善良な心情」や「緩和の原則」を「婦女子の情」と読み替える価値観を取り込むことになります。メインテキストのメッセージより、サブテキストのメッセージのほうが、読者は無意識的に受容してしまうものです。

問題は一翻訳者の意訳にとどまるものではありません。「戦うこと」を論じるのに、男性という前提がいかに根強く、また、「問うまでもないこと」とされているのかがわかります。このことを念頭において、史料を批判的に読み直していかなければならない――ジェンダーの視座を備えた「新しい軍事史」の研究には、それだけに大きな意義が見出せると思います。

参考文献

ヴェーグナー、ベルント（中田潤・山根徹也訳）「マルスとクリオの間で――ドイツにおける軍事史の勃興、没落およびルネサンス」『現代史研究』五一号、二〇〇五、七五～八四頁

ウルストンクラーフト、メアリ（白井堯子訳）『女性の権利の擁護――政治および道徳問題の批判をこめて』未來社、一九八〇

エルシュテイン、ジーン・ベスキー（小林史子・廣川紀子訳）『女性と戦争』法政大学出版局、一九九四

エンロー、シンシア（上野千鶴子監訳／佐藤文香訳）『策略――女性を軍事化する国際政治』岩波書店、二〇〇六

大久保桂子「戦争と女性・女性と軍隊」『岩波講座世界歴史25　戦争と平和』岩波書店、一九九七

大貫敦子「死へと誘う「若き英雄」の肖像」姫岡とし子・川越修編『ドイツ近現代ジェンダー史入門』青木書店、二〇〇九

小野寺拓也『野戦郵便から読み解く「ふつうのドイツ兵」――第二次世界大戦末期におけるイデオロギーと「主体性」』山川出版社、二〇一二
加藤千香子・細谷実編『ジェンダー史叢書5　暴力と戦争』明石書店、二〇〇九
川津雅江『サッポーたちの十八世紀――近代イギリスにおける女性・ジェンダー・セクシュアリティ』音羽書房鶴見書店、二〇一二
河野健二編『資料フランス革命』岩波書店、一九八九
北村陽子「第一次世界大戦と戦争障碍者の男性性」姫岡とし子・川越修編『ドイツ近現代ジェンダー史入門』青木書店、二〇〇九
北村陽子『戦争障害者の社会史――二〇世紀ドイツの経験と福祉国家』名古屋大学出版会、二〇二一
クラウゼヴィッツ、カール・フォン（清水多吉訳）『戦争論』上下巻、（中公文庫）中央公論新社、二〇〇一年初版（一九六六年、現代思潮社刊）。同（篠田英雄訳）『戦争論』全三巻、（岩波文庫）岩波書店、二〇〇六（第五二刷、初版一九六八年）。同（日本クラウゼヴィッツ学会訳）『戦争論　レクラム版』芙蓉書房出版、二〇〇一。同（淡徳三郎訳）『戦争論』徳間書店、一九六五。同（馬込健之助訳）『戦争論』上下巻、（岩波文庫）岩波書店、一九五〇（第一一刷、初版一九三三年）。同（加藤秀治郎訳）『縮訳版　戦争論』日本経済新聞出版社、二〇二〇。同（森林太郎訳）『大戦学理』巻之一、二、一九〇三、（陸軍士官学校訳）巻之三〜八、一九〇一〜〇三
グリンメルスハウゼン（中田美喜訳）『放浪の女ぺてん師クラーシェ』現代思潮社、一九六七
小関隆『徴兵制と良心的兵役拒否――イギリスの第一次世界大戦経験』人文書院、二〇一〇
阪口修平編『歴史と軍隊――軍事史の新しい地平』創元社、二〇一〇
阪口修平・丸畠宏太編『近代ヨーロッパの探究⑫　軍隊』ミネルヴァ書房、二〇〇九
佐々木陽子『総力戦と女性兵士』青弓社、二〇〇一
佐々木陽子編『兵役拒否』青弓社、二〇〇四
鈴木直志『ヨーロッパの傭兵』（世界史リブレット80）山川出版社、二〇〇三
對馬達雄『ヒトラーの脱走兵――裏切りか抵抗か、ドイツ最後のタブー』（中公新書）中央公論新社、二〇二〇

テボー、フランソワーズ（栖原弥生訳）「第一次世界大戦——性による分割の勝利」G・デュビィ／M・ペロー監修（杉村和子・志賀亮一監訳）『女の歴史』第五巻（二十世紀2）、藤原書店、一九九八
ナイツェル、ゼンケ／ヴェルツァー、ハラルト（小野寺拓也訳）『兵士というもの——ドイツ兵捕虜盗聴記録に見る戦争の心理』みすず書房、二〇一八
林田敏子『戦う女、戦えない女——第一次世界大戦期のジェンダーとセクシュアリティ』人文書院、二〇一三
ハワード、マイケル（奥村房夫・奥村大作訳）『改訂版　ヨーロッパ史における戦争』（中公文庫）中央公論新社、二〇一〇
プレーヴェ、ラルフ（阪口修平監訳／丸畠宏太・鈴木直志訳）『一九世紀ドイツの軍隊・国家・社会』創元社、二〇一〇
ブレーカー、ウルリヒ（阪口修平・鈴木直志訳）『スイス傭兵　ブレーカーの自伝』刀水書房、二〇〇〇
ブレヒト、ベルトルト（岩淵達治訳）『肝っ玉おっ母とその子どもたち』（岩波文庫）岩波書店、二〇〇四
ヘメルレ、クリスタ（今井宏昌訳）「戦争と軍隊のジェンダーについて——新たな議論に関する研究の見通しと考察」トーマス・キューネ／ベンヤミン・ツィーマン編（中島浩貴ほか訳）『軍事史とは何か』原書房、二〇一七
ベルトー、ジャン＝ポール（小倉孝誠訳）「軍隊と男らしさの証明」アラン・コルバンほか監修（小倉孝誠監訳）『男らしさの歴史』Ⅱ、藤原書店、二〇一七
ベルトー、ジャン＝ポール（小倉孝誠訳）「軍人の男らしさ」アラン・コルバンほか監修（小倉孝誠監訳）『男らしさの歴史』Ⅱ、藤原書店、二〇一七
ミュールホイザー、レギーナ（姫岡とし子監訳）『戦場の性——独ソ戦下のドイツ兵と女性たち』岩波書店、二〇一五
弓削尚子「軍服を着る市民とルイーゼ神話——近代ドイツにおけるジェンダー秩序一考」『ヨーロッパ研究』（東京大学）一二号、二〇一三、五〜二一頁
ロバーツ、メアリー・ルイーズ（佐藤文香監訳／西川美樹訳）『兵士とセックス——第二次世界大戦下のフランスで米兵は何をしたのか？』明石書店、二〇一五
若尾祐司・栖原彌生・垂水節子編『革命と性文化』山川出版社、二〇〇五
若桑みどり『戦争とジェンダー——戦争を起こす男性同盟と平和を創るジェンダー理論』大月書店、二〇〇五
Blom, Ida, Karen Hagemann and Catherine Hall (eds.), *Gendered Nations: Nationalisms and Gender Order in the*

Long Nineteenth Century, Oxford/New York, 2000.

Clausewitz, Carl von, *Vom Krieg: Ungekürzter Text*, Augsburg 1990 (*On War*, tr. by J. J. Graham, Penguin Classics, 1968, tr. by M. Howard & P. Paret, Princeton University Press, 1976, London, 1993).

Frevert, Ute, *Die kasernierte Nation: Militärdienst und Zivilgesellschaft in Deutschland*, München, 2001.

Hacker, Barton C. and Margaret Vining (eds.), *A Companion to Women's Military History*, Leiden/Boston, 2012.

Lynn II, John A., *Women, Armies, and Warfare in Early Modern Europe*, Cambridge University Press, 2008.

第七章　西洋近代のジェンダーを脱構築する　――グローバル・ヒストリー

二十一世紀の幕開け

二〇〇一年、南アフリカのダーバンで、国連の「人種主義、人種差別、外国人排斥および関連する不寛容に反対する世界会議」が開催されました。その直後にニューヨークで起こった同時多発テロ、九・一一により、マスメディアの報道ではすっかりかすんでしまいましたが、二十一世紀の歴史学のあり方にもかかわる重要な出来事でした。二十世紀のジェノサイドやアパルトヘイトはもとより、コロンブスの「新大陸の発見」にまでさかのぼる植民地支配と奴隷制が「人道に対する罪」とされたのです。奴隷貿易にかかわった国々や旧宗主国に対して謝罪と補償が求められ、人種主義や人種差別、外国人排斥の撲滅をめざして継続的な対策をとっていくことが宣言されました。

二十一世紀に入ってから、西洋の歴史学も、自省的に非西洋世界への「コロニアル（植民地主義的）なまなざし」に意識を向けるようになりました。もっとも、それ以前から、非西洋の側から西洋の歴史学の死角を突き、帝国主義という巨大な装置を批判的に考察する動きは活発になっていました。

「ポストコロニアリズム」という言葉がこの流れを象徴しています。政治的には植民地支配は終わりましたが、依然として経済的、文化的に西洋の支配構造から脱却できない状態を踏まえて、西洋の認識のあり方を批判する思潮と定義されます。十九世紀後半に確立された近代歴史学も批判の俎上にあがります。十九世紀の、いわば「帝国の時代」に成立した歴史学は、非西洋の人びとを「歴史の主体」と捉える視点は弱く、彼らの歴史を「下位」の「指導されるべき」文化として叙述してきたことが問題とされてきました。

ポストコロニアル研究の先駆者ともいえるフランツ・ファノンは、西洋植民者が書く歴史を、「原住民はぴくりとも動かぬものときめつけられている」とし、つぎのように述べます。

それ〔西洋植民者が書く歴史〕が疑問視されるためには、植民地化の歴史、掠奪の歴史に、原住民が終止符をうち、民族の歴史、非植民地化の歴史を出現させるべく決意を固めるときをまたねばならない。

（ファノン『地に呪われたる者』三二～三三頁）

ファノンは、フランスの植民地で、現在は海外県であるカリブのマルティニクに、アフリカ黒人奴隷の子孫である父と、白人との「混血」である母とのあいだに生まれました。第二次世界大戦中にフランス本土に渡り、戦後はアルジェリアへ移住し、アルジェリアの脱植民地化運動の旗手となります。

ファノンは一九六一年に亡くなりましたが、「原住民」の立場から西洋の歴史叙述を批判する彼の声は、アフリカに限らず、非西洋世界の知識人の声と共鳴し、西洋の知に内包される支配の構造や権力をあばく動きが起こります。

パレスチナ出身のエドワード・W・サイードは、著書『オリエンタリズム』(一九七八年、邦訳一九八六年)において、西洋がオリエント(東洋)について語り、把握しようとする思考様式には、オリエントへの支配権力が作用していると説きました。西洋はオリエントに後進性や受動性、官能性というイメージを与え、オリエントを「他者」とみなすことで、先進的で活動的、理性的な西洋という「自己」を確立します。その際、オリエントはインドであっても、中国であっても、「他者」であり、そのなかにある差異には注意が払われません。つまり、ここでのオリエントは、「非西洋」と捉えてもよく、サイードの議論は、「西洋(West)」がそれ以外の世界＝「その他(Rest)」を支配するコロニアルな知の権力構造を明らかにしました。

イギリスの歴史家アンドリュー・ポーターは、サイードによる議論が「あらゆる時期の帝国主義の研究」に深い含蓄をもっているとし、かつて「西洋の学術研究で主流になっていた様式は、外部の社会については自分勝手な、したがって限定的な理解しか達成できず、究極的にはそれ以外には関心すらない」(ポーター『帝国主義』一〇八〜一〇九頁)と指摘しました。

二十世紀末の冷戦崩壊以降、加速するグローバル化において、西洋の歴史家たちは、近代の国民国家を枠組みとした歴史叙述の限界を意識せざるをえず、非西洋からの批判の声にも耳を傾けるようになりました。

「グローバルな時代の歴史学」とは何か。西洋史家は問い始めます。

グローバルな時代の歴史学

本書も最終章を迎えました。

これまでフランスやイギリス、ドイツ、オランダの歴史が話題となり、「西洋史」とは西ヨーロッパ諸国内で起こった歴史をさすという漠然とした了解のうえで進めてきました。それはあたかも、西洋という自己充足的な空間に、内因的に起こった歴史であるかのような印象を与えたかもしれません。近世・近代を中心に論じてきましたが、ヨーロッパから外の世界へと目を転じると、西洋近世・近代史とは、「大航海時代」に始まり、十八世紀の奴隷貿易全盛の時代を経て、帝国主義の時代にあたります。十九世紀末には、地球の五分の四が西洋列強諸国の支配下におかれました。蒸気機関車や汽船の運行、鉄道網の整備といった「交通革命」により、宗主国と植民地のあいだを行き交う人、モノ、情報の動きは加速し、質・量ともに大きく変化しました。

ですが、いうまでもなく、西洋と非西洋とは、古くから接触し、交易をもち、つながっていました。グローバリゼーションの起源はいつか。それを大航海時代にみる研究者もいれば、十三世紀のフビライ汗のモンゴル帝国にみる者もいます。グローバルな時代における歴史学の刷新を提案するリン・ハントは、グローバリゼーションは「近代化に先行して存在」するものとし、それは、「ひとつのプロセスとして時代ごとに異なる原因をもち、それらは気候変動から宗教、征服や交易にいたるまでの原因をもっている」(ハント『グローバル時代の歴史学』一四〇頁)と述べています。

近代化どころか、人類の歴史という壮大なスケールに立って、「私たちは皆、アフリカに起源をもつ移住民の末裔《まつえい》である。したがって、グローバリゼーションは、何らかの意味で人類の歴史に当初からつきまとうものであった」(同、四七頁)とすら述べています。西洋は、その誕生からつねに他の地域と「連続／連関する世界」のなかにあったと解釈できるのです。

西洋における個人の確立や民主主義の萌芽といったテーマも、ハントはグローバルな連関性のなかで捉えます。

一六世紀において、プロテスタント宗教改革は、個人の良心と意思決定に新たな空間を開くことになった。同時に、それは家族内での聖書の講読や敬虔な信仰のような新しい個人の規律を求めるものであった。そうした権力の新たな配置がひとたび顕在化すれば、重要な修正はあれ、それらはカトリックによっても取り入れられていった。同じ頃、ヨーロッパ人による地球規模の航海は、新たな物産や非キリスト教社会の知識をヨーロッパへともたらした。間歇《かんけつ》的に前進していく非常に緩慢なかたちではあるが、個人はみずからで意思決定を始め、チョコレート、茶、コーヒー、砂糖などの新たな刺激物へと接近していった。刺激物の利用は、コーヒーハウスのような新たな社会組織の設立を促進し、翻ってそれらが、新聞を育成して激増させ、公共の問題についての議論を激化させていった。このようにして、自己と社会の拡大による民主主義のスパイラルは始動していった。ヨーロッパ内部の要因は、グローバルな要因と互いに影響し合った。(同、一六一頁)

ヨーロッパの文化は、ヨーロッパだけで、いわば内因的に成立したのではない。ヨーロッパの外の世界とのさまざまな連関によって生じてきたということです。

グローバル・ヒストリーあるいは「新しい世界史」

このようにグローバルな視野に立ち、西洋と非西洋との連関を捉える歴史を、グローバル・ヒストリーといいます。とりわけ二十一世紀に入ってから、この概念はよく使われるようになりました。

グローバル・ヒストリーといっても、地球規模の歴史を考察する、人類誕生の壮大な歴史を描こうとするものもあれば、水路、陸路でつながる広大な交易圏を主題にするなど、国境を越えるトランスナショナルな歴史、複数の地域を対象にした比較史、植民地主義批判を根底にした植民地と宗主国の関係史など、多様なアプローチがあります。そのなかで注目されるのは、西洋中心史観を反省し、西洋以外の歴史的主体性を積極的に捉えようとする営みです。「新しい世界史」と表現する歴史家もいます。

「新しい」というからには「古い」世界史があるわけですが、その代表格が、十六世紀頃から「西洋の優勢」が始まり、十八世紀末から西洋を軸に世界史が展開されるという歴史観の展開です。例えば、日本の大学生に読み継がれているウィリアム・H・マクニールの『世界史』(初版一九六七年、一九九九年の第四版の和訳、二〇〇一年)があげられます。西洋の政治組織や科学、芸術にいたるまで、その優位が世界史の原動力とみなされています。そこでは、もっぱら西洋の中流階級以上の白人男性が世界史の牽引者であることが暗黙の了解となっています。

これに対して、「新しい世界史」はどう違うのでしょうか。

「新しい世界史」を提唱する羽田正は、それを「地球市民」という帰属意識を涵養《かんよう》する「地球社会の世界史」と定義しています。

人々が世界はひとつであることを理解でき、自分がそこに帰属しているという地球市民意識を持ちうるような歴史叙述であれば、それらはすべて新しい世界史である。（羽田『新しい世界史へ』一五〇頁）

西洋中心史観への批判はもとより、イスラーム中心主義とか中華思想といった、一つの中心とその周縁といった二項対立の構図もとりません。「新しい世界史」というスタンスは、西洋の白人男性の知的エリートによって書かれてきた歴史を相対化することにもつながります。

「地球市民」とは誰か

羽田の引用文にある「地球市民」という概念に注意したいと思います。「地球市民」とは誰のことでしょうか。

本書でも繰り返し触れたように、「市民」という概念は、「人権」という概念と似て、十八世紀末以降、一見、「普遍」という衣をまといつつも、現実は「局所的」なもので、一部の限られた男性を意味してきました。「新しい世界史」が西洋中心史観に立たず、また各国のナショナル・ヒストリーの寄集めでもないとするならば、国家《ネイション》の枠組みでは捉えられない移民、難民、シンティ・ロマなど「移動する人びと」や、他民族との結婚によって国籍を失ったり、市民権を剝奪された者など、「国民《ネイション》の資質」をもたないとされた人びとにも関心が払われます。

このように「地球市民」という真意を突き詰めていけば、「新しい世界史」においては、「市民」「国民」

概念から長らく弾かれてきた女性や、「市民規範からの逸脱者」とされた同性愛者など、性的マイノリティを歴史の行為者《エージェンシー》とみなすことも可能なはずです。

ポストコロニアリズムの理論家であるインド出身のガヤトリ・スピヴァクは、「サバルタンは語ることができるか」という問いを提起しました。サバルタンとは、下層民や隷属民をさし、ここではとくに、植民地支配下の底辺に生きる人びとを意味します。スピヴァクは、サバルタンは自分の言葉で語れない、語ったとしても彼らの言葉は「翻訳」を必要とし、その結果、他者による解釈と言葉で覆い消されてしまうと論じました。「他者」とは、植民地宗主国の知識人、すなわち西洋知識人(男性)であり、また西洋に対抗して民族主義運動を説く被植民者側の知識人(男性)でもありました。

スピヴァクは、インドのサティという寡婦《かふ》殉死(夫が亡くなると妻は自死する)の風習を取り上げ、マハラジャ(藩王)の夫を亡くした王妃を例に、宗主国と植民地勢力との対立のなかでかき消される女性の声に着目します。イギリス帝国は、サティを「野蛮な女性差別の伝統」として王妃の進退に介入しようとし、ヒンドゥー勢力は、それを「女性の意志」として捉え、王妃自身の語りに耳を傾けようとしない。王妃は、帝国と植民地との関係、そしてヒンドゥー社会内部における男女の関係において、二重の被支配の地位におかれています。これが、さらに王妃ではなく下層民の女性であれば、女性間におけるヒエラルヒーと風習、同調圧力のなかで、彼女たちの声は「決して聞き取られない声」となります。

「地球市民」には旧植民地の下層女性も含まれるはずです。彼女たちの声をすくいあげる「新しい世界史」の叙述は容易なものではありませんが、二十一世紀における歴史叙述のあるべき一つの形として、追求していかなければならない目標です。

このような問題意識を共有して、西洋ジェンダー史研究という領域はどのような知見を獲得してきたのか。そして、グローバルな時代の西洋ジェンダー史研究がかかえる課題とは何なのか。以下、考えていきます。

アメリゴ・ヴェスプッチと「新世界」との出会い

まずは、西洋と非西洋の出会いをジェンダー的構造として捉える方法の事例を紹介します。

図1の絵画は、「アメリカ」と題された銅版画で、「新世界の発見」を象徴する図版として知られています。

裸身の女性に寓意された「眠っているアメリカ」を目覚めさせる男性は、イタリア、フィレンツェ出身のアメリゴ・ヴェスプッチ（一四五四～一五一二）です。彼は十五世紀から十六世紀への転換期にかけて数回、アメリカ大陸へ渡航しました。「アメリカ」という名称は、アメリゴ・ヴェスプッチのラテン語名「アメリクス」の女性形に由来します。親が子どもに名を与えるように、西洋の言語体系に基づく名称を与えることで、西洋はこの地を掌握し、「わが物にする／領有する《アプロプリエイト》」ことになります。

「未知の地《ヴァージン・ソイル》」の命名行為に、ジェンダー的な構造があらわれるのはよくあります。カリブ海に浮かぶ「ヴァージン諸島」は、「発見者」コロンブスがもっとも大きい島をキリスト教の聖女とされる「聖ウルスラ」と名づけ、そのほかの島々をウルスラに従った「一万一千人のヴァージン」としたことにちなみます。

図１　ヨーロッパとアメリカの出会い　ヨハンネス・ストラダヌス(1523-1605)の銅版画をもとに1600年にアントワープで製作された。

ヴェスプッチは右手に十字架の旗をもち、左手に遠洋航海に必要な天文観測器具をもっています。長く苦難に満ちた大航海であったにもかかわらず、着衣に乱れはなく、きちんとした身なりで女性の前に立っています。背後に描かれた帆船と合わせて、キリスト教と科学技術の優位が象徴されています。彼のマントからわずかに覗く鎧《よろい》と長剣は、西洋の武力を暗示します。

絵の中央から右側にかけては、ヴェスプッチに驚く裸身の女性、中央後方の食人の風景、周囲をうろつく野生の動物が描かれ、野蛮／野生をあらわしています。ジェンダー的に注目されるのは、野蛮性を象徴するのに、食人や野獣ではなく、裸身の女性が前面中央に置かれていることです。彼女は無防備に裸身をさらけ出しているようにみえますが、手近には、木に立てかけてある棍棒がみえます。ヴェスプッチのマントで覆われた刀と違い、この棍棒はむき出しの暴力を暗示しているともいえるかもしれません。アメリカ／女性は容易に征服しうるものではなく、ヨーロッパ／男性に抵抗してくるかもしれません。

とはいえ、この絵画を目にする者は、何よりも肉感豊かな裸身の女性に印象づけられ、「アメリカ」にセクシュアルなイメージをもつかもしれません。ヴェスプッチやこの絵画の鑑賞者が彼女に抱く性的な欲望は、しかしながら、キリスト教を信仰し、文明を誇る西洋が野蛮な土地を支配するという正当化の論理によって包み隠されます。

西洋と非西洋の支配－従属の関係は、最初期からジェンダーのアナロジー（類比）を読み取ることができます。すなわち、「帝国（宗主国）／西洋／文明／科学」は男性的なるものであり、「植民地／非西洋／野蛮／自然」は女性的なるものとイメージされました。

ポストコロニアル研究は、こうしたイメージ（想像）やファンタジー（幻想）が、植民地主義という認識を支えていることを重視し、現実の植民地政策や植民地における行動形態に看過できない影響力をもつことを指摘しました。このような表象分析は、被植民者に対する優越意識や差別の感情を理解するうえで大きな手がかりになります。

植民地支配の「男らしさ」

非西洋に向けられた西洋の支配のまなざしは、性的欲望を内包する男性性を鍵として分析を深めることができるようです。ですが、これまで書かれてきた植民地支配の歴史は、必ずしも男性ジェンダーに意識的であったわけではありません。登場人物が征服者《コンキスタドール》や宣教師、商人や資本家、軍人や兵士といった男性で固められていたとしても、植民地支配や植民地における彼らの経験を、「男らしさ」や男性性の分析からアプローチする発想はありませんでした。グローバルな視野に立つ西洋ジェンダー史研究はこの盲点を突きます。

未開の地に踏み込む冒険心、過酷な気候に耐えうる頑強な精神と身体、原住民との死闘をも辞さない武勇、不測の事態にもひるまず、経済活動や植民地行政に的確な判断を下すことのできる理性——植民地支配には、西洋社会が称賛したリスペクタブルな「男らしさ」が求められていました。「男なら世界に目を向けよ、そして良き植民者たれ」という考えは、帝国の時代の教育の現場にあらわれ、文学の世界にはそのような青年像が描かれました。

ルソーが少年エミールに勧めたダニエル・デフォーの『ロビンソン・クルーソー』(一七一九年)は多くの言語に訳され、ヨーロッパの拡張主義に伴走するかのように広く読まれました。ドイツの社会学者、マックス・ヴェーバー(一八六四〜一九二〇)は、無人島で創意工夫をして生活を築くロビンソンに合理的思考をする経済人のモデルを見出しました。ロビンソンは「良き植民者」のロール・モデルでもありました。食人の蛮行にさらされた原住民を救い出し、彼に自分のことを「マスター」と呼ばせて主従関係を構築し、島を有用な植民地に整備し、裕福な植民者として帰国するサクセス・ストーリーの体現者です。

列強諸国が世界分割をかけてせめぎ合っていた一八八〇年代には、R・L・スティーヴンソンの『宝島』（一八八三年）やジュール・ヴェルヌの『十五少年漂流記』（一八八八年）など、少年向け冒険小説が人気を博しました。これらの書物を手にとった少年たちは、海の向こうにある広大な世界に想像力を駆り立てられていきます。富の獲得をかけて大航海に挑み、財宝が眠る島をめざすこと、未開の地で困難に立ち向かい、たくましく生きながらえること――これらは、帝国の将来の担い手に期待される男性像でした。

もっとも、植民地支配の現実は、「男らしさ」に結びついた暴力や冷酷さが物言う世界でもありました。一八三〇年以降のフランスによるアルジェリア侵略を「攻撃的でこれ見よがしの男らしさを作る場としての征服戦争」と解釈する歴史家クリステル・タローは、インドにおけるイギリス、ナミビアにおけるドイツ、スマトラにおけるオランダでも状況は変わらないといいます。

原住民への略奪、強姦、反抗勢力への徹底的な弾圧……それらはジェノサイドにいたることもありました。征服戦争に勝利することで、原住民に対して強者としての「男らしさの証明」がなされ、原住民は弱者として女性化され、従属的存在となるのです。

植民地支配に発揮される「男らしさ」は原住民に対して誇示されるだけではありません。本国の「男らしさ」が危機に瀕していたとき、それを鼓舞し、回復させるために機能しました。

例えば、一八七〇年の普仏戦争でナポレオン三世がプロイセン軍の捕虜となり、屈辱のうちに敗北したとき、フランスの「男らしさ」は地に堕ちたと感じられました。

植民地は一八七〇年の普仏戦争での敗北で傷つけられた身体に、再び活力を与えてくれるというものだ。植民地は去勢され疲弊した男たちに、男らしさを回復させてくれるだろう。（ニコラ・バンセルほ

か『植民地共和国フランス』一〇二頁)

第三共和政では、男性たちが競って植民地へと向かい、「男らしさの美徳や戦う男の本能」を取り戻せと叫ばれました。「男らしい植民地化」が本国フランスを回復させ、植民地征服のために「男らしい軍人モデル」が強化されると期待されたのです。

「白人の責務」「文明化の使命」という大義

征服と支配は、現地の人びとの生活を踏みにじる暴力的なものでしたが、西洋諸国はそれらを正当化するために「白人の責務」や「文明化の使命」といった大義を掲げました。

「白人の責務 white man's burden」という概念は、イギリス領インドのボンベイに生まれた作家ラドヤード・キプリング(一八六五~一九三六)が一八九〇年代末に発表した詩のタイトルにあらわれています。もともとヴィクトリア女王の即位六〇年を祝って書かれたもので、一八九九年の米比戦争において、アメリカ合衆国によるフィリピンの植民地化を鼓舞しました。

キプリングは、白人ができる最良のことを進めて、被植民者の要求に応じるべきだと説き、そのために、「息子たちを異郷へ送り込め」と唱えます。白人男性には、「征服し植民地化する義務」があり、「この重荷を拒絶することはできない」と訴えます。

他方、フランスには「文明化の使命 la mission civilisatrice」という概念があります。その起源は、中世以来、キリスト教を世界に広げるというカトリック諸国の使命にあるといいます。フランスでは、自由

図２　1899年にアメリカの雑誌に掲載された風刺画　白人男性が非西洋の諸民族を文明へともたらす責務(荷物運び〈burden〉)が描かれている。黄金に彩られた頂上には,「文明」の概念下で女性が両手を開いて彼らを待っている。汗水流して文明化の行程を進む２人の男性に対して，玉座に座る彼女は対照的だ。彼女もまた，彼らによって頂上に運ばれたのだろうか。あるいはヴィクトリア女王の寓意だろうか。白人の責務(burden)というが，彼らによる植民地政策が，非西洋の諸民族の負担(苦しみ〈burden〉)になっているという発想はここにはない。

と平等を謳い、「全世界に幸福をもたらそうというフランス革命の使命」という共和国の精神がこれに重なりました。第三共和政の時代に、植民地支配が拡大するのも合点がいきます。

「白人の責務」であれ、「文明化の使命」であれ、西洋の（男性）植民者は、そのような大義を果たすスペクタブルな存在というわけです。

男性植民者のセクシュアリティ

植民地支配は「男の仕事」であり、「従属的な性」や「弱い性」として規範化されているヨーロッパ人女性は外の世界へ出ていくものとはされませんでした。十七世紀初頭に設立されたオランダ東インド会社では、単身男性のみを採用し、二〇〇年近くヨーロッパ人女性が海を渡ることを禁止しました。イギリスでは、王立アフリカ会社や東インド会社の白人従業員は独身男性で、彼らの結婚は一定期間禁じられていました。

イギリスの帝国史家ロナルド・ハイアムは、十九世紀のインドにおけるイギリス人の性生活を考察するのに、タキトゥスの『年代記』を引き、「属州や外国へ女たちを同伴することを禁じた規則は健全なものだった」と書いています（ハイアム『セクシュアリティの帝国』一五五頁）。

女性を現地に同伴すると士気をくじかれたり、奢侈《しゃし》に走ったりし、厄介な存在になるという理由で、イギリス帝国もローマ帝国の範に倣ったようです。十九世紀半ばまでは妻や家族を帯同する植民者の数は限られており、植民地におけるヨーロッパ人コミュニティは男性が大半を占め、地域によっては二十世紀初頭においてもいびつな性別構成のままでした。

そうした状況において、ヨーロッパ人男性と植民地女性との性的接触は避けられないものとなります。オランダ領東インドの「植民地秩序」を考察したアン・ローラ・ストーラーによると、東インド会社設立当初から、オランダの植民地行政はヨーロッパ人女性の移民抑制を本国に訴える一方で、現地女性との内縁関係は「植民地の利益」になると奨励しました。ヨーロッパから女性を移住させるよりも安上がりで、現地女性を通じてその地の情報や人脈が手に入るからです。不特定の女性との買春行為は、男性植民者の性病罹患《りかん》や生殖能力の低下につながりかねず、現地女性との「内縁関係は政治秩序と植民地での健康状態を安定させるものとみなされていた」のです（ストーラー『肉体の知識と帝国の権力』六一〜六二頁、傍点は筆者）。

西洋人男性と現地女性との内縁関係を現地の「健康状態」と結びつける考え方は、十九世紀後半には、「人種の混淆」を「種の退化」と捉える優生思想のもとで否定されることになります。

それまでは、イギリス領インドでもイギリス人と現地女性との内縁関係は「確立された慣行」となっており、「インドの諸事情についての知識を増すための手立てとして擁護」されていました。「スリーピング・ディクショナリー（同衾する辞書）」とは、インドに限らず、いくつものイギリス植民地で、そのような関係をもつ現地女性のことをさしました。

ハイアムは、「海外にあっては性的機会が容易に見いだされ、また男たちは家族との絆や道徳上の圧力から解放されていた」とし、イギリス領カリブ諸島や北米、インドから東南アジア、オセアニア、アフリカをまたぐイギリスの植民地帝国を「官能の帝国」と呼んでいます。

奴隷制度のもとでは、奴隷は「性的財産」として奴隷主に利用されました。北米で先住民族と毛皮交易をおこなうハドソン湾会社（一六七〇年設立）では、現地社会の「性的歓待」を受けることが原住民との友好的な交易には欠かせないとして、現地妻との一夫多妻が多くありました。

インド軍部隊の買春システムもあげておきます。十九世紀後半以降、イギリス人インド軍部隊は、イギリス人兵士の性病の蔓延《まんえん》を防ぐために、連隊付きの「売春宿」を整備しました。インド人売春婦は医療検

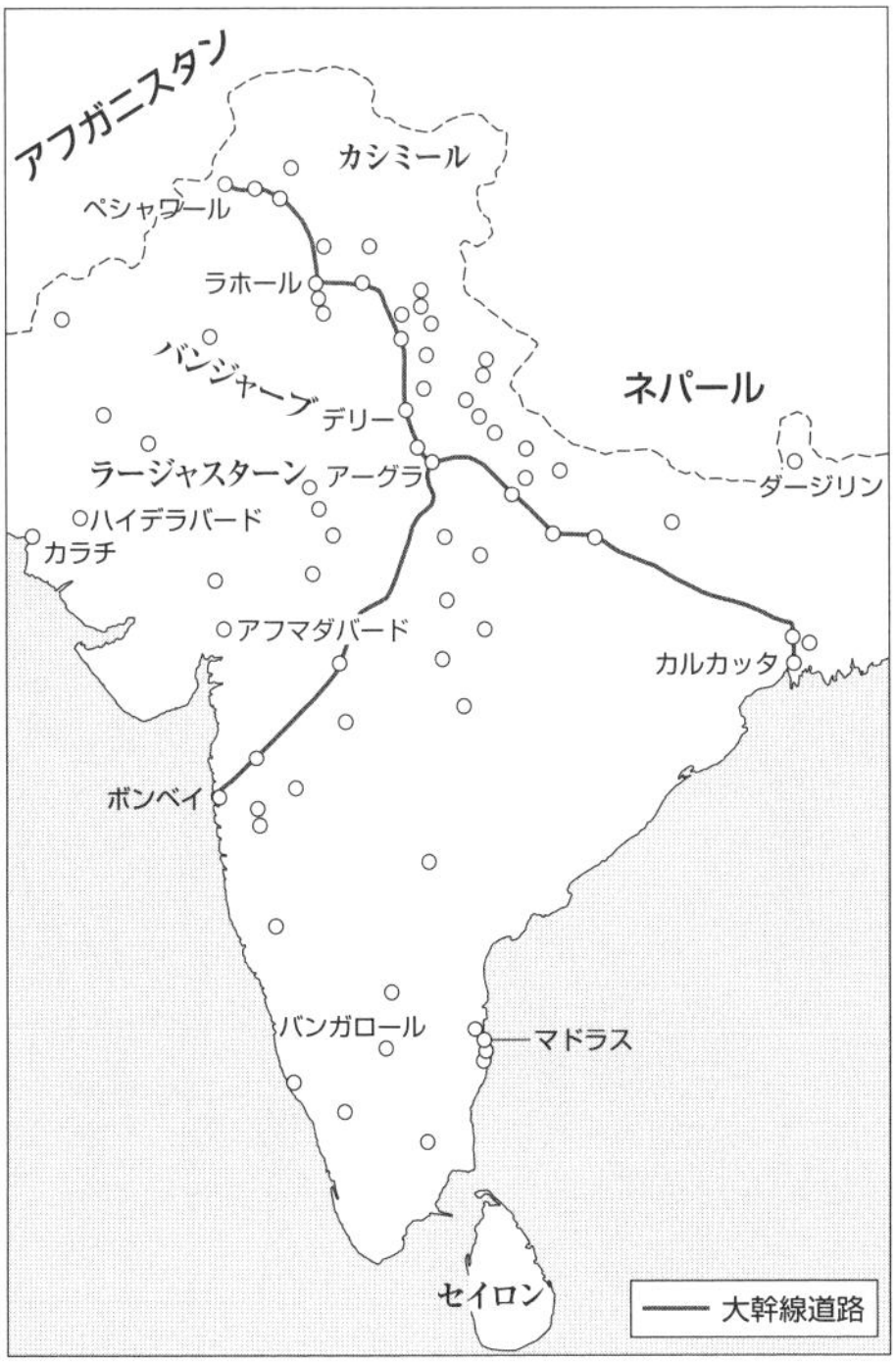

図3　インド各地に設けられた連隊付きの「売春宿」

査を受けて登録され、大規模な駐屯地では一〇〇人を超える女性が白人兵の相手をしたといいます。本国では「人種の混淆」を批判する声が高まるなか、また、兵士の性病防止を図る法が制定されるなか、植民地における兵士の性的処理は公的に管理されるようになり、兵士の性病防止を図る本国の動きがインドやジャマイカ、香港、ケープへと適用されていきました。

軍隊のように女性不在の組織では、本国では法的に禁止されていた男性同性愛も多く見受けられました。例えば「流刑者植民地」のオーストラリアでは、女性入植者の人数が絶対的に少なく、植民が開始されると売春も同時に始まり、男性同性愛あるいは「擬似性愛」がさかんにおこなわれていたことが確認されています。

アジアやアフリカでは、現地の青少年を相手にした同性愛についての語りが多く残されています。ハイアムは、一二〇〇名を超す少年たちとの関係について記録した、あるイギリス人将校に着目しています。二十世紀初頭にインド軍に勤務した彼は、ペシャワール（現在のパキスタンの都市）では、「少年を手に入れることは路傍の花を摘むことよりも容易だった」と記しています（『セクシュアリティの帝国』一七八〜一八四頁）。

この将校の相手には、白人の若者も含まれていましたが、相手が西洋人にしろ、非西洋人にしろ、植民地は本国の性規範から解放される二重基準《ダブルスタンダード》の世界でした。リスペクタブルな男性植民者の二つの顔が表出したといってもいいでしょう。

ところで、『インドへの道』（一九二四年）などで知られるイギリスの作家、E・M・フォースター（一八七九〜一九七〇）は、ペシャワールで前述の将校と数日を過ごし、そのあけすけな同性愛志向に強く印象を受けたようです。フォースターは、インドから帰国してすぐに同性愛をテーマにした『モーリス』（彼の死後一九七一年に発表）の執筆に取りかかりました。同書の舞台となったのは、帝国のエリートを育てるケンブリッジ大学で、植民地体験と本国の性規範のあいだのギャップに苦悩する青年に作者の思いが投影されています。

フランスでも、例えばアンドレ・ジッド（一八六九〜一九五一）が自伝的作品『一粒の麦もし死なずば』（一九二六年）のなかで、北アフリカのフランス植民地で経験した現地女性および青年たちとの性行為を赤裸々に語り、男性パートナーをともなったオスカー・ワイルド（一八五四〜一九〇〇）との出会いについても触れています。

文学の世界では植民地におけるセクシュアリティが雄弁に語られていました。

前述の歴史家、ストーラーは、フランス領インドシナ（現ベトナム）生まれの作家、マルグリット・デュラス（一九一四〜九六）の『愛人』（一九八四年）をあげながらつぎのようにいいます。

植民地における親密な人間の相互関係は小説の題材ではあっても、歴史家や民族誌学者が扱う課題ではなかったのである。（『肉体の知識と帝国の権力』二一一頁）

ストーラーは歴史家たちがこの点において「失語症に陥っている」とし、「帝国の中心課題であった性」に焦点をしぼる考察の必要性を説きます。なぜなら、

性を考えること、つまり誰が誰といつどこで関係するかを考えることは、支配のミクロな次元に近づ

くことなのであり、同時に植民地主義のマクロな政治学についてわれわれが知っていると考えていることの再考を意味する。(同、二二二頁)

からです。

植民地へ渡るヨーロッパ人女性

デュラスの『愛人』は、二十世紀前半、フランス領インドシナで貧困に陥ったフランス人家庭の娘と現地の中国系男性との性愛を描いた自伝的小説です。デュラスの両親はフランス植民地政策の末端を担う教師でしたが、デュラスが七歳のとき、父親が病死します。現地で学校教師を務めた母親が一家の生計を支えますが、だまされて土地購入に失敗し、生活は困窮しました。

ヨーロッパ人女性はどのように植民地へ渡ってきたのでしょうか。

「従属的な性」「弱き性」「ドメスティックな(家庭の／国内の)性」とされる女性は、植民地支配という男性によるプロジェクトのなかでも副次的な存在でした。十九世紀のジェンダー秩序社会において、少年たちが冒険小説に興奮し、世界地図や地球儀を眺めるとき、少女たちは刺繡や編み物といった小さな生活世界の手習いに没頭していました。

もちろん、女性の存在が植民地において皆無であったわけではなく、近世の宗教難民のなかには女性の姿がありました。「ニュー・イングランド(現在のアメリカ北東部)」は家族帯同のピューリタンが多く、近世においてはどの植民地よりも男女のバランスがとれていました。「ヌーベル・フランス(現在のルイジアナからカナダ東部）」には、先住民への布教をおこなったウルスラ会のマリ・グィヤ（一五九九〜一六七二）のような尼僧もいました。十七世紀後半には、フランス王政によってパリの孤児院出身の女性たちが年季奉公人として送り出され、「国王の娘 fille du roi」と呼ばれた彼女たちのなかには、そのまま植民地に定住する者もいました。

時代がくだるにつれて、海を渡る女性の数は増えていきます。すでに十九世紀半ばのイギリス領インドでは、「イギリス人女性がいることは当然とみなされていた」状況にありましたが、植民地行政が整備され、船舶や鉄道といった移動手段が発達し、スエズ運河が開通した一八六九年以降は、ヨーロッパとアジアを結ぶ航路が、それまでのアフリカ南端回りからかなり短縮され、「女・子ども」も移動しやすくなりました。

それとともに、現地女性との「異人種間結婚」や内縁関係、男性植民者の性的放埒《ほうらつ》さは、ヨーロッパ人コミュニティの風紀を乱すとされ、萌芽しつつある優生思想を背景に、「人種の混淆」を忌避し、植民地における女性不在を是正しようとする動きが盛んになります。ヨーロッパ人女性の移住によって、男性たちは「リスペクタブルな男らしさ」と「本来あるべき家庭生活」を取り戻すことが期待されたのです。

植民地行政官や商人、農場経営者などのヨーロッパ人妻の数は増え、グィヤのような女性宣教師やデュラスの母親のような女性教師、ヨーロッパ人家庭に住み込む女性家庭教師や家事使用人といった単身女性の姿も目立つようになりました。

「女たちの大英帝国」という視点から精力的に研究を発表してきた井野瀬久美恵によると、イギリスで

図4　ドイツに設立された「植民地女性学校」の様子（1912年）

は、一八八〇年代から第一次世界大戦前夜までを「女性移民の黄金時代」と表現されるほど、多くのイギリス人女性が五大陸にまたがる広大な帝国へ移住しました。エドワード七世妃が会長を務め、運営委員にジョゼフ・チェンバレン植民相も擁した「イギリス女性移民協会」は、女性の移民政策を帝国に貢献するものと位置づけ、二十代、三十代の独身女性を中心にカナダ、オーストラリア、ニュージーランド、南アフリカへと送りました。

遅ればせながら「世界政策」の展開を始めたドイツでも、政界や財界の会員を擁する植民地主義団体が女性移民に関心を向けます。「ドイツ植民地協会」は、現地の女性不足を是正すべく、女性の移住を政府に働きかけ、一八九八年に最初の女性移民団をアフリカへ送り出しました。これ以降、渡航費の援助を受けた女性が、南西アフリカや東アフリカ、中国の膠州《こうしゅう》など、継続的にドイツを旅立ちます。

植民地に渡るための知識とスキルを女性に伝授する学校も設立されています。図4は一九一二年に撮影された「植民地女性学校」の様子です。ここに集まった若いドイツ人女性は、植民地の地誌に加え、本国とは異なる慣れない生活環境のなかで工夫してドイツ流の料理や洗濯などの家事をこなせるように、実用的な家政術を学びます。白いエプロンを身に着け、整然とテーブルに座っている彼女たちの姿からは、文明国としての秩序や規律、清潔さが伝わってきます。彼女たちは移住してドイツ人男性と結婚し、子を産むことが期待されていました。植民地にドイツ人家庭《ハイマート》を築くことは、その地にドイツ人の故郷《ハイマート》を築くことでもありました。

女性たちの植民地体験

植民地へ渡った女性たちはどのような体験をしたのでしょうか。

非西洋の男性と出会い、結婚を望む女性がいたとしても、それを貫くことは困難でした。貞淑という女性規範は、現地民の男性との性的関係をタブーとしました。そのようなタブーは、白人女性が現地民の男性に暴行されるという「黒禍《ブラック・ペリル》」への恐怖と結びつき、白人女性を彼らから守らなければならないという意識を醸成しました。一九二〇年代のイギリス領パプア・ニューギニアでは、レイプ犯およびレイプ未遂犯の死刑を明記した「白人女性保護条令」が出されたほどです。「黒禍」と騒ぎ立てたのは白人の男性であり、それは、女性への支配権を現地民の男性に奪われないための自衛行為でもありました。ジェンダーと「人種」の権力秩序に則って、白人の妻の上に立つのは、白人の夫でなければなりませんでした。現地民の女性に対する白人男性の暴行が法的範疇《はんちゅう》の外におかれたのも、この秩序原理によります。

図5　フランス植民地の安南に暮らす女性たちの一コマ

西洋女性は現地民に対して「支配する側」に位置づけられました。「女主人」として振る舞い、現地民に対して無邪気な支配意識をみせる者もいれば、彼らに「残酷なほどに無関心」な態度をとる者、彼らを侮蔑する根っからの人種主義者といった女性もいました。

図5に示した写真は、映画の黎明《れいめい》期に活躍したガブリエル・ヴェール（一八七一～一九三六）がフランス領インドシナで撮った映像の一コマです。二人のフランス人女性の帽子とワンピースの白さは、ドイツの植民地女性学校で学ぶ女性たちのエプロンと同様、清潔さと文明を象徴しています。

二人のフランス人女性はインドシナ総督の妻と娘で、笑みを浮かべながら、地元の子どもたちに硬貨を投げ与えています。カトリックでは、洗礼式のお祝いに参加者に小銭を撒く風習がある地域もあるようですが、この女性たちは、硬貨を必死で集めようとする現地の子どもたちに支配者としての顔を覗かせています。ヴェールが撮影した記録映画は一分にも満たないものですが、彼女たちは硬貨を投げつづけ、子どもがそばに近づいても、手渡しすることはありません。この映像は一九〇〇年のパリ万国博覧会のインドシナ館で公開されました。女性たちの植民地体験は、こうして新たなメディアに乗って本国でも共有され、植民地支配の優越意識は再生産されていきました。

たしかに、植民地の女性たちは「帝国主義を支える価値観を疑う者などほとんどいなかった」といえますが、ヨーロッパの生活習慣を持ち込み、現地民を侮蔑しつつ彼らにかしずかれ、怠惰で享楽に走る「女主人」像というのは、一つのステレオタイプにすぎません。そこには女性の活動を多分に軽視する男性中心的な認識があり、アフリカ女性史研究から出発した歴史家、マーガレット・シュトローベルが主張するように、植民地における西洋女性の多様性に目を向けることが必要です(シュトローベル『女たちは帝国を破壊したのか』一九九一年、邦訳二〇〇三年)。

植民地行政官の妻のなかには、享楽的な「女主人」像を地でいくような女性がいる一方で、母子診療所を開いたり、積極的に現地の文化や言語を習得して、現地民の女性と接する者もいました。彼女たちの生活領域に踏み入り、自らの植民地体験や紀行文を発表する文筆家や、植民地情勢を左右するほど影響力をもったフローラ・ショウ(一八五二〜一九二九)のようなジャーナリストもいました。女性を隔離する風習がある土地では、西洋女性は特別な役割を果たすこともできました。布教や教育活動など、現地民に寄り添い、無償の慈善活動にかかわる女性も多く、彼女たちの尽力によって女子教育施設や看護師養成学校、療養施設が建てられ、現地民の教育と医療の向上が図られた地域もありました。

そこでは、「人種」の差異を超えて西洋女性と現地民が心を開いて交流し、固い絆を結ぶこともあったでしょう。しかしそれは西洋女性の優位を前提として、姉が妹を導くといったシスターフッドの関係に立つ帝国の維持、あるいは母が子を育て守るといった「母性的帝国主義《マターナル》」であったとも解釈されます。守る者、救う者、教える者、施す者としての「姉」や「母」の意識は、「白人の責務」や「文明化の使命」という大義に支えられ、宗主国の女性としてのアイデンティティを形成しました。

帝国の「良き母」

植民地における西洋女性がかかわった「慈善事業」として、近年、研究が蓄積されている「混血児」や原住民児童の隔離政策についても触れておきたいと思います。

十九世紀後半から二十世紀半ばにかけて、インド、オーストラリア、カナダ、フランス領インドシナ、オランダ領東インドなどで、「遺棄された混血児」を収容し教育を施す福祉政策が展開されました。捨て子の収容施設は、第一章でみたように、ヨーロッパでも古くからありましたが、この政策の特徴は、母親の育児放棄や路上の捨て子ではなかったということです。

前述のストーラーや水谷智の論考によると、「混血」の子どもが「原住民の母親にゆだねられ、彼女の住む文化的環境で育つこと」は、西洋植民者にとっては「遺棄」したと同義で理解されたといいます。子どもを原住民の母親に委ねると、彼女の「ふしだらな影響」を受け、堕落させてしまうと考えられました。「フランス系混血児」の保護と教育をめざした団体の言葉を借りると、「本能や情動のほかに頼るもののない状態に彼ら〔混血児〕を放置することで、これらの不幸な者たちは常に悪癖に身をゆだねるようになり、少年はならず者に、少女は売春婦となることが多い」といった意識があったようです。「ならず者」は、いつしか反植民地勢力の革命家として父殺しに手を染めるかもしれません（ストーラー『肉体の知識と帝国の権力』一〇九～一一三頁、水谷「植民地における「遺棄」と女性たち」）。

西洋男性との子どもを孕む原住民女性は、「まぎれもない売春婦」であり、「金目当て」という偏見に満ちた決めつけがおこなわれます。このような差別意識は、植民地における西洋女性の増加によって強まりました。原住民女性の母性は「不適正」なものであり、「ヨーロッパ的でない家庭」に子どもを委ねるのは防ぐべきという考えのもと、子どもたちは、なかば誘拐されるように生みの母親から引き離され、施設に収容され、「しかるべき教育」が施されました。

オーストラリアでは、「混血児」だけではなく、多くのアボリジニの子が母親から引き離され、非アボリジニの養家や養育施設で育てられました。一九一〇年から七〇年だけでも一〇万人以上の子どもが対象となり、彼らは「盗まれた世代」と呼ばれています。カナダやアメリカでも、同じく十九世紀後半以来、先住民家庭から子どもを引き離し、「先住民学校」での寄宿生活を強いました。二〇〇八年にカナダのスティーヴン・ハーパー首相が出した謝罪声明によると、政府委託によってキリスト教団体が設立した「インディアン寄宿舎学校」の数は一〇〇を超え、先住民の子どもの数は一五万人以上、その目的は「インディアンをその子ども時代に殺すこと」だったといいます。

こうした「福祉政策」を中心的に担ったのが現地の西洋女性でした。「混血児」や先住民の子どもは、帝国のリスペクタブルな「良き母親」のケアに委ねられ、施設では「生みの母親」の文化的影響を消し去ることがめざされました。これに抵抗し、子どもが奪われるのを何とか阻止しようとする「生みの母親」と交渉するのも、ときに帝国の「良き母親」の役割であったようです。

ただし、ここで留意したいのは、「良き母」とされる西洋女性もまた、子どもを引き離された経験者であるということです。イギリス領インドでは、文化や教育、そして健康上の理由から、七歳になると植民者の子どもは本国へ送られました。イギリス人女性たちの回想録には、植民地に残り、子を手放した母としての苦悩が綴られ、彼女たちの生活には「情緒的なひずみが生じた」ようです（シュトローベル『女たちは帝国を破壊したのか』六七〜六八、七二頁）。イギリスだけでなく、ほかの西洋諸国においても、リスペクタブルな帝国民となる教育を受けるため、植民地をあとにする男児の姿がみられました。

「混血児隔離政策」に話を戻すと、その対象は、原住民の母親とヨーロッパ人の父親とのあいだに生まれた子どもでした。十九世紀末以降、植民地に暮らすヨーロッパ人のあいだに経済的・社会的格差が広がり、「白人貧困層」が問題視されるようになりました。ヨーロッパから植民地へと売られる売春婦の数が増え、「白人奴隷」の問題が国際的に注目される一方で、白人貧困男性もまた、現地の女性と関係をもち「混血児」をはらませ、風紀を乱す原因と目されました。父系血統主義をとる国では、子は父親の国籍を取得するため、そのような「異人種間結婚」では、「人種的に異なるヨーロッパ人」が誕生することになります。二十世紀初頭のドイツ領南西アフリカ（現在のナミビア）では、「異人種間結婚」の禁止に背いたドイツ人男性は市民権を剝奪されたといいます。

原住民の父親とヨーロッパ人の母親とのあいだの子どもは議論の外にありました。『ドイツ植民地辞典』

（一九一四年）の「異人種間結婚／雑婚」という項目をみてみると、それは「白人男性の入植者と有色女性の結婚関係」であると説明されます。「その逆のケース」すなわち、「白人女性が有色男性と結婚するなどということは、おそらくドイツでも、その保護領ですら起こらない」とされていました。

とはいえ、植民地におけるヨーロッパ人女性が増加するにつれて、彼女たちと「有色男性との結婚」も生じ、社会的な関心が向けられていきます。現住民の男性と結婚し、子どもを身ごもったヨーロッパ人女性は、「良き母親」とはみなされませんでした。そのような「屈辱的で卑しい」行動をとる女性は、「文化的、人種的な品位から堕落している」とされました。それどころか、あるオランダ人の言によると、「異人種間結婚」をする女性には、「ヨーロッパ人の血がほとんど流れていない」とされます。

「配偶者の選択とその後の母性感情という特定の文化的用語が「真の」ヨーロッパ人女性を定義した」とストーラーは述べています（『肉体の知識と帝国の権力』一二八頁）。ヨーロッパ人女性はヨーロッパ人というだけで「良き母親」になるのではないのです。

植民地社会における「親密なるもの」

かつての植民地研究や西洋の拡張を軸とする世界史叙述においては、家庭や子育て、家族という、いわば私的領域や「親密なるもの」についての考察は手薄でした。植民地行政や征服戦争、貿易やプランテーション経営といった政治、戦争、経済といった領域が中心であり、誰に愛情を抱き、誰と結ばれるのか、といった私的で感情的なことは、些末なこととして脇に追いやられていました。

ストーラーは、植民地支配の本質を理解するのに、この「親密なるもの」がいかに重要かを提示しました。ヨーロッパによる植民地支配について、「家庭」という生活圏に目を向け、ヨーロッパ人と原住民、そして「混血者」のあいだを行き交う愛情や嫌悪、差別、恐怖といった感情から、匂いや食べ物といった日常生活の経験にも踏み込みます。そこには男性と女性、雇用関係にあるヨーロッパ人と原住民、そして植民地の現在と未来を象徴する大人と子どもがいるのです。

「親密なるもの」の最たるものがセクシュアリティです。

前述のハイアムは、「性的な力学がイギリス帝国とそのヴィクトリア朝時代に行われた拡大のための活動全体を、決定的な形で下支えした」と主張しています(『セクシュアリティの帝国』一一頁)。

「親密なるもの」を重視するスタンスは、ヨーロッパ内部のジェンダー秩序や性規範の再考を促します。ヨーロッパの「男らしさ」「女らしさ」は、ヨーロッパ社会内部に閉じられたものではなく、植民地社会にも投影されました。「文明化された」宗主国の男性は、その実、西洋の性規範を軽々と逸脱しつつ、植民地支配を進める顔を合わせ持っていました。キリスト教倫理に基づく「愛情に満ちた慈悲深い女性」は、被植民者への「憐み」を示し、「良き母親」として植民地での児童隔離政策に共感します。

リスペクタブルなはずの植民者の実像を前にして、西洋ジェンダー史研究をグローバルな次元に開くことの意義が認められるのではないでしょうか。

植民地支配を非西洋のジェンダーから考える

宗主国／西洋と植民地／非西洋との関係にあるジェンダー的な権力構造を捉え、被植民者の立場から問い直すこと、ひいては植民地支配を非西洋のジェンダー視点から考えること。こうしたことも「グローバルな時代の西洋ジェンダー史学」の課題であるように思います。

一六世紀以降のアメリカ大陸は、ヨーロッパからの植民者にとってのみの「新世界」であったばかりでなく、先住民にとっても、ヨーロッパ人による物理的暴力と、さらにはヨーロッパ流の異質の価値観との闘いを強いられた、未知なる「新世界」を意味していたのである。（白井洋子「先住民女性にとっての「新世界」」一四頁）

アメリカ史家の白井洋子は、西洋の歴史を非西洋の立場から再考することの必要性を説き、先住民女性にとって、西洋という新世界との遭遇が何を意味したのか考察します。アメリゴ・ヴェスプッチによって午睡を邪魔された「アメリカ」は何を感じたのでしょうか。

近世から近代にかけて、「新世界」側の女性を象徴する一人として、ポカホンタスが頻繁に引合いに出されました。植民地に適した土地を物色していたイギリス人、ジョン・スミスが先住民によって捕らわれの身となったとき、彼女は父である部族の酋長《しゅうちょう》にスミスの命を救うように請いました。その後、キリスト教の洗礼を受けたポカホンタスは、ヴァージニア植民地の建設を支えたとされます。

彼女がスミスの命乞いをしたことの真偽については論争があり、イギリスによる植民地化の過程で先住民女性を西洋に取り込むロマンティックな物語が都合よく創られていったと考えるのがよさそうです。イロコイ族など先住民部族は、西洋のように絶対的な権力者が単独で支配するような社会ではなく、部族に問題が起これば、複数の調停役が協議し、民主的に物事を決める仕組みをもっていました。ポカホンタスの父親一人に酋長として絶大な権限があったわけではありません。

ドナルド・A・グリンデ・Jr.とブルース・E・ジョハンセンによる『アメリカ建国とイロコイ民主制』（一九九一年、邦訳二〇〇六年）は、イロコイ族やチェロキー族の「民主制」を明らかにし、それがアメリカ建国に与えた影響を論じていますが、その「民主制」には、先住民女性も参画していました。北米先住民の多くは母系制をとり、女性たちは農耕や祭祀、政治において指導的役割を担っていました。十八世紀までの先住民と「西洋」とのあいだで締結された多くの条約には、複数の先住民女性の署名があったといいます。先住民女性が「男の仕事」に立ち入ることについて、イギリス代表団が異議申し立てをして条約締結の会議進行が滞ったことも記録に残されています。イギリス人に対して、チェロキー側は「すべての男は女から生まれたのだ」と諭したそうです。

多くの北米先住民は、女性を大地の母として豊穣のイメージと結びつけていました。文化人類学者の阿部珠理の言葉を借りると、「この発想は、人類の始祖を男とするキリスト教世界の創世神話とも好対照をなすし、女性が人類の原罪と結びつけられるような部族神話は、北米先住民世界にはまず存在しない」（阿部「北米先住民・セックス／ジェンダー／第三の性」一八九頁）のです。

とはいえ、北米先住民は部族ごとで多様性に富んでおり、彼らが遭遇する「西洋」もイギリス、フランス、スペイン、ロシアなど一様ではありません。例えば、ロシアの毛皮商人の妻となることで、社会的地位を高めた女性もいました。

西洋との遭遇以前のほうが先住民女性の境遇はよかったと結論づけることには慎重でなければなりません。先住民文化にも、性別役割分業があり、男女の領域分割というのはあります。ただ、西洋と比較すると、彼らのジェンダー規範ははるかに柔軟で、後述する「ベルダーシュ」に象徴されるように、性別役割を越境したり、両方をこなすことを許容する部族もありました。

確かなことは、先住民女性にとって西洋の植民地支配は、自分たちの文化を揺るがし、彼女たちが当然のものとして享受してきた一定の社会的地位を変化させる契機となったということです。先住民の文化は静態的で不変であったわけではありませんが、西洋の男性優位のジェンダー規範は、大きな動因の一つとして先住民の「伝統的な女らしさ」に変容を迫りました。

非西洋男性の「男らしさ」

男のジェンダーにも目を向けましょう。非西洋の男性は、西洋の植民地支配下におかれたことで、何を獲得し、何を失ったのでしょうか。北米先住民は、西洋との交易や略奪から馬やマスケット銃を手に入れ、彼らの生活も戦い方も変わりました。「北米大陸をめぐるグローバル・ヒストリー」という観点に立つアラン・テイラーの著作には、西洋の植民地支配が西洋の認識とは異なる形で先住民に受け止められた興味深い例が紹介されています。

フランスは北米植民地の先住民に対して、フランス国王は彼らの「父」であると説明しました。父系制をとらない先住民にとっては、母と母方の叔父のほうが父よりも権威をもち、父とは「気前がいいが無力な存在」でした。先住民はこうして、フランス人たちを何の気兼ねもなく「父」と呼んだといいます（テイラー『先住民 vs. 帝国 興亡のアメリカ史』六〇〜六一頁）。

こうした認識の齟齬《そご》はもちろん笑い話で終わるのではありません。現実の植民地支配は、先住民の母系制社会を崩壊させる力をもち、先住民男性がそこで新たな地位を獲得したとしても、フランスとの関係で、それを享受するだけではありませんでした。

一方、フランスからみても、先住民男性が聞き分けのいい息子であったわけではなく、脅威となりうる存在でした。とりわけ馬と銃を手に入れた部族は、他部族との闘争を有利に進め、西洋植民者をいっそう脅かすことにもなりました。西洋諸国はそうした部族と対立するだけでなく、同盟を結んで支配勢力のなかに取り込んでいきました。

非西洋男性の「軍事化された男らしさ」というものにしぼって考えてみましょう。

十九世紀以降のアジアやアフリカに目を転じると、イギリスやフランス、オランダなど列強諸国は、原住民男性を採用して植民地の警察隊や植民地軍を組織しました。ここで彼らは、西洋風の軍服を身に着け、身体訓練を受け、厳格な規律や上意下達の命令を順守することで、彼らの精神性や身体性は西洋の「軍事化された男らしさ」に馴致《じゅんち》されることになりました。

彼らは殺傷力に優れた近代的な西洋の武器を手にし、その銃口を宗主国に反旗を翻す同胞に向けることになりますが、他方、白人の上官に向けることも可能でした。原住民男性の「武器をもつ男の男らしさ」

とは、宗主国に従順に仕えるものとは限らず、植民地支配に抗う力にも変容します。

原住民の男性が、ときとして西洋の植民者に牙をむく「凶暴性」を秘めているということは、十八世紀末、フランスの植民地サン・ドマングでの反乱でヨーロッパ人の記憶に刻まれていました。インドではシパーヒーの反乱をからくも鎮圧することによって、イギリス植民地行政のたがは強く締められ、反乱を起こした原住民の「戦う性としての男らしさ」は、徹底的に押さえつけられました。

フランス支配下のセネガルやアルジェリア、チュニジアでは、十九世紀前半からムスリム現地民を植民地軍として組織し、彼らは二十世紀前半の二つの世界大戦まで、宗主国フランスのために戦いました。

やがて一九五〇年代には、アルジェリア独立戦争が勃発します。一〇〇年以上、植民地支配をしてきた

図6　ドイツの植民地トーゴにおける警察部隊（1914年）

フランスに対して、ゲリラ戦を交えた凄惨な闘いがアルジェリア各地で繰り広げられました。前述のフランスの歴史家、クリステル・タローは、フランス兵が大敗を喫したある戦いに着目し、これがアルジェリア兵にとって、植民地支配によって長く失われていた「男らしさ」を奪還する機会であったと述べます。

彼らが殺害したフランス兵のなかには、性器を切除され、口のなかにその性器を押し込まれて恥辱を受けた者がいました。これはアルジェリア人が宗主国フランスの男性性を奪い、自らの男性性を取り戻す象徴的な行為でした。植民地独立の戦いには、「男らしさの失地回復」というジェンダー的な意味合いが多分に含まれていました(タロー「植民地および植民地以降の男らしさ」五三一～五三三頁)。

非西洋における性の多様性への侵略

最後に、西洋の拡張主義および植民地支配が非西洋における性の多様性に与えた影響について考えて、本章を締めたいと思います。

アメリカ先住民の部族には、西洋によって「ベルダーシュ berdache」と呼ばれた人びとがいます。男性の身体をもつものの、女性の服を身に着け女性役割を担う者、またその逆もあって、異性装というより両性を混合するような装いをし、男女両方の要素を結びつけた「第三の性」をもつとみなされる者もいます。「ベルダーシュ」という呼称は、十六世紀後半にスペイン人が彼らを「発見」したときの命名に由来し、「ソドミーに耽る者」というニュアンスをもつ蔑称です。一〇〇を超す部族で、このような性の越境者が確認されており、その役割も、宗教的な力をもつ霊的な存在と目されていたり、機織りや病気の治癒

図7　犬に噛み殺される「ベルダーシュ」(1594年)　銅版画家のテオドール・ド・ブリは，ほかにも病人の看護に携わる「ベルダーシュ」や女性とともに食糧を運ぶ「ベルダーシュ」の姿を描いている。

に長けている者など多様です。ラコタ族には「ウィンクテ winkte」と呼ばれる女装男性がおり、固有の霊力をもつとされ、部族の男たちが狩りに出るときは女性と残って労働したといいます。

現代の用語で表現すれば、トランスヴェスタイト（異性装）、トランスジェンダー、インターセックス、同性愛といったカテゴリーで捉えられる彼らは、換言すれば、キリスト教的な西洋の価値観から逸脱した者、性別二元論に基づくジェンダー秩序に収まらない者となるでしょう。今日では、「ベルダーシュ」という呼称を避け、「男女二つの精神をもつ者 two-spirit」という概念を用いるようになっています。

スペイン、ポルトガルの探検家や宣教師の記録には、「ベルダーシュ」の同性愛行為が特記され、新大陸の野蛮性や未開性をあらわすものとして強調されました。スペインの探検家バルボア（一四七五頃〜一五一九）は残忍な征服者《コンキスタドール》として知られていますが、パナマを探検した際、女装した男性を目にし、彼らが「ソドミーに耽る者」だと知ると犬をけしかけて噛み殺させたと伝えられています。

「ベルダーシュ」にみられる性の多様性は、西洋との遭遇により迫害されるようになりました。「ベルダーシュ」の地位は部族によって異なり、神格化され崇められる対象でもあれば、卑しむべきアウトサイダーとする部族社会もあります。しかし、西洋によって性の多様性は画一的に否定され、先住民の文化は危機にさらされました。

「ベルダーシュ」だけではありません。

非西洋社会にみられる性的越境者ということであれば、インド亜大陸の「ヒジュラ」もあげられるでしょう。

彼らは女性の服をまとい、「女性的」に振る舞い、ヒンドゥー教の宗教文化のなかで一定の地位を与えられていました。祭祀儀礼にかかわり、女神の帰依者とみなされる一方、不浄な者として侮蔑の対象でもありましたが、イギリスのインド支配によってヴィクトリア朝の性規範が持ち込まれると、彼らは「男でも女でもない」として迫害されました。十九世紀後半には、「ヒジュラ」は刑法上、「犯罪カースト」に位置づけられ、監視の対象となります。同性愛者や去勢者、両性具有者という概念で捉えられ、植民地社会で抑圧されていきました。

アフリカには、女性が「息子」や「夫」として生きていくことを公認する地域があります。イボ族はかつて一夫多妻制をとった一方で、男性しか土地の所有を認めないため、娘しかいない世帯では、娘を男性として結婚させ、土地の相続ができる「ンハニェ（男性の娘）nhanye」という慣行をもつ地域がありました。ンハニェは男性役割を担うため、社会的には異性結婚のていをなしますが、身体的には同性婚となります。多くのイボ族が暮らすナイジェリアもまた、十九世紀にはイギリス帝国の支配下に入りました。

これはもはや人類学の分野でしょうか。いや、こうした歴史人類学的なアプローチをとることで、「白人の責務」や「文明化の使命」を掲げた植民地支配をジェンダー史的に再考することが可能となります。

これまでも、イスラーム圏などの一夫多妻制や中国の纏足《てんそく》、インドのサティ（寡婦殉死）、アフリカを中心におこなわれている女性器切除（女子割礼）といった風習には歴史家も注目してきました。これらはどれも現地の女性を苦しめる「野蛮な風習」として、西洋の（男性）植民者たちは強く批判しました。彼らはときに植民地の「弱き女性」を救う「正義の味方」でした。

西洋の拡張の歴史を非西洋のジェンダーの観点から再考するには、こうした「女性を苦しめる野蛮な風習」だけでなく、性別二元論に回収しきれない、非西洋地域の諸制度にも目を向けることが必要でしょう。つまるところ、西洋の拡張主義は、世界における性の多様性への侵略という側面をもっていたのではないか。そう指摘されるのです。

西洋と非西洋のアクション・リアクション・インターアクション

ここで留意すべきは、非西洋は、西洋の価値規範にただ呑み込まれていったわけではないということです。非西洋は西洋に支配され、ただ抑圧されるのではなく、反発、抵抗する一方で、主体的に西洋の文化や諸制度を吟味して取り込み、自らの社会を改革していくアクションを起こしました。

グローバル・ヒストリーの理論家、ゼバスティアン・コンラートは、啓蒙《けいもう》主義が十八世紀ヨーロッパに起こった現象だけではないと考え、世界のさまざまな地域で展開された「啓蒙」とその担い手を捉えました。その一人としてあがったのが、十九世紀前半のインドでヒンドゥー教の改革運動を主導したラーム・モーハン・ローイ(一七七二〜一八三三)です。彼はイギリスの植民地支配の不当性に強く抗議しましたが、サティについては廃絶を訴え、イギリスの植民地行政による禁止令を歓迎しました。ローイにとってサティの廃絶は、インド社会の「近代化」を意味しましたが、それは、サティを「野蛮な風習」とするイギリスの価値規範に迎合するのではなく、むしろヒンドゥー教の聖典に立ち返る行為でした。彼はキリスト教の知を取り込み、西洋の哲学と社会理論を活かして、ヒンドゥー教改革を進めました。ローイの思想と活動についてでは、ドイツの同時代の哲学者、フリードリヒ・シェリング（一七七五〜一八五四）が「理性の宗教の擁護者」と讃えています。

ポストコロニアルの理論家のサイードは、「インド人女性の権利獲得をめざして初期の抵抗運動を組織した」ローイに触れ、彼がメアリ・ウルストンクラフトから影響を受けたと述べています。サイードはこれ以上、深く掘り下げてはいませんが、ウルストンクラフト研究者の梅垣千尋は、西洋から東洋への一方的な女権思想の伝播を否定します。ウルストンクラフトにとって、西洋は女性を解放するような高度な文明の地ではありませんでした。そしてローイにとっても、サティの廃絶は、西洋のキリスト教文明に近づくものではなく、ヒンドゥー教の「真の信仰」に回帰し、ヒンドゥー教を救うためのものでした。西洋に対するローイの態度は、賛美や憧憬ではなく、「吸収すべき法制度や概念を戦略的に選び取る「交渉的」性格をもつもの」だったと梅垣はみています（梅垣「「重なりあい」のなかの女性問題」）。

西洋と非西洋の関係は対等なものではありませんが、そのさまざまな絡み合いのなかで、両者は常にアクション、リアクション、そしてインターアクション（相互作用）を繰り広げる関係にありました。そもそも、西洋と非西洋、植民者と被植民者とが所与のものとして二項対立的にあるのではなく、支配と従属、包摂と排除という権力の働きによって、それぞれの差異が強調され、線引きされるのです。両者が出会い、接触を繰り返し、世代を重ねることで、二分化された構造は攪乱《かくらん》され、瓦解していきます。

北アフリカの植民地に生まれ育った「ピエ・ノワール（黒い足）」と呼ばれたフランス人植民者や、父系血統主義によりドイツ国籍をもつ「混血児」、ヨーロッパ人入植者男性に好まれた「ユーレイジアン（ヨーロッパ系とアジア系の混血)」女性といった存在が、西洋と非西洋の連続する世界の歴史には登場するのです。西洋と非西洋、植民者と被植民者とのあいだに引かれた境界線は、むしろ、ぼんやりと曖昧《あいまい》であるからこそ、西洋植民者は、その二分化にこだわり、自らの優位を守るために、さまざまな差別の論理を組み立て、政策を講じていきました。

二十一世紀のグローバル社会には、西洋諸国を中心として、宗教や文化、民族、「人種」、国籍、世代、障害といったダイバーシティ(多様性)を謳うかけ声が響いています。性の多様性ももちろん、そこに含まれます。今日では、性別二元論の限界を認知し、「第三の性別」を公的に認める国もあらわれています。二〇一九年一月から、ドイツでは「ディバース divers」という第三の性別記載が可能となりました。グローバル社会を構成する「地球市民」とは、性の多様性にも寛容な人物と定義することさえ可能でしょう。いや、性の多様性に対する姿勢は、寛容から尊重へとさらに進んでいます。

西洋ジェンダー史は、もっぱら西洋社会内部に目を向け、そこで抑圧されてきた女性や多様なセクシュアリティをすくいとり、論じてきました。その抑圧の歴史は、西洋の内部に閉ざされたものばかりでなく、外の世界へとつながっていました。西洋のジェンダー規範が世界各地へ移植され、あるいは西洋と非西洋のインターアクションが展開されるなかで、世界各地の多様なジェンダーやセクシュアリティは変容を迫られ、廃絶、衰退していった風俗習慣もありました。性の多様性を尊重しようという現代のかけ声は、こうした過去に向き合わずしては、なんら説得力をもつことはありません。グローバルな時代の西洋ジェンダー史研究とは、世界各地に及ぼした西洋のジェンダー規範の功罪を問う視点を備えていなければならないと思います。

参考文献

秋田茂・永原陽子・羽田正・南塚信吾・三宅明正・桃木至朗編『「世界史」の世界史』ミネルヴァ書房、二〇一六
浅田進史・榎一江・竹田泉編『グローバル経済史にジェンダー視点を接続する』日本経済評論社、二〇二〇
阿部珠理「北米先住民・セックス／ジェンダー／第三の性」綾部恒雄編『講座　世界の先住民族――ファースト・ピープルズの現在10』明石書店、二〇〇七
粟屋利江「白人女性の責務――インド支配とイギリス人女性をめぐる研究動向」『歴史評論』六一二号、二〇〇一、六三～七七頁
井野瀬久美恵『女たちの大英帝国』（講談社現代新書）講談社、一九九八
井野瀬久美恵『大英帝国という経験』（講談社学術文庫）講談社、二〇一七
梅垣千尋「「重なりあい」のなかの女性問題――メアリ・ウルストンクラフトとラームモーハン・ローイ」『未来』四五二号、二〇〇四、三〇～三六頁
貴堂嘉之「下からのグローバル・ヒストリーに向けて――人の移動、人種・階級・ジェンダーの視座から」歴史学研究会編『第四次現代歴史学の成果と課題』績文堂出版、二〇一七
グリンデ、Jr.、ドナルド・A／ジョハンセン、ブルース・E（星川淳訳）『アメリカ建国とイロコイ民主制』みすず書房、二〇〇六
コンラート、ゼバスティアン（浅田進史訳）「グローバル・ヒストリーのなかの〈啓蒙〉上・下」『思想』一一三二・一一三四号、二〇一八
コンラート、ゼバスティアン（小田原琳訳）『グローバル・ヒストリー――批判的歴史叙述のために』岩波書店、二〇二一
サイード、エドワード・W（今沢紀子訳）『オリエンタリズム』上・下、平凡社、一九九三（初版は一九八六）

サイード、エドワード・W（大橋洋一訳）『文化と帝国主義』1・2、みすず書房、一九九八・二〇〇一
佐藤円「アメリカ先住民史研究における女性とジェンダー」『ジェンダー史学』三号、二〇〇七、七九〜八六頁
ジイド、アンドレ（根津憲三訳）『一粒の麦もし死なずば』（角川文庫）角川書店、一九六七
シュトローベル、マーガレット（井野瀬久美恵訳）『女たちは帝国を破壊したのか――ヨーロッパ女性とイギリス植民地』知泉書館、二〇〇三
白井洋子「先住民女性にとっての「新世界」」有賀夏紀・小檜山ルイ編『アメリカ・ジェンダー史研究入門』青木書店、二〇一〇
スティア、ダイアナ（鈴木清史・渋谷瑞恵訳）『アメリカ先住民女性――大地に生きる女たち』明石書店、一九九九
ストーラー、アン・ローラ（永渕康之・水谷智・吉田信訳）『肉体の知識と帝国の権力――人種と植民地支配における親密なるもの』以文社、二〇一〇
スピヴァク、ガヤトリ（上村忠男訳）『サバルタンは語ることができるか』みすず書房、一九九八
スピヴァク、ガヤトリ（上村忠男・本橋哲也訳）『ポストコロニアル理性批判――消え去りゆく現在の歴史のために』月曜社、二〇〇三
田村雲供「植民地に渡る女性」『近代ドイツ女性史――市民社会・女性・ナショナリズム』阿吽社、一九九八
タロー、クリステル（寺田寅彦訳）「十八世紀終わりから第一次世界大戦までの植民地状況における男らしさ」アラン・コルバンほか監修（小倉孝誠監訳）『男らしさの歴史』Ⅱ、藤原書店、二〇一七
タロー、クリステル（芦川智一訳）「植民地および植民地以降（ポストコロニアル）の男らしさ」アラン・コルバンほか監修（岑村傑監訳）『男らしさの歴史』Ⅲ、藤原書店、二〇一七
テイラー、アラン（橋川健竜訳）『先住民 vs. 帝国　興亡のアメリカ史――北米大陸をめぐるグローバル・ヒストリー』ミネルヴァ書房、二〇二〇
富永智津子「異性装の過去と現在――アフリカの事例」服藤早苗・新實五穂編『歴史のなかの異性装』勉誠出版、二〇一七
永原陽子「「人種戦争」と「人種の純粋性」をめぐる攻防」歴史学研究会編『帝国への新たな視座――歴史研究の地平か

ら』青木書店、二〇〇五
成田龍一・長谷川貴彦編『〈世界史〉をいかに語るか――グローバル時代の歴史像』岩波書店、二〇二〇
ハイアム、ロナルド（本田毅彦訳）『セクシュアリティの帝国――近代イギリスの性と社会』柏書房、一九九八
羽田正『新しい世界史へ――地球市民のための構想』（岩波新書）岩波書店、二〇一一
羽田正編『グローバル・ヒストリーの可能性』山川出版社、二〇一七
ハールバート、ホーリーほか監修（戸矢理衣奈・日本語版監修／戸田早紀・中島由華・熊谷玲美訳）『WOMEN 女性たちの世界史大図鑑』河出書房新社、二〇一九
バンセル、ニコラ／ブランシャール、パスカル／ヴェルジェス、フランソワーズ（平野千果子・菊池恵介訳）『植民地共和国フランス』岩波書店、二〇一一
ハント、リン（長谷川貴彦訳）『グローバル時代の歴史学』岩波書店、二〇一六
広瀬健一郎「カナダ首相による元インディアン寄宿舎学校生徒への謝罪に関する研究――謝罪への過程とその論理」『国際人間学部紀要』（鹿児島純心女子大学）一七号、二〇一〇、一三〜四四頁
ファノン、フランツ（鈴木道彦・浦野衣子訳）『地に呪われたる者』みすず書房、一九六九
フォースター、エドワード・M（加賀山卓朗訳）『モーリス』光文社、二〇一八
ベイリ、クリストファー・アラン（平田正博ほか訳）『近代世界の誕生――グローバルな連関と比較　一七八〇〜一九一四』上・下、名古屋大学出版会、二〇一八
ポーター、アンドリュー（福井憲彦訳）『帝国主義』岩波書店、二〇〇六
本橋哲也『ポストコロニアリズム』（岩波新書）岩波書店、二〇〇五
マクニール、ウィリアム・H（増田義郎・佐々木昭夫訳）『世界史』上・下、（中公文庫）中央公論新社、二〇〇八（単行本、二〇〇一）
水井万里子「イギリス東インド会社の初期インド植民都市建設と女性」水井万里子ほか編『女性から描く世界史』勉誠出版、二〇一六
水井万里子・伏見岳志・太田淳・松井洋子・杉浦未樹編『女性から描く世界史――17〜20世紀への新しいアプローチ』勉

誠出版、二〇一六
水谷智「植民地における「遺棄」と女性たち――混血児隔離政策の世界史的展開」水井万里子・杉浦未樹・伏見岳志・松井洋子編『世界史のなかの女性たち』勉誠出版、二〇一五
水谷智「英領インドにおける〈植民地的遭遇〉と女性たち――法・道徳・境界」水井万里子ほか編『女性から描く世界史』勉誠出版、二〇一六
三成美保・姫岡とし子・小浜正子編『歴史を読み替える　ジェンダーから見た世界史』大月書店、二〇一四
安村直己「ジェンダーⅡ　植民地主義との交錯という視点から」歴史学研究会編『第四次現代歴史学の成果と課題』績文堂出版、二〇一七
Bechhaus-Gerst, Marianne und Mechthild Leutner (Hg.), *Frauen in den deutschen Kolonien*, Berlin, 2009.
Jacquier, Philippe et Marion Pranal, *Gabriel Veyre, opérateur Lumière - Autour du monde avec le Cinématographe -Correspondance (1896–1900)*, éd. Institut Lumière/Actes Sud, 1996.
Lang, Sabine, Native American men-women, lesbians, two-spirits: Contemporary and historical perspectives, in: *Journal of Lesbian Studies*, vol. 20 (3-4), 2016, pp. 299–323.
Lumière, Auguste & Louis, Enfants annamites ramassant des sapèques devant la pagode des dames (1900).
Schröter, Susanne, *FeMale: Über Grenzverläufe zwischen den Geschlechtern*, Frankfurt am Main, 2002.
Williams, Walter L., *The Spirit and the Flesh: Sexual Diversity in American Indian Culture*, Boston, 1986.

むすび

本書は、ジェンダーの視点から、歴史学における新しい領域の誕生と展開を、ほぼ時系列的に追いながら論じてきました。「新しい歴史学」から登場した家族史、歴史学内部を刷新する動きと第二派フェミニズムが呼応した女性史、女性史の批判を契機に発展したジェンダー史、ジェンダー理解の鍵となる身体を歴史的に捉える身体史、男性ジェンダーの「発見」とともに立ちあらわれた男性史、男性領域の最後の砦といわれる軍隊や戦争にアプローチする「新しい軍事史」、そして西洋におけるジェンダー秩序を非西洋を通じて問い直すグローバル・ヒストリーへ。

これからはどう展開していくのでしょうか。

西洋ジェンダー史研究のこれから

最終章のグローバル・ヒストリーの考察において、これまでの植民地の歴史には、列強諸国間のせめぎ合いや植民地経済、反植民地レジスタンスの鎮圧といったテーマに重点がおかれ、植民地社会における「親密なるもの」への関心が手薄だったことを指摘しました。西洋と非西洋が出会う場（コンタクト・ゾーン）におけるパートナー間の愛情や親子の結びつきといった「私的な事柄」に目を向けていくことが求められています。これは、本書、第一章の家族史研究の現在へと立ち返っていくテーマです。

例えば、二〇一一年に発表されたタラ・ザーラの『失われた子どもたち』(邦訳二〇一九年)には、戦争によって国境を越えて移動し、または移動を強いられた子どもを中心に「家族」が論じられています。ナチス・ドイツの人種政策の犠牲になった子どものほかに、兵士と占領地域の女性とのあいだに生まれた子どもなど、さまざまな境遇の数万人の子どもが、戦後ヨーロッパの秩序回復のなかで「救済」されました。「家族」の再建は、国家の再建であり、ヨーロッパ文明の再建にかかわるものでした。ザーラが取り上げる地域はヨーロッパ諸国にとどまらず、イスラエル、アメリカまでの広範囲におよび、また児童福祉の担い手であるソーシャルワーカーのあり方からジェノサイド条約、冷戦対立下での子どもの強制的な「本国送還」など、テーマも多岐にわたります。ここでは、西洋と非西洋が出会う場として、第一次世界大戦後のアルメニアに関する考察を簡単に紹介したいと思います。

ザーラによると、戦争による強制移動や民族浄化による被害者として子どもを救済する国際的な取組みは、第一次世界大戦後に着手されました。オスマン帝国によるアルメニア人の迫害および虐殺は、数多くの家族を破壊し、何万人という孤児を生みました。一九二〇年代、国際連盟は彼らの救済のための組織を立ち上げますが、ザーラはその活動に、キリスト教徒であるアルメニア人の子どもをムスリムから「取り戻す」西洋諸国の意図を読み取ります。トルコ系慈善組織によって、トルコ人養父母に迎え入れられ「家族の一員」となっていたアルメニアの子どもが多くいたにもかかわらず、「力づくで」彼らは引き離されました。アルメニアの子どもがムスリムの養父母と「真の絆」で結ばれるはずはないという意識、あるいは彼らがトルコ人になることを認めようとしない心情が、国家や宗教、思想を超えた家族史研究のなかから浮彫りにされます。

家族史だけではありません。本書で論じてきた女性史、身体史、男性史、軍事史といった領域においても、これからは、西洋の外との連関性のなかで「西洋の歴史」を再考する研究が進められていくでしょう。

近年の研究から、もう一つ、紹介しておきたいと思います。

第二章の女性史で裁縫箱付きのピアノを取り上げ、刺繡や編み物は女性の手仕事とされたという点に触れましたが、こうした「家庭的な女らしさ」も非西洋との関係において意味をもちます。経済史家の竹田泉は、十七世紀後半以降、東インド会社によってイギリス本国に輸入が促進されたインドの綿織物(キャラコ)に注目し、それを消費するイギリス人の意識に迫りました。当初、インドからの輸入品であった「エキゾチックな」綿織物は、飛び杼《ひ》や紡績機など、イギリスの近代的な生産技術の発明によって、イギリスで生産される工業製品となりました。竹田は「この技術的達成がイギリスのインドに対する優越意識と結びついていた」とし、さらにジェンダー的な解釈に踏み込みます。

インドでは、キャラコやカシミール・ショールに刺繡を施し、針仕事をするのは伝統的に男性職人です。刺繡を女性の手仕事とみなし、近代的な織機や捺染《なっせん》技術によって複雑な色柄を量産できるイギリスでは、これらを消費する人びとは、自らの進歩性と、インドの後進性とのあいだにある差を感じていました。十八世紀後半にベンガル地方に滞在したあるイギリス人女性は、刺繡や針仕事をするインド人男性に違和感を覚えたと記しています。インド人は、イギリス人にとって、「女性的」すなわち従属的な存在と受け止められました。「家庭的な女らしさ」は、宗主国としての優位を確かめる規範でもあったのです。

「ポストモダン」への示唆

本書を振り返ると、各章でおこなった考察には、十八世紀以前を扱ったものが多くあります。性別二元論に基づいたジェンダー秩序がどのように生成し、近代社会の秩序原理となったのか、このプロセスをより深く考えたいと思ったからです。

近代(モダン)は、公と私の領域を二分し、それぞれに男女の活動領域をあてがい、異性愛主義に基づく性役割イデオロギーによって社会が形づくられた時代でした。二十世紀末以降、このような近代的な価値観は大きく揺らぎ、今日ではジェンダー史的な「ポストモダン」へと脱皮しつつあるといえます。

十八世紀以前の社会、それを「プレモダン(前近代)」の社会と呼ぶならば、そこでは、身体的性差は絶対視されず、本書でみたように、性の越境や性別二元論に対しておおらかな姿勢に出会うこともありました。前近代の身体観を象徴するワンセックス・モデルは、現代におけるノン・バイナリー(性別二元論をとらない考え方)に通じるものだと解釈することもできます。

もちろん、アンシアン・レジーム(旧体制)と呼ばれた十八世紀までの社会と、二十一世紀の現代社会がシンクロしていると安易にいうことはできません。「プレモダン」の社会では、身分制秩序が人びとの生に重くのしかかり、人権や平等という思想も欠けていました。それでも、堅牢に築かれた西洋近代のジェンダー秩序を脱構築するためには、「プレモダン」に着目することでなんらかの示唆が導き出せるのではないか。そのように考えます。

ジェンダーの歴史的構築性とアグノトロジー

本書は、西洋ジェンダー史をはじめて学ぶ読者を対象に、入門的な講義をおこなうイメージで執筆しました。実際、本書の内容の大半は、筆者が大学の教養科目としておこなった授業をもとにしています。高校の世界史教育では物足りないと感じている学生、現代社会におけるジェンダーやセクシュアリティをめぐる諸問題を歴史的に考えてみたいという学生に講じてきました。授業に対する彼らの多種多彩なコメントを通じて、若い世代の関心と感覚を知り、ジェンダー史教育およびジェンダー史研究の意義を確信することができました。

ジェンダー史について学び、考えることの醍醐味は、「自分事」として歴史を身近に感じ、ジェンダーの歴史的構築性に敏感な思考力を養うことだと思います。

「家族」のあり方やパートナーとの関係、身体とセクシュアリティといった現代社会のさまざまな「常識」は、人びとが思っている以上に歴史は浅く、そこには「支配する側」の思惑が絡んでいます。異性愛主義に基づく男女の二元化されたジェンダー規範を、「創られた伝統」と捉え、批判的思考を重ねることで、誰もが「自分らしい生き方」へと近づくことができたらと思います。

ジェンダー史研究とは、ジェンダー秩序を基盤とする十九世紀に生まれた近代歴史学が、意識的、無意識的に研究対象の周縁に位置づけ、あるいは看過してきたテーマや対象をすくいとる営みだといえます。「はじめに」でE・H・カーの言葉を紹介したように、「歴史家は、自分の好む事実を手に入れようとするもの」です。歴史家の「好み」によって、これまで多くのことが明らかにされましたが、その反面、歴史家の関心の外におかれた事実に対して多くの「無知」も創られてきました。

無知が創られる文化の探究を、アメリカの科学史家のロバート・N・プロクターとロンダ・シービンガーは「アグノトロジー（無知学）」と名づけましたが、このような視点の重要性も最後に指摘しておきたいと思います。これまでの歴史学が創り出してきた無知に広く投網を打つとともに、ジェンダー史研究が創り出す無知についても、自覚的でなければならないと思います。

本書で取り上げることができなかったテーマ、考察を深めることができなかったテーマは数多くあります。これからも、多様な問題関心をもつ歴史家によって、さまざまなジェンダー史講義が開講されることを願ってやみません。

参考文献

ザーラ、タラ（三時眞貴子・北村陽子監訳／岩下誠・江口布由子訳）『失われた子どもたち――第二次世界大戦後のヨーロッパの家族再建』みすず書房、二〇一九

シービンガー、ロンダ（小川眞里子・弓削尚子訳）「アグノトロジー」『植物と帝国――抹殺された中絶薬とジェンダー』工作舎、二〇〇七

竹田泉「一八～一九世紀イギリスの綿製品消費とジェンダー――グローバル史の視点から」浅田進史・榎一江・竹田泉編『グローバル経済史にジェンダー視点を接続する』日本経済評論社、二〇二〇

弓削尚子「大学で西洋ジェンダー史を教えるということ」小林富久子・村田晶子・弓削尚子編『ジェンダー研究／教育の深化のために――早稲田からの発信』彩流社、二〇一六

Proctor, Robert N. and Londa Schiebinger (eds.), *Agnotology: The Making and Unmaking of Ignorance*, Stanford University Press, 2008.

図版出典一覧

Bechhaus-Gerst, Leutner (Hg.), *Frauen in den deutschen Kolonien*, S. 38. 272

Honegger, Claudia, *Die Ordnung der Geschlechter: Die Wissrnschaften vom Menschen und das Weib*, Campus Verlag Gmbh, 1998, 表紙カバー 155上

Ortkemper, Herbert, *Engel wider Willen: Die Welt der Kastraten*, Berlin, 1995, S. 20. 178

Schiebinger, Londa, *The Mind has No Sex?: Women in the Origins of Modern Science*, pp. 204–205. 142

Stölzl, Christoph (Hg.), *Deutsche Geschichte in Bildern*, Berlin, 1997, S. 483. 189

„The Fatal Consequences of Masturbation", *From Le livre sans titre* (The book with no title), 2nd ed., Paris, 1844. 150

Wrigley, E. A., *Population and History*, London, 1969. 19

Wunder, Heide, *„Er ist die Sonn', sie ist der Mond" Frauen in der Frühen Neuzeit*, München, 1992, S. 103, S. 155. 28下, 73下

アフロ 207

著者作成 116

ハイアム，ロナルド(本田毅彦訳)『セクシュアリティの帝国——近代イギリスの性と社会』柏書房，1998，173頁をもとに著者作成 267

パブリックドメイン(フランス国立図書館) 113

ベナール／ディドロ『百科全書図版集』「自然誌」1777,「両性具有者(解剖学)」の項目の挿絵 140上・下

ユニフォトプレス提供　カバー表，カバー裏，14, 28上, 33上・下, 37, 58上・下, 60, 71, 73上, 106, 109, 130, 132, 137, 139, 155下, 156, 157, 163, 164, 176, 185, 198, 214, 219, 222, 227, 238, 259, 264, 274, 285, 287

弓削 尚子　ゆげ なおこ
お茶の水女子大学大学院人間文化研究科単位取得退学。博士(人文科学)。
早稲田大学法学学術院教授。専門はドイツ史、ジェンダー史。
主要著書・論文:『世界史リブレット88　啓蒙の世紀と文明観』(山川出版社 2004)、「啓蒙主義の世界(史)観」(秋田茂ほか編『「世界史」の世界史』ミネルヴァ書房 2016)、「「啓蒙の世紀」以降のジェンダーと知」(姫岡とし子・川越修編『ドイツ近現代ジェンダー史入門』青木書店 2009)、『ジェンダー研究／教育の深化のために』(共編著、彩流社 2016)

はじめての西洋《せいよう》ジェンダー史《し》
——家族史《かぞくし》からグローバル・ヒストリーまで

2021年11月30日　1版1刷　発行
2022年2月15日　1版2刷　発行

著　者　弓削尚子《ゆげなおこ》
発行者　野澤武史
発行所　株式会社　山川出版社
〒101-0047　東京都千代田区内神田1-13-13
電話　東京03(3293)8131(営業)　8134(編集)
https://www.yamakawa.co.jp/
印刷所　株式会社　太平印刷社
製本所　株式会社　ブロケード
装　幀　長田年伸

 ISBN978-4-634-64095-5